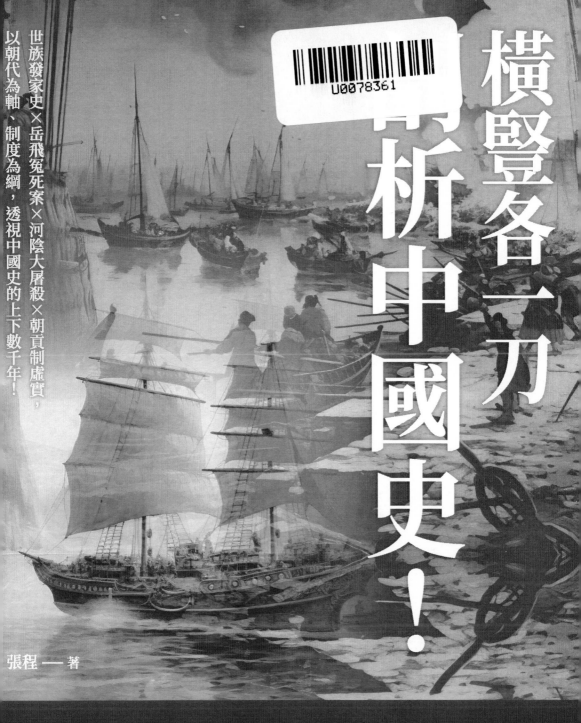

横豎各一刀

剖析中國史！

世族發家史×岳飛冤死案×河陰大屠殺×朝貢制虛實，
以朝代為軸、制度為綱，透視中國史的上下數千年！

張程 —— 著

讀歷史還在聽老師說法、用課本方法？不懂前因後果和事件脈絡？

內政外交 × 地緣政治 × 基本國策 × 朝貢體制

一本書破解那些歷史中的「你以為」！帶你看更快的透視法！

目錄

上編：中國史的橫截面

士人春秋：管仲的舞臺

春秋時期，由於王室實力衰退，為各諸侯國提供了機會。「血而優則仕」漸漸地被「學而優則仕」衝擊、取代，有才能的人，迅速脫穎而出、大展宏圖。春秋的霸國，也正是因為有了人才觀的變革，才得以如火如荼地展開。

「管仲射小白」是一個經典的故事，說的是西元前六八五年，齊襄公的兩個弟弟公子糾與姜小白（齊桓公），為搶奪王位而發生的事。為了阻止小白趕回齊都臨淄，管仲帶兵阻截，並趁眾人不注意，突然射箭，命中小白胸部。當然這箭只射中小白的帶鉤，小白急中生智，咬破舌尖裝死倒地，騙過眾人，然後日夜趕路，搶先到達臨淄。

津津樂道之餘，人們往往不會注意一個細節。

我們說到管仲時，眼前浮現的，一定是個氣宇軒昂的文士形象。可是，他的箭法居然如此之好，一箭射去，竟能正中公子小白的胸口，這又是怎麼回事呢？

我們來看看管仲的身世。

管仲，周王同族姬姓之後。但到了管仲這一脈，早已喪失貴族身分，家道中落。等到管仲出生時，管家只是齊國一戶貧困商人家庭。但管仲命好，生逢其時。恰逢從西周至東周、社會根本性轉變的良機。

夏、商、周時代，學校都是官府的。《周禮》明確規定：「古者，學在官府。」那時的史官，既是官府的官吏，又是學校的老師。官府完全控制著學校，各式各樣的學問，都要向官府相關主管的官吏學習。比如，要學法律，即向司徒之官學習。但是，並非任何人都能進學校讀

書，只有王公貴族的子弟才可以，於是便形成了貴族子弟才有資格入學、當官這樣的定規。所謂「血而優則仕」，也就是一種世襲制。

然而，西元前七七〇年，新繼位的周平王遷都洛陽，即史書所說的「平王東遷」，天子的地位衰微，出現了「禮崩樂壞」的情況。一些「王官」便散入各諸侯國，有的則流落民間。為了謀生，只能私自教學，於是「學在官府」的局面被打破，私人辦學蓬勃興起，學生入學條件較西周時大為改變，像孔子所辦的私學，就提倡「有教無類」——教育的對象不分貴賤、等級，只要學生送他「束脩」（一串臘肉）當學費，就可以了。這樣便大大擴展了受教育者的範圍，因而，有學問的人變多了，這些人就是所謂的「士人」。

春秋以前，貴族子弟入學的課程是六藝：禮、樂、射、御、書、數。禮有大射、鄉射；樂有軍樂；射、御除田獵外，也都是作戰技術，這四科皆為軍事課目。只有書、數才是數學、文字、典章等民政知識。由於國家教育體制的推廣，全社會也崇尚六藝之學。管仲的出身有點類似八百多年後的劉備——知道自己出身卑微，只能透過能力和努力來博取功名富貴。因此，管仲自幼刻苦自學，通詩書、懂禮儀、武藝高超，也就不足為奇了。

齊桓公姜小白的「新政府」成立時，小白的老師鮑叔牙是最有競爭力的主政大臣人選。鮑叔牙不僅教育、擁立小白有功，而且能力出眾，群臣對由他出任「新政府的主政大臣」基本上沒有意見。齊桓公在任命前，例行徵詢鮑叔牙的意見，誰料到鮑叔牙固辭不受，反而極力建議國君，將國家大權託付給好友管仲。當年他們曾一起做生意、走南闖北，鮑叔牙對他十分了解，也十分欣賞。

齊桓公一聽，立刻把頭搖得像波浪鼓一樣。

齊桓公對管仲的排斥，除了射向胸前的利箭和難以忘卻的仇恨外，

更是出於維護齊國政治傳統和宗法制度的考量。

管仲出生自商人家庭。在世卿世祿的貴族政治風氣還很濃厚的春秋早期，任命一個商人擔任主政大臣，令人匪夷所思。勢必會遭到巨大的人力和制度障礙。

此外，管仲的人品也有些問題。齊桓公對鮑叔牙說：「我聽說，以前管仲和你一起作戰的時候，總是躲在陣後，或者搶先逃跑；管仲和你一起做生意的時候，出力少，卻總是拿得最多；管仲的仕途非常不順，三次被國君排斥。你憑什麼向我推薦這樣的人呢？」

鮑叔牙回答道：「君將治齊，則高傒與叔牙足矣。君且欲霸王，非管夷吾不可。夷吾所居國國重，不可失也。」夷吾即管仲，鮑叔牙此番話的意思是，如果您只是想讓齊國成為強國，那麼任命我或高傒就可以了；但是如果想讓齊國成為春秋霸國，那就非把國事託付給管仲不可。「管仲做生意時，的確很在意錢財，那是因為他家境窮困，需要養家；管仲在戰場上不敢衝鋒陷陣，那是因為他家裡有老母親。」

鮑叔牙重本質、輕小節的一番話，最終打動了齊桓公。不因身分論英雄，管仲就這樣鯉魚躍龍門，從齊桓公的敵人，變成他的宰相。

新官上任前，管仲和齊桓公有一次長談。

管仲微笑著對齊桓公說：「臣雖蒙受主公恩寵信任，但賤不能臨貴，臣爵位卑下，恐難施政。」管仲這個要求，真有點匪夷所思。齊桓公轉念一想，卻是實情，既然國家要託付與他，他要實權，就該給他。於是齊桓公答應了這第一個要求，封國相管仲為「執政之卿」，位在高、國二卿之上。

「謝主公恩賞。臣雖已貴為上卿，然貧不能使富。」原來是要錢，管仲還真是「貪得無厭」啊！

「臨淄各市，有司所得稅賦十分之三歸國相所有，國相富可敵國

了。」齊桓公說，然後得意地看著管仲。

「臣蒙主公賜以富、貴，然疏不能治親。」管仲謝恩後，又提出了第三個要求。

齊桓公一聽，愣住了。齊國姜姓，高、國二氏及其他大夫，要麼出自公族，要麼有聯姻之親，雖齊國任人用政不像魯國那般強調親貴，但以管仲貧寒士族出身，族中又無近親與權貴聯姻——在宗法關係尚存的時代，任用一個八竿子打不著的外人來主管事務，周圍這些沾親帶故的大臣，會怎麼想？

齊桓公沉吟一下，突然想到齊國開國之君太公姜尚的故事。當年太公為周文王師，後又輔佐武王，一個外姓人，後來被武王尊稱為「尚父」，可依此例吧！「這樣吧！寡人敢稱國相為『仲父』，寡人執晚輩子侄之禮，命國人不得稱國相之名，皆稱字，國相以為如何？」

霎時間，一股從心底最深處湧動的熱血，在管仲胸臆之間開闊震盪，以致言語困難：「昔日罪臣，辱蒙主公託付國事，逾格恩寵，粉身難報。」

當時間過去兩百多年後，孔子如此評價這個歷史片段：「管仲之賢而不得此三權者，亦不能使其君南面而伯。」——即便如管仲之賢，如果不能得到這三大權力，就無法使齊國面南稱霸。稱霸是前無古人之事，當用非常手法。管仲這麼想，可以理解。齊桓公能答應這三個「離譜」的要求，就很令人深思了。不僅是他個人性格使然，天子衰微、禮崩樂壞，宗法制度受到巨大衝擊，在這樣的社會條件下，齊桓公才敢開先河，做前人從未做過之事。歷史上，齊國曾是一個多災的國度，齊襄公亂政更使齊國幾近崩潰的邊緣。當齊桓公登上君主寶座，照理講，他應該感到高興才對，然而恰恰相反。面對齊襄公留下來的一片殘山剩水，齊桓公產生了深深的憂患意識。對此，《管子·小匡》載齊桓公語曰：「昔

先君襄公，高臺廣池，湛樂飲酒，不聽國政。……是以國家不日益，不月長。」正是這種憂患意識，賦予了齊桓公敢為天下先的氣勢。

多少政治人物夢想著擁有施展身手的權力和機會。管仲奇蹟般地得到了。

其實，不僅是管仲脫穎而出，當時無數有賢才的士人，在春秋爭霸的土壤裡，也得到了實現自我價值的機會。

「夫爭強之國，必先爭謀。」這是管仲關於稱霸的語錄。以今天的話來理解，就是一個國家想要強盛，首先必須爭奪人才。齊桓公不計前嫌，重用管仲就是最好的例子。此舉也開啟了春秋時期的「養士」之風。一批有志之士，紛紛成為王侯公卿競相招攬的對象，他們朝為布衣，夕為卿相，成為春秋時期各國謀取霸主政治地位的有力援助。

後來，養士甚至成為當時上層社會競相標榜的一種時髦風氣，「朝秦暮楚」就是對此的總結、提煉。戰國時期，養士之風愈演愈烈，達到高潮，只要是有實力的國君或權臣，都盡可能地多收養門客。像魏國的信陵君、齊國的孟嘗君、趙國的平原君、楚國的春申君，就是以「養士」眾多而著稱的「戰國四公子」。

春秋時期，有哪些三教九流飛黃騰達？我們還是從管仲身邊說起吧！

主管齊國經濟的甯戚，其發現和任用，比管仲的任命更具傳奇色彩。

甯戚（生卒年不詳），姬姓，甯氏，名戚。春秋時期衛國（今河南境內）人，早年懷經世濟民之才而不得志，齊桓公二十八年（前六八五）拜為大夫。後長期任齊國大司田，為齊桓公主要輔佐者之一。

甯戚雖然也是姬姓，但他的出身還不如管仲，是道地的平民。

不過平民有了知識、才能，就成為士人。甯戚便是士人中的佼佼者，雖然未到得志之時，已名聲在外，引得管仲慕名而來。

管仲的車隊到了甯戚安身之處——一處小小土室，柴扉零落。管仲

親自上前敲門，門開了：「請問貴人有何事？」甯戚探出腦袋。

「先生就是甯戚吧？」管仲問道。

「是的，小人就是甯戚。」春秋時禮法尚嚴，甯戚在衛國是「庶民」，所以要自稱「小人」。

「管夷吾冒昧登門，想與先生交個朋友。」

甯戚長揖作禮。管仲見其不卑不亢，舉止有度，更相信自己的判斷。命隨從將飲食酒肴搬入，就在甯戚家中邊吃邊談。

屋內極淺窄，眾隨從只得在門外休息，惹來眾村夫圍觀。門外人聲如市，甯戚卻彷彿充耳不聞，意態安詳。

管仲有心而來，於是開門見山，問道：「正要請教先生，齊國百廢待興，應從哪一方面入手呢？」

「治國規略，仲父恐怕已早有籌謀，甯戚不敢忝言，只從一些末技來談吧！」甯戚本有統籌全局的宏論，卻怕時間倉促，難以細談，而且他要用一些時務實用之學，來回答管仲的「考核」。

「甯戚一入齊國，就聽聞百姓交口稱讚仲父的新政，尤其是不侵奪農時，改公田為賦租，實在是安國富民之策，這些想必已在仲父意料之中。只需區區數年，齊國將粟米滿倉，民眾繁衍。但粟雖為固國之本，還不足以使民眾安居樂業。」甯戚稍微停一下，再說：「百年之前，農夫使用的農具是木、石所製的耒、耜之類。農夫一戶只能耕種百畝（約合今三十畝），畝收四斛。後鑄鐵發明，價廉物美，用於農具後，農夫一戶可耕種兩百畝（約合今六十畝），畝收十斛。人口繁殖後，自然又有餘力開墾荒地。今仲父新政，更使農夫不遺餘力，外民遷入。可數十年後，齊國已無可開墾之地，民多地狹，豈非亂之源？仲父不可不慮。」

「哦？請先生暢言。」管仲仔細聆聽著。

「此時應獎勵農夫不離鄉土，謀求副業。近海之濱的蓬萊一帶，漁獲

豐盛，使民入海捕魚而向國庫納海租。而在營丘之帶，夏秋高熱少雨，可煮海為鹽。故近海之男，可為魚鹽之業；內陸之處，應使之育養六畜。我觀齊國六畜之種，不如關中、河北之帶的肥壯。可遣商賈前往引入種群，逐步改良。」

原來甯戚的觀點是在農業之外，另開闢副業生產。

管仲發現甯戚在經濟方面很有見地，有心向齊桓公舉薦，於是問起甯戚的身世。甯戚苦笑一下說：「先祖亦曾位列大夫，然國破之後，人為臧獲（即戰俘奴隸），沒入衛國野鄙，世為庶民。先父在日，家道尚為小康，親授聖王治道。後變賣家產，作為旅費，命甯戚行遊各地，留意山川形勢，民生風俗，期待日後為明主所用，光復家聲。前年甯戚遠遊回家，方知先父已經貧困病逝，家徒四壁，悽惶孤獨。後聞齊國禮賢下士，今日得見仲父，可見此言不虛。」

試問天下千百年來，多少君子賢才，有大智慧而無小機運，徒然埋沒鄉間。而身在高位，識見不能謀其政者，則誤國誤民。

甯戚出身貧賤而志存高遠，比照自己曾為桎梏之囚，管仲感同身受，更能體會個中滋味，於是修書一封，請他去找齊桓公。

次日一早，甯戚依舊穿著短褐單衣，駕著牛車，懷揣管仲的薦書，直入齊都臨淄。他邊走邊想：「自己出身低微，雖獲管仲賞識，卻不知齊桓公是個怎樣之人，若以薦書入稟，即使能獲官職，他日豈不被人譏諷攀援富貴？」於是打定主意，直奔宮門外，放開嗓門唱道：「南山燦，白石爛，中有鯉魚長尺半。生不逢堯與舜，短褐單衣才至骭。從昏飯牛至夜半，長夜漫漫何時旦……」

歌詞傳到齊桓公耳中，奇怪啊！一個車伕也感嘆懷才不遇？就將他召入。經過交談，齊桓公確信自己淘到了一塊真金，於是任命甯戚為大司田，掌管農業生產。當時的齊國，地廣、資源豐富，但人少，土地需

要整治，農業既是國民經濟的薄弱環節，又是極有潛力的領域。在甯戚的努力下，數十年後，齊國農業獲得突飛猛進的發展，形成成熟的農業生產管理，為國家的崛起，打下了扎實的經濟基礎。管仲死後，甯戚接任相國。

這就是甯戚的才能，這就是士人的才能。和天子、諸侯、大夫相比，他們可以一無所有，但他們只要有一項就足夠了，那就是：本事。

甯戚可說代表了春秋時期一大部分士人的特點：有能力，沒負擔，有自由。當時尚未形成民族的概念，這決定了他們可以東奔西走，在自由寬鬆的氛圍中，「齊人去魏，魏人入秦，燕人南下，楚人北上」，人才頻繁流動。有才能的士人擇主而事。

誰賞識他們的才幹，誰給與的報酬待遇高，他們就為誰效力。

合則留，不合則去。士為知己者死，而不是為國而死，這成為很平常的事情，也不被視為是道德上的缺陷。至於家庭出身、個人品行，自然也被淡化了。

從春秋到戰國，士人身為一個特殊的階層而崛起，成為當時社會的中堅力量，尤其是那些重量級的士人，投身到哪個國家，那個國家就會興盛發達；離開哪個國家，那個國家就內外交困。正所謂「賢才之臣，入楚楚重，出齊齊輕，為趙趙完，畔魏魏傷。」（《論衡‧效力》）

齊桓公執政集團的另一位重臣是鮑叔牙。鮑叔牙可說是最富有西周遺風的士人，在他的身上，展現出的是道德至上的上古風格，也可以說是貴族氣質。這也許與鮑叔牙出身較好、家境殷實有關吧！

鮑叔牙最主要的工作就是與人「抬槓」，以性情耿直、犯顏直諫著稱。他對齊國的許多政策和人事提出了中肯、尖銳的批評。齊桓公在霸業已成後，常常顯露驕矜之色，甚至覺得自己功勛可比堯舜。齊桓公曾經計劃鑄造大鐘，用以銘記自己的功德。鮑叔牙知道後，主動去和齊桓

公談大鐘銘文的事情，一件一件地訴說齊桓公的過錯。結果說得齊桓公恨不得找個地洞鑽進去，鑄造大鐘的事情，也就無從談起了。

還有一次，齊桓公和管仲、甯戚、鮑叔牙四人同飲。酒酣耳熱之時，齊桓公責問鮑叔牙：「大家都向我祝酒了，為什麼就你坐著不動呢？」鮑叔牙捧杯起身說：「那我也來向國君祝酒，希望國君不要忘記當年流亡莒國的貧困擔憂，希望管仲牢記曾在魯國的囚徒生活，希望甯戚記得夜裡車下餵牛的時候。」

一席話說得大家都感嘆不已。齊桓公離席，向鮑叔牙鄭重行禮說：「我和兩位大夫若不忘您的話，國家就一定沒有危險了。」

「管鮑之交」，意為至交的朋友關係，這個成語便出自鮑叔牙的知人和自知。

管仲病重後，齊桓公考量他將不久於人世，便問可否讓鮑叔牙接替為相？管仲說，鮑叔牙善惡過於分明，以善待善尚可，以惡對惡誰能忍受得了？「他是位君子，但不可以委以國政。」當有人將管仲這些話告訴奸臣易牙，易牙以為這正是離間管仲與鮑叔牙的好機會，遂到鮑叔牙面前挑撥離間。沒想到鮑叔牙聽了非但沒有生氣，反而笑道：「這正是我推薦仲父為相的原因。仲父忠於國家，沒有私心。若讓我為相，我豈能容忍你們這些小人？」

從鮑叔牙的身上，人們看到了春秋時期士人思想上的變化和衝突，那就是「道」和「德」的交鋒。從周武王、周公等用「以德配天」、「天以德擇主」來解釋夏、商、周的歷史之變，「德」一直是為政治服務的一個標準價值觀，無論是君主還是大臣，「德」是第一位的。鮑叔牙有這樣的思想，因為他有西周貴族的氣質。與此同時，鮑叔牙應該也意識到了所謂「道高於君」的「道」，作為一個出現在西周初期的政治概念，「道」在春秋時期得到了大發展，也成為後來百家爭鳴的核心思想。這和春秋

的社會劇變是分不開的，人們意識到單純以德治國是行不通的，而「道」正符合了這樣的需求，成為為政治服務的另一把利劍。

「道高於君」，這恐怕也是鮑叔牙舉薦管仲，而管仲並不舉薦鮑叔牙的根本原因。因為在管仲的思想裡，法是道的展現，是人類的「公」。因此要尚公崇法，依法治國。這樣的思想，深深展現在管仲的治國措施中，首當其衝的，就是人才選拔的「公」。

管仲知道，齊國霸業絕非一木之材可以撐起，第一項要務，必要廣求賢達而用。已經有齊桓公的首肯，新上任的宰相雖然人事不廣，但施行起來也得心應手。很快，八十位聰慧敏捷的游士，離開臨淄城，滿載財帛，向各國奔去。帶著齊國求賢若渴的資訊，也負有暗中打探各國情報的祕密任務，如果用現代的話來說，這是一批「外交情報人員」。由於管、鮑二人早已在各國交通要隘設立祕密情報點，或混跡於酒肆旅館，或託身於商行作坊。這麼多年過去，早對各國政局瞭如指掌，這些又為八十位游士任務的完成，提供了重要的幫助。可想而知，此後從各個地方湧來齊國的，不僅是人才，還有許許多多情報資料。

另一項求賢的政令，便是選薦「秀民」。以往各國施行的多是世官制，如齊國的上卿高、國二氏，便世代承襲、主持國政。

當然同時也有任官制並行其中，比如鮑叔牙等人，被國君任命為少傅。但被任命之人，僅限於「國人」中的「士」，近十倍於「國人」的「野人」（即野鄙農夫），卻因血緣出身，而永遠被阻擋在仕途和從軍之外。

管仲開始撕開這張網，雖然「秀民」的人數有限，但畢竟是一個開始。這就是管仲心目中與世官制背道而馳的「賢人政治」，這開啟了戰國以後任人唯賢的濫觴，恐怕也是以後兩千年來科舉取士的源頭吧！

然而在當時，這是一個不易之舉，貴族就首先反對。但由於高、國二氏在之前的改革中，已獲得巨大的利益，遂投桃報李，統領世族的二

氏，贊成選薦人數區區的「秀民」，於是這項政策才得以實施。為了顯示這個政策的威嚴，管仲選擇在太廟舉行朝會，要求五屬大夫及其僚屬，「匹夫有善，可得而舉也」，當然，這也要依託先王舊制的「合群叟，比較民之有道者，設象以為民紀」。集合各方老人，比較民眾中有道的人，樹立典範作為百姓的綱紀。有了這堂堂之言，地方官員便開始積極為齊桓公的霸業蒐羅各種人才。

為了政策的持之以恆，管仲規定每年正月，五屬大夫及鄉長在述職時，要向國君報告舉薦賢人的成效。如發現有而不報，將定為「蔽明」、「蔽賢」之罪，屬五刑重罪了。

以上兩項都要假手於人，但庭燎取士之舉，卻是由管仲和齊桓公親自執行的。

齊桓公專門設立了一個招攬人才的機構，起名「庭燎」。西周時，重視等級禮儀，如果要迎接四方之士，就要用高規格的接待禮儀。古代邦國在朝覲、祭祀和商議軍國大事時，要在大庭中燃起火炬，也就是「庭燎」。

本來庭燎的數量按爵位高低是有所規定的：天子為一百，公侯為五十或三十不等。為招徠人才，齊桓公便僭用了天子的庭燎一百之數。但出乎意料的是，時間一天天過去，八十游士和地方臣工都陸續報來佳績，但自己這一邊，卻連一點動靜都沒有。齊桓公實在想不明白，終於有一天，衛士報告有一個自稱「賢才」的人求見。

齊桓公心中一喜，兩月餘不見動靜，今番終於有戲了。「舉庭燎迎接，不可怠慢，另外派人請仲父來商議」。

衛士遵令而行，燃起一百把庭燎大燭，煙火沖天。可是到了一看，是一個村野農夫。齊桓公很失望，但人都來了，也不能立刻叫人走，只好敷衍地問他有什麼本事。農夫回答說：「我只會九九算術，」齊桓公一

聽，急了：「什麼，你只會九九算術？那你求見寡人，所為何來？」

只見那農夫恭恭敬敬地行過禮，慢慢地說道：「小人也不覺得會九九算術是什麼本事，但卻想為主公排解一件大煩惱。」

「什麼大煩惱？」

「主公可曾想過，為何設如此隆重的庭燎之禮，以待賢才，卻無人應召？」

此話正中齊桓公所想，「你說，這是為何？」

農夫憨憨一笑，道：「賢才之所以不來，是因為齊國是名聞天下的大國，主公又是聲名遠播的國君，四方之士自認為比不上主公，所以才不敢來。九九算術，本就是微不足道之技，而小人又是一個村野之夫，然主公卻以庭燎之禮，厚待於我，那些真正的人才，還會擔心自己不受重用嗎？」

齊桓公聽罷，連聲讚嘆：「說得好，說得好。」

管仲趕來後，一聽經過，對齊桓公能從善如流，大加讚揚：「泰山不拒壞石，才能成就其高；江海不拒細流，才能成就其大。主公此事處置明哲，天下賢士定會魚貫而入。」

果然，齊桓公厚待一個只會區區九九算術的農夫的故事，如插上翅膀，傳遍遠近。四方前來投靠的能人賢士，紛至沓來。

透過一系列的改革措施，短短四、五年時間，齊國就兵強馬壯、蓄勢待發。首都臨淄城的人口超過四萬戶，有二十多萬人口。在這樣規模宏大的城市中，屹立著巨大的宮殿，里巷縱橫，屋宇鱗次櫛比，市肆林立，男女熙熙攘攘，商賈遊人往來其間，是當時中國東方最大的經濟中心。

管仲確立的廣求賢達制度，效果如此之好，以至於被後世的齊國政府牢牢繼承。《史記》載：「齊國遵其政，常強於諸侯。」一個人、一套

制度，就保住了齊國的大國地位。若這項制度與用人理念被時代所接受，會怎樣呢？這套制度奠定了春秋戰國改革的基礎。在一系列改革的推動下，加強了列國集權程度；確立了官僚政治；形成了地主封建制；發展了生產制度；出現了百家爭鳴，並孕育出即將到來的大一統專制主義、集權統治服務的系統理論。中國由分權割據走向集權統一的歷史條件，已日趨成熟。

一、管仲和齊桓公相互信任，他們這樣的關係，史稱「君臣相得」。你還知道中國歷史上有哪些君臣相得、創造輝煌成績的例子？給個小提示：諸葛亮和劉備。

二、管仲算是知識分子。古代知識分子總是主動向公權力靠攏，「烏鵲南飛，繞村三匝，何枝可依？」像管仲那樣演繹一段君臣相得的佳話，是多少讀書人的夢想，似乎只有那樣才能實現個人價值。試問，除了從政，古代讀書人還有其他「職業選擇」嗎？若有，其他職業能像當官那樣實現讀書人的抱負嗎？

河陰之變：大屠殺是如何釀成的？

　　發生在北魏武泰元年（五二八）的河陰之變，是南北朝歷史的轉折點。上千名北魏宗室、朝臣和將領在黃河岸邊遭到血腥屠殺，朝堂為之一空，黃河成了一條血河。它導致北魏王朝的分裂和南北勢力的重組，對中國歷史產生了重大影響。那麼，河陰之變的來龍去脈如何，又是怎麼發展成大屠殺的呢？

　　政變的始作俑者是當時在位的孝明帝元詡。

　　元詡還是個十九歲的少年，卻已經當了十三年的皇帝。他六歲時即由生母胡太后扶持登基稱帝，之後一直生活在母后的陰影之下。隨著年紀的增長，元詡開始不甘心做有名無實的傀儡，不樂意永遠當母后的「乖寶寶」。更何況，元詡對胡太后淫亂宮廷、半公開地蓄養男寵，讓死去的父皇戴「綠帽子」的醜行，非常厭惡。

　　當時北魏王朝已經陷入風雨飄搖之中，北方六鎮官兵起義已經四、五年了，攻城略地，戰火蔓延到整個華北地區；首都洛陽府庫空虛，朝廷已到沒有隔夜糧的地步，胡太后還沉迷於攬權和淫亂之中，置朝政於不顧。元詡無法坐視祖宗基業荒廢下去，他培養親信、指點江山，希望有所作為。但胡太后卻將元詡此舉視為背叛的訊號，找到機會，將兒子的親信都殺死了。她越不希望兒子擺脫自己的陰影，元詡偏偏越想掙脫。

　　武泰元年（五二八），母子倆的衝突達到頂峰。當時元詡的妃子生下一個女兒，胡太后竟然宣稱生了一位皇子，還大赦天下——元詡沒有兒子，胡太后迫切想要皇孫。元詡再也無法忍受母后傷害帝國的種種行徑，他計劃驅逐朝廷中的奸佞，將母后鎖入深宮。可是環顧朝廷，元詡

沒有可以依靠的大臣。於是，年輕的元詡作了一個缺乏經驗的選擇：招外地將領「勤王」。

元詡選中的將領是晉陽的鎮北將軍爾朱榮。

爾朱榮是山西北部的羯氏部落首領，積極鎮壓六鎮起義，經過多年征戰，基本占領了山西地區，是黃河以北最強大、尚且忠實朝廷的地方勢力。他的軍隊雖然不滿一萬人，但都是勇猛善戰的老兵，又有高歡、賀拔岳等幹將效力，可謂「兵強馬壯」。胡太后對爾朱榮有所忌憚，把他的防區限制在山西地區。爾朱榮上表，主動要求去河北鎮壓六鎮起義，胡太后沒有答應——這一點可能讓元詡覺得爾朱榮會站在自己這邊。元詡不知道，爾朱榮正在抓緊操練兵馬，磨刀霍霍要逐鹿中原了。他缺的，就是一個藉口、一個幌子。

接到元詡向洛陽進兵的密令後，野心勃勃的爾朱榮喜出望外，馬上整軍南下。就在爾朱榮大軍到達上黨時，元詡卻猶豫了，命令他就地駐紮。

元詡優柔寡斷之間，消息早已洩漏。胡太后聯合情夫徐紇、鄭儼兩人，殘忍地將親生兒子元詡毒死。可是，胡太后做得太不嚴密，皇帝暴亡，朝野都知道是誰做的。胡太后此舉不僅殘忍，也造成了自己巨大的麻煩。元詡沒有兒子，這就為胡太后繼續執掌朝政設置了障礙。按理，不久前向天下宣布是皇子的女兒，應該繼位為新皇帝。事到如今，胡太后硬著頭皮準備扶持一個女孩繼位當皇帝。但第二天，她又心虛地主動宣布新皇帝是女兒身，不適宜登基（絕大多數史學家都不承認這個只在位一天、沒有正式登基的女皇帝，但也有少數人認為這個公主就是中國史上第一位女皇帝，比武則天早了一百六十多年）。

胡太后選擇元詡的侄子、年僅三歲的元釗為新皇帝，想平息責難。她將爾朱榮想得太簡單了。爾朱榮早在起兵時，就想當第二個董卓了。

皇帝的死只是為他提供絕好的藉口而已。他根本就不承認洛陽的新政府，反而公告天下，要追查元詡的死因。

爾朱榮的精兵很快逼近黃河北岸，徐紇等人並不以為意，認為：「爾朱榮人才卑劣，自不量力來冒犯天顏，簡直是自取滅亡。洛陽的禁衛軍就足以消滅他。爾朱榮不遠千里揮兵南下，兵老師疲，我們不用做什麼準備，以逸待勞就能打敗他們。」爾朱榮率領幾千人的部隊長途征戰，的確讓人覺得不太可靠。胡太后採納了情夫的意見，派遣黃門侍郎李神軌為大都督；派遣鄭儼的族兄弟鄭季明、鄭先護二人駐守黃河河橋；派遣武衛將軍費穆駐守黃河渡口小平津，等著爾朱榮來「送死」。

爾朱榮想當董卓第二，卻比董卓有頭腦得多。他深知，想在政壇上有大作為，政治永遠比軍事重要。早在起兵之初，爾朱榮就有心改立新君、獨攬大權，開始物色政治盟友。他派侄子爾朱天光潛入洛陽，找到在朝中任直閣將軍的堂弟爾朱世隆。後者向爾朱天光推薦了元詡的叔叔、長樂王元子攸。元子攸受胡太后一黨的排擠，和胡太后等人有較深的矛盾。他長期擔任禁衛軍將領，不僅有一幫禁衛軍官兵支持，清流世族和文官集團也擁戴他，在朝廷中有相當的根基。各方面看起來，元子攸都是不錯的人選，可以讓爾朱榮集團爭取到洛陽禁衛軍和世族大家們的支持。於是，爾朱天光祕密會見元子攸，將爾朱榮的橄欖枝傳遞過去。元子攸欣然應允，帶著家眷，跟著爾朱天光逃出洛陽。

當時北方少數民族擇立君主有一個傳統：將所有的候選人鑄銅像，請示天意，如果銅像鑄成，說明此人受命於天，可立為君；如果鑄像不成，則上天不認可此人。爾朱榮手中一共掌握了六位王爺，一一替他們鑄像，只有元子攸的銅像一舉成功。

武泰元年（五二八）四月十一日，爾朱榮在河陰（今河南洛陽東北）擁立元子攸登基稱帝，和洛陽的元釗對峙。元子攸就是孝莊帝，封爾朱

榮為都督中外諸軍事、大將軍、尚書令等，晉爵太原王。這是一步好棋，爾朱榮一下子從叛亂者躍升為「挾天子以令天下」的正義之師。

孝莊帝登基後，局勢就明朗了。胡太后立的小皇帝元釗原本就不被朝野所接受，大臣們早就和胡太后離心離德。聽說元子攸登基，洛陽的禁衛軍官兵、文官和世族大家爭相出迎，向新皇帝表示效忠。元子攸登基的當天，鎮守黃河的鄭先護、費穆等人就主動歸附，導致洛陽門戶大開，大都督李神軌不戰而退。消息傳到洛陽，禁衛官兵四處潰散。戰爭不用打了，爾朱榮兵不血刃，提前鎖定勝局了。

勝負已定，鄭儼和徐紇兩個男寵跑得比誰都快。鄭儼逃歸鄉里，想在地方起兵，結果被部下所殺；徐紇逃到江南，歸降蕭衍，因為好慕權力、奴顏媚骨，為時人所斥。眾叛親離的胡太后，在絕望中宣稱出家為尼，還強迫宮中所有嬪妃隨自己一起削髮出家。她逃入佛寺，寄希望於佛祖的保佑。洛陽的皇室貴族和文武百官見狀，第二天就拿著皇帝璽綬、擺出皇帝法駕，公開出城，迎接新皇帝元子攸了。

北魏朝野承認元子攸，也就承認了爾朱榮造反的勝利果實。到此為止，爾朱榮起兵可以勝利、和平地收場了。他只要護送元子攸進入洛陽，就大功告成了。但是，平靜之中醞釀著波瀾。

投降的武衛將軍費穆是爾朱榮的老朋友。爾朱榮年輕時，在洛陽當過一段時間的軍官，兩人當時就認識。如今久別重逢，兩人都很高興，促膝長談。

談著談著，談出問題來了。爾朱榮和費穆很快發洩起對朝政的不滿，感嘆軍隊地位之低、待遇之差。這一切都緣於北魏的「文武分治」。

北魏是馬背上打下來的天下。自孝文帝漢化以來，「文武分治」，文官序列開始壓過武將序列。文官職權上漲，發展前途廣闊；武將升轉、調任不易。漸漸的，朝野重文輕武，文官輕視武將，大臣都拒絕調任武

職。飽受欺壓的官兵們，則越來越不滿。孝明帝元詡時期，朝廷採納大臣張仲瑀的意見，規定軍官不能擔任重要官職，不能進入權力核心。消息傳出，駐紮在洛陽城中的禁衛軍官兵發動騷亂，將始作俑者張仲瑀打成重傷；將其弟張始均丟到火裡活活燒死；其父征西將軍張彝，也被打得奄奄一息，兩天後不治身亡。可見當時的文武衝突，激化到何種地步。

更大的衝突，在北方邊界地區醞釀。為防禦北方強大的柔然勢力，北魏在東起河北、西至黃河河套地區，延袤兩千餘里的邊境線上，設置了沃野、懷朔、武川、撫冥、柔玄和懷荒六大軍鎮，調兵遣將駐守，稱為「六鎮」。初期，北魏朝野非常重視六鎮。六鎮的將領都從北魏貴族豪強，甚至是宗室子弟中挑選；官兵也是鮮卑族的精壯人力。六鎮將領被視為「國之肺腑」，升遷的機會多，隨時可以返回首都當京官；士兵們被視為「國家精銳」，地位崇高，待遇優厚。女子們都以能嫁給六鎮的邊將和士兵為榮。大規模漢化後，國家崇文輕武，遊戲規則改變了。在疆場上的英勇斬殺不再被人稱道，詩書禮樂和朝堂上的爾虞我詐，成為遊戲的核心規則。六鎮的政治、軍事地位不斷降低。六鎮在漢化改革過程中被「遺忘」了，同樣是鮮卑族的官兵們，被排擠出權力核心，他們的升遷和待遇遠遠落後於內地的同族、同僚們，大多數人一輩子也不用指望升遷到內地去了。洛陽的貴族們把邊將視為鄙夷的粗俗軍人，傲慢得很。優厚待遇沒有了，連吃穿都失去保障，士兵們只好轉而聚斂錢財。精壯的，就到境外去擄掠財物；老弱的，只能砍伐山林、耕種田地，辛辛苦苦一整年，收入微不足道。更可悲的是，許多士兵拉家帶口，常年滯留邊鎮，生活艱難且沒有希望，類似流放。

幾十年間，六鎮官兵從天堂跌入地獄、從光榮的國家棟梁，變為羞恥的監獄苦役。被背叛、被忽視的情緒和怨恨，迫切希望改善處境的思想，充斥在六鎮之中，最終引發了六鎮起義。爾朱榮從鎮壓起義起家，

其間收編了許多起義的六鎮官兵，後者逐漸成為爾朱榮部隊的主力。此時，他們正惡狠狠地盯著洛陽城的達官顯貴們。

攻擊文武分治和文官集團，成為爾朱榮和費穆的共同話題。

費穆不知是為了表示忠心，還是發洩不滿，對爾朱榮出了一個殘忍的主意：「您的兵馬不到萬人，如今輕易長驅直入洛陽，沒有戰勝之威，恐怕無法長久服眾。京師之眾，百官之盛，一旦知道您的虛實，必然會產生輕侮之心。如果不『大行誅罰』，樹立親信，恐怕等您北歸之後，洛陽就會發生變故。到時候，您就前功盡棄了。」費穆所說的百官「輕侮之心」，指的是文官集團對軍官們的輕視，爾朱榮久居軍陣，自然感同身受。他對費穆的意見很認同。客觀上，爾朱榮面對不費吹灰之力得來的勝利，老覺得不踏實，對自身實力沒自信。

於是，爾朱榮召集部將說：「洛陽人物繁盛，驕奢成性，不除掉他們，恐怕難以控制。我想趁著百官出迎新皇帝之時，『悉誅之』，如何？」爾朱榮已經把費穆的「大行誅罰」發展成「悉誅百官」了。部將慕容紹宗反對：「我們之所以獲勝，是因為太后無道，失去了民心。主公以正義之師入洛陽，突然要誅殺百官，不是良策。」爾朱榮沒有採納慕容紹宗的意見，還是決心大開殺戒來立威。

元子攸登基的第三天，爾朱榮以「祭天」為名，命令洛陽百官到河陰行宮的西北集合參加。文武官員陸續趕到河陰。當時的場面非常混亂，大臣越聚越多，既沒有人出面組織，也談不上任何祭天的準備工作，反而有騎兵氣勢洶洶地環繞著群臣。

宣稱已經出家的胡太后，從寺廟中被搜索出來，連同她立的幼帝元釗，一道被爾朱榮的騎兵押送到河陰。胡太后看到殺氣騰騰的爾朱榮，「多所陳說」，試圖為自己的為所欲為辯解。爾朱榮沒聽幾句就拂袖而去，下令把帝后扔到黃河裡。於是，士兵們把胡太后和元釗裝入竹籠，

溺死在黃河了。

接著，爾朱榮把宗室諸王集合起來，開始訓話。他大聲追問王爺們「天下喪亂」、「明帝卒崩」的原因，諸位王爺無言以對。爾朱榮直言：「這都是你們貪腐暴虐，不相匡弼導致的惡果！」隨即，他揮手示意屠殺在場的所有王公。高陽王兼丞相元雍、司空元欽、儀同三司元恆芝、東平王元略、廣平王元悌、常山王元昭、北平王元超、任城王元彝、趙郡王元毓、中山王元叔仁、齊郡王元溫等人遇害。其中，遇害的東平王元略是爾朱榮的內侄。元略平日自詡為皇親國戚，又是清流大臣，對赳赳武夫的姑父爾朱榮很輕慢，所以雖然是爾朱榮的近親，也遭到無情殺戮。

宗室王公被殺，引起雲集的大臣們恐慌，場面出現騷動。外圍的騎兵毫不猶豫地對手無寸鐵的百官展開屠殺。頓時，河陰屍體相陳，血流成河。遇害的官員人數約在兩千人左右，超過京官人數的一半，且都是有資格參與迎駕和祭天儀式的高階官員。被亂兵殺害的大臣，不僅包括素來為武人厭惡的眾多世族大家子弟，和奉行「文武分治」、鄙視虐待武人的文官（難怪士兵們殺起來那麼起勁，一點都不馬虎），也包括很多追隨元子攸、對爾朱榮有功的大臣，比如獻出黃河投降的鄭季明、李遐等人。當時聚集在洛陽的漢化鮮卑貴族，和出仕北魏政權中的漢族大族，無論良奸，全部被刀劈斧砍，殺個精光。

有一百多位「祭天」遲到的大臣，被騎兵包圍。士兵們舉刀正要殺戮、大臣們伏地求饒時，有將領高喊：「你們誰會寫禪文，可以饒他一命。」所謂的禪文，當然是讓北魏皇帝禪讓天下給他人。當時在包圍圈中的隴西李神俊、頓丘李諧、太原溫子昇等人，都寫得一手好文章、名聲在外，但不願當亂臣賊子、恥於從命，趴在地上不吭聲。御史趙元則很怕死，連忙爬出來，說自己會寫禪文。於是，爾朱榮的將士授意他寫了一篇北魏國運已絕、爾朱榮堪當大任的文章。

在屠殺之前，爾朱榮有選擇地保留了一批大臣，並不是對所有人都大開殺戒。元順是個耿直忠心的大臣，在萬馬齊瘖的大環境中，多次不合時宜地死諫。爾朱榮很讚賞元順的品格，事先派人傳話給元順：「大人留在洛陽辦公，不必去祭天。」一些曾經對外地官兵有恩、或為武人鳴不平的官員，事先也得到關照。比如江陽王元繼，對爾朱榮之前多方照顧和提攜，被告知留在洛陽；大臣山偉曾經建議提高北方將士的待遇，被六鎮官兵們認為是「好人」，屠殺當天特意被安排在洛陽值班。

還有一點容易被遺漏的史實是：部分大臣參與了對同僚的屠殺。這些人主要是不掌權的疏遠宗室和洛陽的禁衛軍將領。由於宗室繁衍，以及朝廷對宗室成員的恩賞隨血緣的疏遠而遞減，越來越多的「皇親貴冑」被排除出權貴行列。那些血脈疏遠的元氏宗室，生活並不如意，充滿失落和妒忌。最終，他們加入爾朱氏的陣營，參與骨肉殘殺。比如宗室元禹，早在爾朱榮起兵前，就投入麾下，參與了大屠殺的醞釀和實施；並州刺史元天穆也是宗室，老早就和爾朱榮結為異姓兄弟。爾朱榮起兵後，並州的政務就全權委託給元天穆。此外，領軍將軍元鷙也是宗室，投靠爾朱榮後，在大屠殺當天還和爾朱榮一起登上高塚，俯看血淋淋的屠殺現場。

在不遠處行宮中的孝莊帝元子攸，在屠殺中又如何表現呢？

元子攸對爾朱榮殺戮大臣的計畫，是知情的（爾朱榮以元子攸的名義召集群臣，事前動靜鬧得很大，說元子攸不知情，是說不過去的）。而且，元子攸甚至可能參與謀劃。和爾朱榮一樣，元子攸也是輕而易舉獲得勝利，當上皇帝。他同樣對自己沒自信，害怕日後被人推翻，所以贊同用殺戮來立威──他也有仇家，也有殺心。然而，元子攸萬萬沒想到，爾朱榮的動作這麼大、這麼殘忍。原本是一場有限的誅罰，卻惡化成慘烈的大屠殺，而且連忠於自己的大臣，也被爾朱榮殺了，元子攸始

料未及、追悔不已。元子攸知道，千萬不要用血腥屠殺來立威，那樣做非但對帝王的威望不利，反而會動搖人心、危及政治根本。

當聲聲慘叫傳來時，元子攸和哥哥彭城王元劭、弟弟霸城王元子正，一起走出帳外，正要看個究竟。迎面走來二、三十個持刀武士。元子攸強裝鎮定，盤問來者。衝過來的武士藉口護駕，幾個人抱起元子攸就往帳裡走。剩下的人亂刀齊下，將彭城王、霸城王殺死。這些武士是爾朱榮派來看管元子攸的。至此，元子攸命懸一線，就看爾朱榮的意思了。

眼看王朝很可能會亡在自己手中，元子攸恨自己助紂為虐，又擔心自身安危。他不是一個懦弱無能、束手等死的人，寫了一道詔書，買通武士，傳遞給爾朱榮。詔書說：「帝王迭襲，盛衰無常。將軍仗義而起，前無橫陳，此乃天意，非人力也。我本相投，規存性命，帝王重位，豈敢妄希？直是將軍見逼，權順所請爾。今璽運已移，天命有在，宜時即尊號。將軍必若推而不居，存魏社稷，亦任更擇親賢，共相輔戴。」元子攸屈身說自己對帝位無所留戀，如果爾朱榮再緊緊相逼，就將帝位傳給爾朱榮，如果爾朱榮想保存北魏社稷，就聽任爾朱榮掌權。同時，元子攸又搬出「天意」、「天命」，提醒爾朱榮之所以能大獲全勝，是天意使然，不要逆天而為。這番話柔中帶剛，以退為進，把球踢給爾朱榮。

清洗了大臣、草擬了禪讓詔書，皇帝元子攸也服軟了，爾朱榮接下來該怎麼做呢？他會不會滅亡北魏呢？

爾朱榮屠戮群臣的本意是要立威，殺死一批老人，換上親信。可隨著鮮血越流越多，他的野心也在不斷擴大。北魏的中央政府在河陰基本上被摧毀了。面對唾手可得的洛陽，想像創建一個新王朝的美好前景，爾朱榮心想：「為什麼我不自己當皇帝呢？」他的部下已經在高呼：「元氏既滅，爾朱氏興！」都督高歡甚至公開勸爾朱榮稱帝。

　　爾朱榮決定為自己鑄銅像，看看天意如何。第一次，沒成功；爾朱榮又鑄了一次，還是沒成功；爾朱榮寄希望於第三次，依然沒有成功。爾朱榮還是想當皇帝，就鑄了第四尊銅像，還是失敗了。「難道天意不讓我當皇帝？」爾朱榮不甘心，又請平日信任的陰陽術士占卜吉凶。結果，占辭說：「今時人事未可。」鑄銅像不成，占卜又不吉，爾朱榮灰心喪氣了。部將賀拔岳於是勸諫：「天不亡魏，主公登基還為時尚早，不如先尊立元子攸。」

　　爾朱榮決心退回來，繼續當北魏的「忠臣」。他趕到元子攸的營帳，「叩首請死」。元子攸當然不會讓他死，「熱淚盈眶」地扶起爾朱榮，說了很多安慰的話。爾朱榮又一次自我批判，還說了許多效忠朝廷、死而後已的話。最後，君臣倆「皆大歡喜」，約定進入洛陽。

　　走到洛陽北面的邙山，爾朱榮看著洛陽城闕，心虛起來。城中家家戶戶幾乎都有人被殺，籠罩在一片愁雲慘霧之中。悲痛的氣場，讓爾朱榮心懷畏懼，不敢上前。身旁部將苦苦相勸，爾朱榮這才答應入城。入城後，爾朱榮及其部隊人不卸甲、刀不離手，連進入宮殿都全副武裝、騎馬進出——可見他們緊張到何種程度。

　　爾朱榮部隊怕洛陽官民，洛陽百姓更怕湧進來的胡騎，爆發了大規模的恐慌。大屠殺消息傳來，人們驚駭萬分。等到鐵騎入城，謠言四起，有的說爾朱榮要遷都晉陽，有的說胡騎要大掠洛陽城，還有的說要強迫洛陽百姓遷往北方，官民人等少數閉門不出，多數人離城而逃。僥倖躲過大屠殺的文武官員，更是驚弓之鳥，攜家帶眷地逃亡。那個受到爾朱榮尊重的元順，事先得到通知留在洛陽，但聽說大屠殺後，還是嚇得離城而逃，在途中被亂軍所殺。「洛中草草，猶自不安，死生相怨，人懷異慮。貴室豪家，並宅競竄。貧夫賤士，襁負爭逃」。洛陽城人口很快只剩下一、二成。

元子攸回宮，發現「直衛空虛，官守廢曠」，官衙和宮殿裡空空如也。皇帝進宮時，只有「值班」的散騎常侍山偉一個人跪拜迎接。

河陰之變的消息傳到外地，郢州刺史元顯、汝南王元悅、臨淮王元彧、北青州刺史元世俊、南荊州刺史元志等宗室，嚇得魂飛魄散，一溜煙地都向南方的梁朝投降。他們不是攜家帶眷逃亡南方，就是割據轄區、率領軍隊集體倒戈。爾朱榮急需恢復洛陽的秩序、維護國家機器的正常運轉。大屠殺的善後工作千頭萬緒，非常繁重！

正當爾朱榮四處撲救之時，元子攸偷偷向他舉起了屠刀。

大屠殺種下了兩人分裂的惡果，殘存的大臣們更是慫恿元子攸剷除爾朱榮。經過兩年韜光養晦，對爾朱榮言聽計從的日子，元子攸在北魏永安三年（五三〇）引誘爾朱榮父子入宮，親手刺死爾朱榮。爾朱榮最終償還血債，元子攸因此成為中國歷史上唯一一位「手刃」權臣的皇帝。

自古以來，至高無上的皇權要鞏固自身的權威，必須依靠自身力量去消滅權力威脅，而不能借助外部力量，比如宦官、外戚、將領等。借助外力來鞏固自己，本身就是皇權衰落的表現，「鞏固」的結果必然是「驅虎吞狼」，剛出狼爪又入虎口。這是中國歷史的一條規律，也是河陰之變教給後代皇帝的寶貴經驗。

一、中國歷史多宮廷政變，河陰之變既不是第一次，更不是最後一次。請按照時間先後順序排列下列宮廷政變：奪門之變、沙丘之變、玄武門之變、高平陵之變、辛酉政變。你還能舉出其他的政變嗎？

二、為什麼古代歷史政變頻繁，是野心家太多，還是缺乏制度防範，或是封閉式的絕對權力，容易引發政變呢？

真假梁武帝：無能庸劣還是策略失誤？

梁武帝蕭衍在位四十八年，超過整個南朝歷史的四分之一，不僅是南朝在位時間最久的皇帝，就算放在整個中國歷史上，也是少見的。他享年八十六歲，也是少有的長壽皇帝。同時，蕭衍還是中國歷史上最具爭議的皇帝之一。擁護者讚揚他促進江南經濟的繁榮、推動江南文化的昌盛；批評者指責他無所作為又濫用物力，最終引狼入室，招致侯景之亂，帶給江南浩劫。在他死時，原本富饒的江南大地滿目瘡痍，遍地廢墟。

那麼，蕭衍到底是什麼樣的皇帝，如何評價他在位的半個世紀呢？

整理所有對蕭衍的批評，可以總結出三宗主要「罪過」：

第一宗罪：佞佛。蕭衍以佛教為南梁的「國教」，熱衷造寺和法會，揮霍國力。

蕭衍時期，南方有佛寺近三千座，僧尼近百萬人，其中大多數是在他登基後擴大的。杜牧的「南朝四百八十寺」，都是他的傑作，只是大大低估了實際的寺廟數量。蕭衍還是佛教活動的慷慨贊助者，不斷召開規模空前的法會。這些大規模的造寺和法會，都由國家買單，逐漸掏空國庫。大批人口出家或託庇在佛教勢力之下，又削弱了國家的賦稅能力。蕭衍不僅不反省和補救，反而越做越過頭，上演多場「皇帝出家」的鬧劇。出家的地點都是皇宮附近的同泰寺，第一次是普通八年（五二七）三月八日，蕭衍捨身出家，三日後返回；第二次是大通三年（五二九）九月十五日，蕭衍在同泰寺參加法會，興之所至，脫下龍袍換上僧衣，出家了。二十五日，群臣捐錢一億，向佛祖禱告，請求贖回皇帝，兩天

後蕭衍還俗；第三次是大同十二年（五四六）四月十日。這回，群臣花了兩億錢將其贖回；第四次是太清元年（五四七）三月三日，蕭衍在同泰寺住了三十七天，四月十日，朝廷出資一億錢贖回。這些巨款，讓本就枯竭的國庫雪上加霜。

第二宗罪：縱惡。蕭衍為政極其寬鬆，對宗室親貴犯罪不加懲治，導致朝政黑暗。

比如蕭衍的六弟、臨川王蕭宏率軍北伐，竟然棄軍而逃，導致數以萬計的將士無謂犧牲，北伐失敗。蕭衍卻對他不加罪責。蕭宏是出名的貪汙犯和高利貸者，從民間搜刮數以億計的錢財。蕭衍還誇獎蕭宏：「小六子，很會過日子嘛！」蕭宏在皇兄的縱容下，越來越荒唐，最後竟然和親侄女、蕭衍的長女永興公主亂倫。兩人怕醜事洩漏，計劃弒梁武帝自立。事情敗露後，蕭衍竟然還不追究蕭宏的罪過。蕭宏於普通七年（五二六）去世。蕭衍追贈他為大將軍，謚為靖惠王，安排厚葬。

蕭衍早年長期無子，過繼蕭宏的兒子蕭正德為嗣子。有了親生兒子後，蕭衍就以長子蕭統取代了蕭正德的嗣子地位。蕭正德心生怨恨，叛逃北魏，以「南梁前太子」自居。無奈，北魏對這樣的「花瓶」不感興趣，蕭正德不受重視，又逃回江南。蕭衍竟然不懲辦蕭正德的「叛國」，只是把他罵了一頓，且邊罵邊抱著蕭正德痛哭，真是「菩薩心腸」。蕭正德繼續當他的王爺，還被派到富庶的吳郡當太守。他招攬亡命之徒，公然搶劫，最後發展到光天化日之下行凶殺人，結果依然安然無恙。

六子蕭綸歷任地方刺史等要職，為非作歹，搜刮民脂民膏。下屬向蕭衍揭發蕭綸的斑斑劣跡，蕭綸竟然殺死下屬。蕭衍只是處死殺人的直接凶手，屢次對蕭綸網開一面。蕭綸貪慕皇位，兩次謀劃弒父。事情敗露後，蕭綸罪證確鑿，蕭衍依然不處罰他。蕭綸官照當，日子照樣逍遙。蕭衍如此過度縱容，導致王公顯貴們肆無忌憚地胡作非為，同時培

養出一批喪盡天良、最後骨肉相殘的兄弟子侄們。說蕭衍養虎為患，一點也不為過。

第三宗罪：資敵。蕭衍晚年誘發侯景之亂，並助長叛亂發展，使江南慘遭戰火蹂躪。

東魏大將侯景因內部矛盾，起兵造反，妄圖割據河南。為了拉攏西魏和南梁支持自己（起碼希望這兩方中立），侯景分別向南梁和西魏兩國稱臣，宣布「歸降」。太清元年（五四七）二月，侯景派人到建康，聲稱願獻出河南十三州降梁。很明顯，這是侯景的幌子，是為了掩蓋他借助外力與東魏抗衡、方便自己割據稱王的野心。不少大臣反對接納侯景，蕭衍卻決然地與東魏宣戰，接受侯景歸降，封侯景為大將軍、河南王，還派人運糧接濟侯景（相反，西魏不給侯景任何援助，還派兵壓迫侯景，蠶食他的地盤）。

侯景同時向西魏「歸降」的消息傳開後，侯景向蕭衍解釋：「王師未到，形勢危急，我不得已才向關中求援。這是我捨棄一小塊地盤為誘餌的權宜之計。」蕭衍回覆：「將軍做得很對，我非常理解。」他還派大軍北伐，呼應侯景。不幸的是，北伐梁軍和侯景在魏軍的打擊下丟盔棄甲。侯景更是只帶領八百殘兵，一路狂奔到淮南，徹底依附蕭衍。他看到蕭衍麻痺可欺、梁軍懦弱成性，認為：「我取河北難，取江南易如反掌。」侯景襲取重鎮壽陽，大肆擴軍備戰。蕭衍還順水推舟將壽陽劃為侯景防地。侯景獅子大開口，向蕭衍要求大量的軍需物資、擴軍備戰。比如侯景向朝廷申請一萬匹錦，說要做軍袍用，朝廷如數發給。侯景又藉口武器粗劣且損壞嚴重，申請派遣建康城的能工巧匠到壽陽直接鍛造，朝廷也不拒絕。試想一下，侯景只有八百殘兵，哪需要那麼多的布匹、還需要專門設點造兵器啊？很多地方官員察覺侯景在備戰，接二連三地警示蕭衍，蕭衍卻不相信。侯景派人攜帶親筆信，約將軍羊鴉仁一

起造反。羊鴉仁把侯景的使者和親筆信押解到建康，向蕭衍告發。蕭衍卻將使者送回壽陽，對此不聞不問。蕭衍還對侯景的使者說：「譬如尋常窮人家，有三個五個客人，還相處得好。朕只有一個客人，惹得他生氣，這是朕的過失。」

沒幾個月，侯景就正式造反了。蕭衍滿不在乎地說：「侯景有幾個兵，能成什麼事？我隨便拿根棍子就能揍他。」結果，侯景在內奸蕭正德的幫助下，只花了兩個半月，就兵臨建康城下，又在各處眼睜睜巴望著蕭衍快點死的宗室王爺的注視下，從容不迫地攻破臺城。最後，蕭衍被侯景活活餓死。在此期間，侯景的軍隊肆無忌憚地橫行在已近百年未曾遭遇戰火的江南地區，燒殺搶掠，甚至將百姓當成奴隸賣往北方。富庶的魚米之鄉，成了人間地獄。蕭衍要為此負重大責任。

蕭衍在位的六世紀上半葉，北魏屢次大亂，繼而分裂，南梁對北方優勢明顯。如果遇到雄才大略的君主，措施得當，南方極可能大有作為，甚至滅亡北魏都不一定。可惜，蕭衍無所作為，白白葬送歷史良機，還將戰火引到南方，一度中斷南方的發展。

凡此種種，似乎可以認定蕭衍是個昏君，資質平庸，甚至還有些愚蠢。柏楊在《中國人史綱》中認為：「蕭衍在政治上的成功，全靠僥倖，是一種被浪潮推湧到浪頭上的人物。但他一旦掌握大權，就開始過度自負，局勢上的因素全被抹殺，對自己的智慧能力和道德水準，作過高的估價。事實上他自私而又庸劣，對於境界稍高的見解，便無法領略。」

蕭衍真的是一個庸劣的昏君嗎？批評者似乎忘記了，蕭衍雖然招致南梁的滅亡，卻也是南梁的締造者。正如蕭衍在臺城失陷時感嘆的那樣：「自我得之，自我失之，亦復何恨。」作為南梁的開國君主，蕭衍自有他的過人之處。

蕭衍的上半生是在南齊時期度過的。南齊時期文化繁榮，竟陵王蕭

子良身邊聚集一批文友，其中以范雲、蕭琛、任昉、王融、蕭衍、謝朓、沈約、陸倕等最知名，號稱「竟陵八友」。蕭衍就是其中之一，是「永明文學」的重要代表。從流傳下來的文獻可看出，蕭衍的文學能力出眾——南梁整個皇室都擅長文學，文人輩出。

在政治上，蕭衍也表露出不俗的見解，有過人的表現。齊明帝蕭鸞篡位之前，覺得荊州刺史、隨王蕭子隆和豫州刺史崔慧景兩人，既效忠皇室，又有能力起兵與自己對抗，想除掉這兩個人，又苦於沒有簡便的方法。時任鎮西諮議參軍的蕭衍敏銳地發現了蕭鸞的心思，建議將蕭子隆免職、召還京師，明升暗降為侍中、撫軍將軍，剝奪他的實權。接著，蕭衍又自告奮勇，要求率兵戍守壽陽，奪取崔慧景的兵權。

蕭鸞死後，由始安王蕭遙光、尚書令徐孝嗣、右僕射江祏、右將軍蕭坦之、侍中江祀、衛尉劉暄等人輔佐幼君蕭寶卷。六人輪流入朝值班，掌握實權，被稱為「六貴」。時任雍州刺史蕭衍不無憂慮地說：「一國三公尚且國家不穩，如今朝廷有六貴同時當權，如何才能避免動亂呢？」果然，南齊迅速在內訌中動盪，六貴無一善終。

蕭寶卷親政後，暴虐無道，領兵將領們人人自危。豫州刺史裴叔業找蕭衍串通造反。裴叔業遊說蕭衍，說他想向北魏稱臣，請北魏出兵相助，若成功，可以推翻蕭寶卷，若失敗，還可以被北魏封個河南公。蕭衍不贊成，他覺得裴叔業想得太樂觀。你投降北魏，就得做北魏的臣子，北魏不是傻子，不會被你牽著鼻子走。裴叔業不聽蕭衍的勸告，率部投降北魏。果然如蕭衍所說，北魏迅速收編裴叔業的軍隊和地盤，卻不願插手南齊政務。

蕭衍的哥哥、益州刺史蕭懿，被蕭寶卷解除職務、召回建康。途經襄陽，蕭衍攔住哥哥，不讓他去建康。蕭衍說，南齊內有連年災亂，外有北方強敵虎視眈眈，已經是內憂外患；而小皇帝蕭寶卷只顧專權胡

為，國家大亂將至。蕭衍勸哥哥蕭懿一起聚積力量，尋機推翻南齊、取而代之。蕭懿大怒，將弟弟痛罵一頓，要蕭衍好好「反省」錯誤，自己毅然踏上前往建康的道路，果然一去不復返，被暴君砍了腦袋。

蕭衍則加快備戰步伐，決心乘亂推翻南齊。他以防備北魏為名，大造器械，暗中砍伐許多竹木，沉於檀溪中，以備造船用。蕭懿被殺後，蕭寶卷派前將軍鄭植行刺蕭衍。鄭植的弟弟鄭紹寂正好擔任蕭衍的部屬。鄭植便快馬加鞭，以探親的名義前往雍州。當時蕭懿的死訊還沒傳到襄陽，加上鄭植官職很高，蕭衍照慣例，要宴請鄭植。席前，鄭植懷揣利刃，決定在宴席上殺掉蕭衍。鄭紹寂察覺到哥哥的陰謀，在宴會舉行前，將鄭植的來意告訴蕭衍。蕭衍得知後，還是照常舉行宴會，還親自款待鄭植。宴席開始後，蕭衍突然問鄭植：「鄭將軍受皇命來殺我，今天這酒席可是下手的好機會啊！」鄭植也不是普通人物，心中雖然大驚，但面不改色，矢口否認。蕭衍哈哈一笑，又像沒事一樣，繼續觥籌交錯。鄭植懷裡的利刃一直沒有派上用場。宴會散後，蕭衍邀請鄭植參觀襄陽城的軍備。鄭植同是行伍中人，發現整座城池固若金湯，糧草充足，士氣高昂。他對蕭衍的治軍能力大為嘆服，同時也折服於蕭衍坦蕩的氣度，便放棄了行刺的念頭，並把蕭懿的死訊和蕭寶卷的陰謀和盤托出。蕭衍正式起兵，一路勢如破竹，終結了南齊王朝，建立了南梁。

從蕭衍的崛起之路可以看出，他絕非泛泛之輩，更談不上資質庸劣。

那麼，怎麼解釋蕭衍在登基前後表現的巨大反差呢？這得從蕭衍的「佞佛」談起。

蕭衍是真心信佛的。他深入研究過佛教理論，提出「三教同源」學說，還是中國佛教吃素戒律的創立者。他本人是中國佛教早期的重要思想家。蕭衍以身作則，一天只吃一頓飯，不吃魚和肉，只吃豆類的湯菜和糙米飯，並且在五十歲後斷絕房事，再也沒有親近過任何一個女子。

　　但是，一個皇帝不遺餘力、傾盡所有地推廣佛教，自然有個人信仰之外的深層意思。

　　蕭衍接手的半壁江山，屢經動亂，人心不安。從東晉後期開始，經過劉宋王朝，再到南齊，南方地區長則十幾年、短則兩三年，就會有內戰，不是父子反目、骨肉相殘，就是君臣廝殺、文武惡鬥。劉宋、南齊的皇室子弟，幾乎在內戰中無一倖免。

　　此外，北方強大的鮮卑人，不時殺向南方，屠戮城池，劫掠人口和物資。荒蕪、饑饉、騷亂遍布南方地區，恐懼、猜忌、茫然侵蝕了人們的思想。蕭衍如何收拾這個爛攤子？蕭衍認為，安定國家就要禁絕殺戮、收攏人心，用共同的思想改造官民觀念、統一人心。因此，蕭衍要保持政局穩定，盡量不搗亂、不多事，能不動刀就不動刀。同時，對佛教的深入了解，讓蕭衍相信，佛教是治國最好的思想武器。恰好，動盪和茫然是宗教蔓延的沃土，佛教已經在之前的魏晉時期開始在中國扎根，為蕭衍借用它治國，提供了良好的基礎。

　　於是，南梁的基本國策「佛化治國」就正式出爐了。

　　蕭衍的考量不可謂不好，執行得也不可謂不真誠。江南大地迎來將近五十年的久違安寧。佛教蓋過道教和儒家學說，征服南方的人心，成為新的主流思想。其間，南方獲得長足的發展，是南方超越北方這個宏大過程的重要一環。蕭衍和「佛化治國」的策略功不可沒。但是，蕭衍做過頭了，讓一樁本可利國、利民的好事，變成禍國殃民的壞事。比如過度崇佛，變成佞佛；比如慈悲為懷，異化成縱容犯罪；比如放下屠刀，被簡化為放鬆武備……從這個角度，我們可以更加理解蕭衍的三宗罪，也可以認清局勢是如何一步步惡化成侯景之亂的滔天禍水。

　　具體到對外戰爭方面，蕭衍的基本方針是：少打仗，多招降。打仗殺人不符合南梁「佛化治國」的基本國策。況且，蕭衍對佛光閃耀下的

南梁「軟實力」非常有自信，相信北方的蠻夷之輩終將被佛法吸引，從黑暗中投奔佛光普照的南方。果然，不斷地有北魏的官民投奔南梁而來，而且層級越來越高，最後連宗室親王和藩鎮大將都來歸降——只不過，他們不是被佛法所吸引，純粹是因為北魏大亂，逃命到南梁來。蕭衍對南逃的北魏官民，以禮相待，優遇有加。對其中有用之人，量才錄用，利用他們「反攻」北方，試圖讓降將叛兵替他開疆拓土，做無本的買賣。這有助於理解蕭衍對侯景的接納，也可理解為什麼在侯景失敗後，蕭衍不借侯景的人頭去恢復南北和平。

此外，漫長的執政生涯，讓步入暮年的蕭衍志得意滿、驕傲自負，喜歡報喜不報憂，逐漸喪失正確的判斷——這點在暮年乾隆身上也有所展現。它是皇權對正常思維長年潛移默化、侵蝕的結果。這時，奸佞小人聞訊而來。乾隆身邊有和珅，蕭衍身邊有朱異。與和珅一樣，朱異也能力超群，處理政務像流水線一樣，從來不讓政務堆積。但是他一心揣摩蕭衍的心思，阿諛奉承，以諂媚得寵。侯景歸降時，蕭衍冥冥之中也有所懷疑，他召集大臣討論：「我國金甌無缺，現在侯景獻地，到底是好是壞？萬一有點意外，悔之何及？」朱異揣摩蕭衍內心貪戀「收復中原」的「豐功偉績」，就說：「若拒絕侯景，恐怕之後再沒有人願意歸降了，願陛下無疑。」一樣是朱異，在侯景造反後，信誓旦旦地說侯景絕對不會渡江。

後人不能說蕭衍是個無所作為的昏君。蕭衍選擇讓南梁王朝沐浴在佛光下，但他忽視了，任何策略都不是包治百病的神藥，需要其他策略和戰術配合，需要適度、適量和有原則地使用。在紛繁複雜、強敵對峙的南北朝時期，一味地推行佛化政策，只會削弱自身的抵抗力。因此，蕭衍也不能算是一代明君。

一、你覺得梁武帝是無能庸劣，還是治國策略失誤？

二、皇帝可能是天下最難的職業，責任重大、工作繁忙，而且是終身制，沒有一天休假日。其中的酸甜苦辣都由皇帝一人來承擔。如果你是梁武帝，面臨內憂外患，你想怎麼治國理政呢？

岳飛之死：君國困境與能臣的悲劇

紹興七年（一一三七）九、十月間，南宋大將岳飛從湖北順江而下，前往建康見駕。在九江，他遇到同樣被皇帝召見的隨軍轉運使薛弼。兩人於是同船而行。聊天時，岳飛嚴肅地說：「我這次到朝廷去，將奏陳一樁有關國本的大計。」薛弼問他是什麼大計。

岳飛說：「先帝（指宋欽宗）繼位的時候，曾在靖康元年冊立皇子趙諶為太子。我軍情報說，敵人已經將趙諶送回汴京，想用他來交換我方俘虜的耳目，實際是想擾亂朝廷的皇統。所以為朝廷計，不如將建國公（指宗室趙伯琮）正式立為皇太子，這樣就讓敵人無計可施了。」

在船上，薛弼發現戎馬十幾年的岳飛，把大部分時間都用來練習小楷。岳飛用小楷親自撰寫請求將建國公趙伯琮立為太子的奏章。薛弼善意地提醒岳飛：「您身為大將，似不應干預此事。」岳飛正色說：「臣子一體，不應該顧慮形跡，不應該顧慮個人得失。」

到了建康，趙構和岳飛談得興起。岳飛拿出寫好的奏章對趙構說：「皇上，後宮一直沒有太子。為了江山社稷，您應該早立一個太子才是。」對岳飛來說，趙宋皇室是國家和民族的象徵，也是他在前線浴血奮戰所效忠的對象。現在宋朝的統治還算不上高枕無憂，萬一趙構哪天不幸「過去」了，趙宋王朝就無法延續下去。從這個角度來說，王朝的確是需要有個預備皇帝。還有一個朝野公開的祕密，也促使岳飛這麼做，那就是皇帝趙構患有陽痿，無法生育，客觀上也必須將皇位傳給他人。

但對趙構來說，岳飛簡直是在揭自己的傷疤、窺探自己的隱私。他想都沒想，就冷冰冰地說：「愛卿雖然出於忠心，但是在外手握重兵，這

類事體並不是你所應當參與的。」

岳飛頓時異常尷尬，只好惶恐地告辭。退下殿堂時，岳飛面色如死灰。他終於意識到自己觸犯皇家的最大忌諱，那就是手握重兵的武將，對皇位繼承不能表露出興趣。皇權繼承在歷朝歷代都是絕對敏感的問題，最容易和那些手握重權、重兵的文臣武將的政治野心連繫起來。當岳飛嚴肅地向不到三十歲、正千方百計鞏固皇位的趙構，提出早立太子的問題時，趙構很自然地把岳飛和心術不正連結起來了。

薛弼接著得到召見。趙構問他：「岳飛剛才請立建國公為太子，我告誡他說有些事情並不是外將可以干涉的。」薛弼忙把自己在路上看到的事情全部告訴趙構，並說：「臣雖然是他的屬下，但沒有預聞此事。岳飛的所有密奏，都是他一人寫的。」

第二天，宰相趙鼎入朝時，趙構依然對昨天的事念念不忘，把事情和趙鼎說了：「岳飛參與的事情太多了！」趙鼎也表示：「想不到岳飛竟然這樣不守本分。」

退朝後，趙鼎對薛弼說：「岳飛這麼做，絕不是保全功名、善始善終的辦法。」

兩個月後（紹興七年十二月），金朝釋放了一名扣押的宋朝使節王倫。

王倫回到南方，向趙構轉達了金朝的口信：「好報江南，自今道途無壅，和議可成。」王倫還帶來宋徽宗的死訊，說金朝答應在和談成功後，送還「梓宮」（宋徽宗的靈柩）。趙構重賞了王倫，高興地宣布：「若金人能從朕所求，其餘一切非所較也。」到底滿足趙構什麼樣的條件，其他條件他都可以不計較呢？就兩個條件：第一是宋金和談，不再處於戰爭狀態；第二是金朝得承認趙構在南方地區的統治權。

金朝得知後，很快表示可以接受趙構的條件。金朝統治中原後，自

身矛盾多多，事務重重。它的北方，以會寧府為中心的老根據地，實行的還是奴隸制度，游牧習氣深入骨髓；而中原地區高度發達的封建經濟，對金朝的管理能力提出嚴峻的考驗。有意漢化的金熙宗，採納完顏宗磐、完顏昌等人的建議，將河南和陝西的部分地區還給宋朝，換取南宋稱臣進貢，定期撈取好處；同時金朝也能抽出人力和精力來強化對中原地區的統治，推動自身的漢化。

你情我願，宋朝和金朝很快就在第二年（一一三八）十月，對和談達成一致。金朝派蕭哲為江南詔諭使來到臨安。因為宋朝在和議中向金朝稱臣，因此蕭哲要求趙構要跪拜接受金朝詔書。他也不稱宋朝，是稱「江南」，要對宋朝「詔諭」。這樣南宋就成為金朝的屬國了。

臨安城一下子失控了。前宰相張浚連續五次上書，激烈反對和議；大將韓世忠奏請拒絕議和，立即決戰；岳飛則奏稱「金人不可信，和好不可恃」，並直接罵主持和談的宰相秦檜「謀國不臧，恐貽後世譏」。樞密院編修胡銓上疏，請求將秦檜、王倫等人斬首示眾，然後拘拿無禮的蕭哲，再集合軍隊北伐金朝。如果朝廷不同意，胡銓說：「臣寧願跳入東海自殺，也不願處在小朝廷中苟活。」他的奏疏獲得一片讚揚，民間刻板傳誦、流布四方。趙構和秦檜面對潮水般的反對，又羞又怒。岳飛等人動不了，胡銓就成為儆猴用的那隻「雞」。胡銓被扣上「狂妄上書，語言凶悍，仍多散副本，意在鼓眾劫持朝廷」的罪名，被罷官送往昭州編管。

也有一部分附和接受和議，原宗正少卿馮檝就上疏讚頌和議是兼具孝、悌、仁、慈等優點的合約。秦檜見有人支持，立即恢復馮檝宗正少卿的官職。中書舍人勾龍如淵向秦檜建議控制御史臺，進而控制言論、壓制反對。秦檜大受啟發，罷免反和的御史臺官員，提拔勾龍如淵為御史中丞，控制言論。朝廷聽到的反對聲浪果然變少了。趙構則搬出

「孝」、「悌」之道來為和議辯解，說：「父皇靈柩未還，母后還在遠方，陵寢宮廟，久稽灑掃，兄弟宗族，未得會聚，南北軍民十餘年間不得休息，因此我不得不屈己求和。」

宋金和議拖了兩個月，最終在十二月正式簽署。趙構還是不願意在金國人面前跪拜接受詔書，在條約簽署前，得了「急病」，在宮中休養；宰相秦檜主持儀式，代表皇帝跪拜在金使蕭哲面前，在和約上簽字畫押。根據和議：宋朝向金朝稱臣；以黃河舊河為界，金朝把黃河以南的陝西、河南地還給宋朝；宋朝每年進貢白銀二十五萬兩、絹二十五萬匹；金朝歸還宋徽宗和皇后的靈柩。和談成功，朝廷大肆慶祝，命百官進呈賀表，並加官晉爵。

許多大臣拒絕上表。岳飛倒是上了一張表，他說：「今日之事，可憂而不可賀；朝廷還是不要論功行賞，免得貽笑大方。」對朝廷為他加官的詔書，岳飛也拒絕接受。

對和約最實質的反對，不是來自岳飛等主戰派，而是金朝內部的權力鬥爭。第二年，金朝就爆發了一場激烈的權力鬥爭。主和派貴族因「謀反」而被誅殺，主戰派掌握了大權。主戰派堅決反對把陝西、河南等部分地區交還宋朝，要求繼續南下侵宋。很快，主戰派的完顏宗弼就統帥金軍，兵分四路南侵。宋朝沒有任何防備，一敗塗地。不到一個月，根據和議賜給宋朝的土地，就被金朝拿回去了。完顏宗弼的前鋒還殺入淮南。紹興十年（一一四〇）六、七月間，宋將劉錡率軍民在順昌城以少勝多，大敗金軍。金朝的南侵勢頭被遏制了。一直躍躍欲試的岳飛，計劃乘勝北伐，用實際行動表達對和談的態度。

順昌大捷後，趙構、秦檜則計劃趁勝和談，將勝利當作談判的籌碼。已經調任司農少卿的李若虛奉旨到岳飛軍中，命令「不得輕動、宜且班師」。李若虛來到駐地時，岳家軍已經北進。李若虛趕到軍前，發現

岳家軍前進順利，對岳飛說：「將軍既已發兵，不應倉促班師。您儘管北伐，我來承擔朝廷追究抗旨北伐的罪名。」岳飛謝過李若虛後，自率主力加緊北伐。岳家軍一舉收復潁昌府、陳州、鄭州、洛陽和永安軍。完顏宗弼不得不集合中原地區的金軍主力迎戰。

七月八日，岳飛親率的主力在距河南郾城北二十公里處遭遇金軍，決戰開始。宗弼擺出了以「鐵浮圖」居中，「拐子馬」騎兵為兩翼的陣勢，凶猛又穩健地向前推進。岳飛命令兒子岳雲出戰，告誡曰：「只許勝，不許敗。如果你不用心，我就先宰了你！」岳家軍每人拿三樣東西：麻扎刀、提刀和大斧，衝入陣中就「手拽廝劈」，上砍騎兵，下砍馬足。部將楊再興奮勇當先，單騎闖入敵陣，到處尋找宗弼單挑。沒有找到宗弼，楊再興隻身殺敵數百人，受傷數十處，仍堅持作戰。郾城戰從中午一直戰到黃昏，金軍大敗，岳家軍獲取大捷。

關於當日的戰況，岳飛的奏摺稱：「探得有番賊酋首四太子（即完顏宗弼）、龍虎、蓋天大王、韓將軍親領馬軍一萬五千餘騎，例各鮮明衣甲，取徑路離郾城縣北二十餘里。尋遣發背嵬、游奕馬軍，自申時後與賊戰鬥。將士各持麻扎刀、提刀、大斧與賊手拽廝劈，鏖戰數十合，殺死賊兵滿野，不計其數。至天色昏黑，方始賊兵退卻，奪到馬二百餘匹。」

當月中旬，宗弼硬著頭皮，搜刮了十二萬軍隊，反攻臨潁，再次與岳家軍決戰。楊再興率三百前哨騎兵在小商橋與宗弼大軍遭遇，英勇發動衝鋒，殺敵兩千餘人，楊再興陣亡。岳飛率主力迎戰。岳雲前後十多次突入敵陣，戰後清點，受傷上百處；岳家軍的許多步兵和騎兵殺得「人為血人，馬為血馬」，沒有一人後撤半步。在戰鬥高峰期，張憲率本部兵馬趕到，加入鏖戰。金軍不得不主動撤退。

岳家軍的勝利，大大地推動了黃河兩岸的抗金局勢。太行山和黃河

兩岸的民軍始終配合岳家軍作戰。義軍首領梁興聯合豪傑義士，在敵後的垣曲、沁水、濟源接連獲得勝利，收復趙州、興仁、懷州、衛州等地，截斷了金軍的後方軍需通道。敵後的義軍紛紛舉著「岳」字大旗歸附，中原老百姓紛紛拉車牽馬、運送糧食支援。「岳」字大旗在中原上空飄揚。

而金軍蜷縮在城池中，不是收拾細軟準備偷跑，就是聯絡岳飛，準備獻城投降。金軍將領烏陵思謀控制不了部隊，只好公開宣布：「麻煩大家少安勿躁，等岳家軍到了，我們就投降。」金軍將領王鎮、崔慶、高勇等都接受岳飛的任命，率部脫離金軍。金軍大將韓常統帥五萬金軍，這時也聯繫岳飛，願意反正。金朝對燕京以南地區都失去了控制。宗弼還想在漢人中大規模徵兵，負隅頑抗，結果不僅沒有徵得新兵，連派出去徵兵的人也跑了。宗弼哀嘆道：「我自起兵以來，從沒有陷入今天這樣的窘境。」他把家屬送回北方，準備率殘軍撤出汴梁，放棄中原。

情勢一片大好。岳飛按捺不住心中的狂喜，對部下說：「等直搗黃龍府，我與諸君痛飲！」

岳飛向趙構報告：「陛下中興的時機已經到了，金賊必亡，請朝廷速命各路兵馬火急並進，發動總攻。」岳飛自己進軍到朱仙鎮，距東京開封只有四十五里路。他的眼光已經超越汴梁，在焦急地等待渡河北伐的命令。

可惜，趙構和秦檜並不像岳飛那樣樂觀。他們倒不是懷疑宋軍的勝利，只是懷疑眼前的勝利能夠持續多久。因此還不如見好就收，讓勝利增加談判桌上的籌碼，停戰求和。

按說，宋軍的勝利就是趙構這個皇帝的勝利，他為什麼不願意擴大戰果，為什麼沒有信心，為什麼一意求和呢？想知道趙構喪失鬥志的真正原因，還要從他的心病入手。

趙構原本是個與皇位無緣的孩子。他只是宋徽宗眾多皇子中的一個，因為在金軍大舉南侵的時候，被派往外地而逃過劫難。汴梁淪陷之時，包括他父皇宋徽宗、哥哥宋欽宗在內的皇室成員，幾乎被一網打盡，身為僅存的嫡系皇子，趙構被宋朝剩餘力量擁戴為新皇帝。應該說，這是天上掉下一個大餡餅，正好落在趙構的手上。他一直想著該如何捧住這塊餡餅，如何把既得利益保存下來，而不去想更大的國家利益。

首先，趙構親眼見證了金軍鐵器的驍勇凶猛，看到太多宋軍被金軍打敗的場景。金朝對南宋的軍事威脅，是對南宋王朝最大、最直接的威脅，也是對趙構皇位最大、最直接的威脅，是趙構最大的心病。他陽痿的疾病，就是被金軍嚇出來的。除了軍事威脅外，金人手中握著的父親宋徽宗和哥哥宋欽宗，以及其他宗室成員，也是一大威脅。如果金朝什麼時候把父親和哥哥放了回來，自己的皇位也就搖搖欲墜了。只要願意，金軍一用力，趙構就可能被推翻掉。

朝野上下都湧現著抗金熱潮。這股熱潮表面上看起來有助於治療趙構最大的心病，但朝野抗金和趙構抗金的出發點不同。

趙構的出發點是權力欲，朝野抗金的出發點是報仇雪恥。大臣們無法接受王朝覆滅、先帝被俘的過去，更無法接受泱泱大國、皇皇大宋被北方蠻夷征服的現實；百姓們高呼抗金，更多的是報仇，是打回老家和家人團聚。趙構可不想和家人團聚。

趙構的第二個心病是朝廷內部對皇權的威脅。趙構繼位之後，長期在刀光劍影中度過，經歷了苗劉兵變、杜充叛變和武將崛起，這一切都讓趙構覺得大臣——尤其是武將——不可靠。亂世重兵，軍隊是最大的政治籌碼。趙構既要借助武將抗金，治療最大的心病，但又無法坐視武將數量膨脹而限制、消減或威脅皇權。如何在其中尋找一個合適的「分寸」，這讓初登皇位的趙構覺得非常困難，這也是所有權力擁有者

的通病。

隨著宋金戰爭的不斷推進，以岳飛、韓世忠等人為代表的前線將領的實力不斷壯大。他們擁有的部隊占政府軍總兵力的絕大部分，而且不斷擴充、壯大。在戰爭背景下，前線各部的統帥固定下來，一般兼任宣撫、制置、招討等職務，在一定區域內，集軍政、民政、財政大權於一身。最後導致某些部隊的官兵不以番號相稱，而以長官的名號相稱了，比如岳飛的「岳家軍」。為了對付金軍，趙構又不得不允許前線將帥「便宜從事」。這就離宋朝抑制武人，重文抑武的立國方針越來越遠了。

早在建炎四年（一一三○）五月，御史中丞趙鼎就上奏提醒趙構：「祖宗於兵政最為留意」，「太祖和趙普講明利害，著為令典，萬世守之不可失。今諸將各總重兵，不隸三衙，則民政已壞」。趙鼎的意思是要重申立國之初文官指揮將領，軍隊隸屬中央的制度，「千萬不能讓祖宗之法，廢在我們這一代人手裡啊！」趙構從這時開始有意識地限制將領們的權力，故意將前線指揮權分裂為多份，讓岳飛、韓世忠、張俊等人各管一方，同時開始收地方兵權、大力擴充禁軍，對岳飛等人的擴軍請求一概不理。

在需要防範的各大實力派中，岳飛無疑是重中之重。「岳家軍」約占前線軍隊總額的三分之一，更重要的是，它主要由北方淪陷區的農民組成，是趙構的非嫡系部隊。趙構的嫡系部隊是原來河北兵馬大元帥府的軍隊。

岳飛的戰績越輝煌，「岳家軍」聲望越高，就越刺激趙構的心病。經歷十多年風風雨雨的趙構，最需要的是一個穩定的皇位和一個和平的國家，不想再有任何變故了。他迫切想把天上掉下來的餡餅合法化，而趁金軍遭受慘敗之際，見好就收，恰好可以治療趙構的心病。那麼做，既可以解除金軍的威脅，又可以遏制前線實力將領的壯大，一舉兩得。至

於宰相秦檜，他贊同趙構，除了沒有必勝的信心外，取悅皇帝、鞏固相位可能是更大的考量。

於是，趙構、秦檜下達了全軍撤退的命令。他們知道最不聽話的肯定是岳飛，所以先急令聽話的張俊、楊沂中等部從淮河撤軍，接著命令韓世忠、劉錡等軍撤回，使岳家軍陷入孤立；再以「孤軍不可久留」為理由，勒令岳飛退兵。岳飛上書力爭：「金賊銳氣沮喪，內外震駭，已經準備放棄輜重，渡河逃跑了。而且現在豪傑雲集，士卒用命，天時人和，強弱已見，功及垂成。時不再來，機難輕失。」岳飛不說中原的形勢還好，一說倒讓趙構想到，中原的軍民現在認可的都是岳飛，而不是趙構。那些越聚越多的抗金武裝部隊，高舉的都是「岳」字大旗，而不是「宋」或「趙」字大旗。趙構胸中原本就累積很多對岳飛的成見、猜忌和不滿。現在岳飛再一次抗旨，不僅功高震主，而且有成為「中原王」的趨勢。趙構怎能不勒令他撤軍呢？

於是乎，後人熟悉的情節出現了。趙構和秦檜一天之內連下十二道金牌，迫令岳飛退兵。岳飛悲憤交集，慨嘆道：「十年之功，廢於一旦！」對朝廷的忠誠，最終戰勝了北伐的壯志，岳飛不得不準備撤退。他先佯言要渡河進攻，使金軍不敢亂動，再突然下令撤退。朱仙鎮的百姓攔住岳飛的馬說：「我們端茶運糧，迎接官兵，人人盡知。岳將軍走後，我們怎麼辦？」岳飛痛心得無言以對，不得不延遲五天撤退，保護願意南撤的百姓撤離。

另一邊，完顏宗弼已經做好放棄汴梁的撤退準備，有人攔住他的馬。攔馬的是一個書生，他說：「元帥不要走，岳飛馬上就會撤退的。」宗弼說：「岳飛連破我軍，已經近在咫尺，怎會主動撤退？」書生一語道破天機：「自古沒有權臣能夠長久居內的，同樣，沒有任何大將能夠在外獨占大功。岳飛也逃不出這個歷史規律，怎麼可能獲得更大的成功呢？」

宗弼猛然醒悟，決心留守汴梁。

岳家軍撤退後，鄭州、潁昌等大片土地重新落入金軍手中。岳飛退回鄂州，心情很差，上表請求辭職，得不到批准。岳飛便去朝覲趙構。趙構很客氣地慰問了幾句，君臣相對無言。

戰爭既然打贏，那就要論功行賞。趙構就把韓世忠、張俊、岳飛三人召到臨安，任命張俊、韓世忠為樞密使，岳飛為副使。這是典型的明升暗降，一舉解除三人的兵權。趙構又下詔罷免為抗金設置的宣撫司，將三人的軍隊收歸中央直轄。為了防止出現新的大將，朝廷還分割三人統帥的軍隊，任命中級軍官指揮分割後的小部隊，直接對皇帝負責。「重文抑武」的傳統又恢復了。

在張俊、韓世忠和岳飛三人之中，趙構和秦檜覺得最容易擺平的就是張俊。趙構對張俊說：「你讀過郭子儀傳嗎？郭子儀功勳卓著，在外掌握重兵，但始終心尊朝廷，只要皇帝一有詔書頒布，他馬上就趕去見皇帝。郭子儀算得上是武將的表率。如果武將依仗兵權之重而輕視朝廷，有事情不稟報，不僅不能讓子孫享福，而且自身也可能有不測之禍。」張俊馬上表示自己要學郭子儀，依附秦檜主和。

那麼處罰的矛頭就對準了主戰的韓世忠和岳飛。

在議和使臣北上的問題時，韓世忠說：「從此以後朝廷要大挫士氣，國勢萎靡，很難重振了？等北方來使後，我要和他們面議。」趙構當然不允許韓世忠插手對金外交。韓世忠又上書彈劾秦檜誤國誤民。韓世忠反對議和，自然被秦檜視為大敵。秦檜反對韓世忠的攻擊，趙構也將韓世忠的奏摺留中不發。韓世忠看破紅塵，於是接連上書請求解除自己樞密使職務，接著又上表要求退休。當年，韓世忠就被免除職務，頂著福國公的爵位，退休了。從此，韓世忠閉門謝客，絕口不談國事，整天在家誦讀佛經。

宋金和談重啟，完顏宗弼對趙構、秦檜兩人明確提出：「你們朝夕請和，岳飛卻正想圖謀河北，必殺岳飛，才可議和。」

紹興十一年（一一四一）七月間，秦檜開始了對岳飛的迫害。秦黨的右諫議大夫万俟卨首先上章彈劾岳飛爵高祿厚，志得意滿，生活頹廢，不思進取。誰都知道岳飛根本就不是這樣的人。後來，秦黨又強加了「不戰」和「棄地」的罪名，彈劾堅持抗金的岳飛不抗金，要求罷免岳飛的樞密副使職務。秦檜控制的御史臺官何鑄、羅汝楫等接連彈劾岳飛，要求盡快處分。岳飛因此被罷官。秦檜要置岳飛於死地，還需要尋找更大的罪名。「消極抗金」的罪名是「殺」不死岳飛的。於是，一場政治謀殺展開了。

岳飛有個部下叫王俊。王俊在紹興五年（一一三五）就擔任湖南安撫司統制。岳飛進駐湖廣時，王俊調入岳家軍，只擔任前軍副統制。此後數年，王俊因為無功，岳飛一直沒有讓他升官。秦檜看出王俊對岳飛有不滿，夥同張俊以觀察使的職位，引誘王俊，指使王俊出面「告發」張憲與岳雲謀反。

謀反是大罪。現在有官員出面檢舉，張憲、岳雲立刻被逮捕入獄，岳飛隨即受到牽連。十月，朝廷張榜宣布張憲一案「其謀牽連岳飛，遂逮捕歸案，設召獄審問」，將岳飛逮捕入獄。岳飛入獄時長嘆道：「皇天后土，可以證明我岳飛對朝廷的忠心。」

岳飛入獄後，趙構派大臣出使金朝，希望締結和約。宋朝使臣在宗弼面前再三叩頭，哀求議和。宗弼同意講和。十一月，金朝使臣蕭毅到江南冊封趙構為宋國皇帝，並帶來最後的和議文本。宋朝向金稱臣，趙構向金熙宗發誓：「臣趙構蒙大金朝恩典，才能成為大金朝的藩屬，臣世世子孫都謹守臣節。」每年金帝生辰或元旦，南宋都向金朝遣使送禮祝賀；宋朝每年向金朝進貢的白銀和絹增加到二十五萬兩、匹；邊界線

從黃河南移，兩國以東起淮河中流、西至大散關一線為界，地跨邊界線南北的唐、鄧、商、秦四州的大部分土地劃給金朝；南宋不得隨意更換宰相。

蕭毅還帶來宗弼的一個「口信」：「岳飛必須死！」

趙構和秦檜加快岳飛案件的「審理」進度。最開始負責審理工作的是大臣何鑄。開堂審理時，岳飛撕開自己的衣裳，露出背上「精忠報國」四個大字給何鑄看。何鑄看到四個字，字字深入膚理，又遍閱案宗，沒有發現確實的證據，知道這是一個冤案，撐住不辦。秦檜馬上撤換何鑄，改命万俟卨審理岳飛案件。万俟卨隨即整理出岳飛的「罪狀」：岳飛和張憲等人虛報戰功，窺探朝廷虛實，意欲謀反。万俟卨還逼迫孫革等「證人」指證岳飛時常抗旨。但是岳飛一案始終缺乏確鑿的證據。

已賦閒的韓世忠跑去質問秦檜：「岳飛到底犯了什麼罪？」秦檜敷衍道：「岳飛和兒子岳雲、部將張憲的罪過雖然尚未查明，但事體莫須有（或許有，也可能沒有的意思）。」韓世忠憤憤地說：「朝廷以『莫須有』三字處置岳飛，何以服天下？」

十二月，趙構下旨：「岳飛特賜死，張憲、岳雲並依軍法施行。」當天，大理寺執法官遵旨逼岳飛在供狀上畫押。一生光明磊落的岳飛，在供狀上寫下八個字：「天日昭昭，天日昭昭！」岳飛服毒酒身亡，時年三十八歲。

民間傳說則有所不同：轉眼就到了寒冬臘月，秦檜某天獨自在書房裡吃橘子。他用手指劃劃橘子皮，若有所思。秦檜妻王氏看出秦檜想殺岳飛又不敢下決心的心思，訕笑著說：「老漢怎麼一直沒有決斷呢！捉虎容易，放虎難哪！」秦檜聽懂了王氏的意思，寫了一張小字條交給獄吏。當日監獄就回報：岳飛、岳雲、張憲三人已死。

岳飛死後，岳家被抄，家屬流放嶺南。幕僚六人株連被殺，多名部

將罷官，支持岳飛出兵的李若虛也被拘禁管束。和談終於成功了，兵權也收了，內部基本穩定了，趙構大大鬆了口氣。

　　無論是從個人作為、品行，還是從宋朝的法律各方面來說，岳飛都是冤死的。

　　岳飛不僅精忠為國，個人品行也毫無可批之處。岳飛出身寒微，飛黃騰達之後依然清廉自守。朝廷將岳家抄沒後，僅得到金玉犀帶數條及鎖鎧、兜鍪、南蠻銅弩、鑌刀、弓、箭、鞍轡等軍裝；家用財產只有布絹三千餘匹，粟麥五千斛，銀錢十餘萬貫，書數千卷而已。而地位相當的張俊，擁有田產六、七十萬畝，年收租米六十萬斛。有一次，趙構駕臨張家，張俊設宴接駕，飯桌上光上等酒食果子等，就有幾百種；張俊又進獻多種玉器，內有金器一千兩，珠子六萬九千餘顆，瑪瑙碗三十件，各種精細玉器四十餘件，綾羅綢緞等一千匹，大批名貴古玩、書畫等。另一個將領楊沂中，在西湖建造豪華住宅，竟然引西湖水環繞宅院四周，院裡有私人歌手和舞女。武將大臣們競相奢靡，岳飛可謂是個醒目的特例。大將吳玠見岳飛生活樸素，連個像樣的女傭人都沒有，就挑選了幾個漂亮的姑娘送到岳家，想結交岳飛。岳飛不接受，說：「現在難道是大將安樂享受的時候嗎？」他又對那幾個姑娘說：「我岳家生活清苦，妳們如果生活不慣，可以自行離去。」吳玠聽說後，更加敬佩岳飛。

　　岳飛和士卒同餐共飲，一杯酒、一小塊肉，都要分給部下。有的時候，酒太少了，他就加水，力爭每個人都能嚐到；每逢出師，如果士卒露宿街頭，岳飛有房也不住，和大家一起露宿；遇到將士們婚喪嫁娶或有個人困難、疾病，岳飛就和妻子一起親自照顧，親為調藥。

　　岳飛從戎十餘年，大小數百戰，從未敗北。張俊曾嫉妒地詢問岳飛的用兵之術。岳飛說：「很簡單，五個字：仁、信、智、勇、嚴，五者不可缺一。」張俊問：「『嚴』字怎麼解？」岳飛說：「『嚴』，就是有功者

重賞，無功者罰。」岳飛治軍，部下凡立有戰功的，即使是無名小卒，也論功行賞，從不遺漏。但對兒子岳雲，岳飛卻違背了「嚴」字原則。平定楊么、收復襄樊的時候，岳雲功勞第一，但岳飛戰後卻把岳雲從上報請賞的名單中劃掉了。最後還是朝廷按照銓敘的規定，任命岳雲為武翼郎。後來，朝廷又特旨將岳雲連升三級。岳飛力辭說：「士卒們斬將陷陣，立奇功才提一級。岳雲只是我岳飛的兒子，就得到高升，同軍不同賞，我將何以服眾？」因此，岳雲始終沒有得到提拔。

然而，身為政治人物，僅僅有功績、品行出眾是不夠的，他們還要照顧更多的對象。比如，岳飛出身普通農家，身上始終保持著單純、真實、善良的農民特質。這放在農民身上是優點，但對擁兵一方的大將來說，卻是缺點。他可能無法理解政治的複雜，無法進入政壇的幕後運作，同時不利於自我保護。岳飛的耿直、忠言，得罪了不少人，包括同為主戰派的戰友們。

前述岳飛奉勸趙構早立太子的言行，也是單純、耿直的表現，卻破壞了岳飛在趙構心中的良好印象。此外，岳飛「敢愛敢恨」的個性，也不適應政壇。比如在「淮西兵變」前後，朝廷背信棄義，沒有將淮西軍隊交由岳飛統轄，同時又沒有聽取岳飛對人事的建議，導致兵變和降敵的嚴重後果。岳飛氣憤難當，以「居母憂」的名義，擅自脫離軍隊，跑到廬山為母親守墓。湖廣前線的軍政大事，岳飛擅自交給親信張憲。這稱得上是「擅離職守」、將公權力「私相授受」的罪名了。更嚴重的是，當趙構非但不予追究，還下詔讓岳飛復職之後，岳飛硬是待在廬山上不下來，這就算是「抗旨」了。後來還是趙構發下狠話，加上地方官員苦苦哀求，岳飛才去復職。

岳飛言行的最高準則是國家利益，他真正做到了「精忠報國」。同時，他和古代的臣民們一樣，將國家和君王等同視之。在他眼中，趙構

就是國家。但是，皇帝和國家並不是一回事，皇帝的利益和國家的利益常常是不一致的。比如，收復失地符合國家的利益，卻不符合趙構的利益；削弱前線軍隊，抑制前方將領，符合趙構的利益，卻不符合動盪南宋的國家利益。岳飛意識不到這一點，就會在「君王」與「國家」之間出現認知混亂，進而導致行為的矛盾，最終釀成個人悲劇。有人將之稱為「愚忠」，我則視為「君國困境」。只要君主專制依然存在，只要皇帝宣稱「朕即是國家」，這種困境就不會被破除。

話說金軍聽說岳飛死了，擺酒祝賀。這實際上是對岳飛的極高評價。

千百年來，岳飛都被視為「忠君報國」的楷模，接受一代代後來者的頂禮膜拜。但他面臨的「君國困境」，千百年始終沒有化解。岳飛式的能臣悲劇，也一再上演。以岳飛為榜樣的明代于謙，就遭遇了同樣的悲劇。掙扎於「忠君」與「愛國」之間的人，猶豫於「崇上」和「做事」之間的人，始終不絕於史，而且為數眾多。

一、近年來有觀點認為「岳飛必須死」，或者說岳飛是「帝國的敵人」。即使沒有北伐，即使不推進到朱仙鎮，岳飛遲早也會被趙構找理由殺掉。欲加之罪，何患無辭。你同意「岳飛必須死」嗎？

二、皇帝和臣子思考問題的立場和思路都不同。皇帝站在自家江山永固的立場，要消除權力的威脅、消滅潛在的敵人。而大臣們考量更多的是國計民生。皇帝將家凌駕於國之上，大臣們則將國優先於家。尤其是在南宋初期這樣的亂世，大臣和皇帝的矛盾就更突出了。除了岳飛，你還能找出類似的悲劇嗎？給個提示：明中期的于謙。

紹熙內禪：孝治語境下的皇帝不孝風波

淳熙十六年（一一八九），南宋第二位皇帝、孝宗趙昚宣布退位，當起了太上皇。

身心疲憊只是趙昚退位的原因之一，主要原因是太子趙惇的逼位。

趙惇是趙昚的第三個兒子，趙昚當初認定這個兒子品行出眾，「英武類己」，毅然破格封他為太子。事實證明，趙昚看走了眼。趙惇是個「表演藝術家」，在父皇趙昚面前，趙惇畢恭畢敬。趙昚高興時，趙惇也形動於色；趙昚遇到煩惱時，趙惇也隨著愀然憂見於色。但他不是真的和父親同喜同悲，而是一味揣摩迎合。表演久了，趙惇的太子地位也就完全鞏固了，他的心理也產生了變化。當趙惇邁過四十歲門檻時，他著急了。趙昚的身體一直很好，如果按照自然規律發展下去，趙惇即使如願登上皇位，也當不了幾年皇帝。

於是，趙惇經常有意無意地在趙昚面前露出自己的滿頭白髮。儘管侍從和官員們紛紛向趙惇進獻黑髮的特效藥，但趙惇都拒絕使用。他就是要讓父親知道：兒子已經白髮了，也應該做皇帝了。趙昚對趙惇的做法非常反感。他本人也當了幾十年太子，也是在不惑之年登基的。有一次，當太子趙惇故意暴露自己的白髮時，趙昚忍不住發火了。他嚴肅地對兒子說：「人多生幾根白髮，不是什麼壞事，相反能證明一個人的老成穩重。」這麼一來二去，趙昚、趙惇父子心裡留下了陰影，父子關係不那麼和諧了。

淳熙十四年（一一八七）十一月，趙昚決定來個了斷。他創建議事堂，下詔由皇太子趙惇參決庶務，要大臣們將政務都呈送給太子。這是

他公開表示要將皇位讓給趙惇了。趙惇喜出望外，立即開始總理朝政。當時大臣楊萬里上疏力諫趙眘，同時上書趙惇說：「天無二日，民無二主，一履危機，悔之何及！與其悔之而無及，孰若辭之而不居？」趙惇聞之悚然，但強烈的權力慾，促使他毫不停留地接受了父親的安排。

一年多後，趙眘正式召集三省、樞密院執政大臣，告知欲行內禪之舉。群臣都交口贊同這意料中的結果。知樞密院事黃洽卻一言不發，趙眘覺得奇怪，點名徵詢他的意見。黃洽回答：「太子可負大任，但太子妃李氏不足以母儀天下，還望陛下三思。這本不是微臣應該說的，但既然陛下詢問，臣不敢不答。恐怕他日陛下想起臣的這番話時，卻沒有機會見到微臣了。」趙眘沉默不語。他不是不知道種種隱患，但他希望自己的退位能夠調和父子關係。

事態發展證明，趙眘的希望是一廂情願的幻想。

趙眘退位後，最擔心兒媳婦李氏作亂。

李氏名鳳娘，性情妒悍，新皇帝趙惇偏偏又是極度怕老婆的人，聽任李氏為所欲為。趙惇曾經寵愛一個黃姓妃子，李氏很嫉妒，趁趙惇外出時，將黃氏打死，對外宣稱暴斃。趙惇貴為天子，回來後也無可奈何。又一次，趙惇洗漱時，發現一位侍候宮女的雙手潔白漂亮，非常喜愛，盯著看了幾眼。幾天後，李氏派人送給趙惇一個食盒。趙惇打開一看，差點暈厥，原來食盒裡裝著當天那個宮女的雙手。久而久之，趙惇對李氏產生了恐懼感。史載趙惇「不視朝，政事多決於后矣」。李鳳娘掌權後，沒有絲毫作為，卻驕奢無比，只知道為自己李家牟利。她封祖宗三代為王，家廟規格逾制，衛兵比太廟還多。李鳳娘還風光地謁歸家廟，推恩親屬二十六人、使臣一百七十二人，連家裡的門客也都補了官職。

趙眘對兒媳婦李氏的所作所為很不滿，曾嚴厲訓斥她：「妳應該學

太上皇后的德行。如果妳若再插手東宮事務，朕就要廢掉妳！」很自然的，李鳳娘那樣的人，對公公趙昚懷恨在心。趙昚退位後，李氏很少去看望閒住重華宮的太上皇，即使去了，不是不冷不熱，就是傲慢無禮。趙昚的皇后、太上皇后謝氏好言規勸李鳳娘要注意皇后身分，要謙恭懂禮。李鳳娘當場翻臉，諷刺謝氏說：「我可是皇上的原配妻子，是明媒正娶的皇后！」謝氏出身侍女，最初侍奉宋高宗吳皇后，後來才被賞給趙昚，因逐漸得到趙昚的寵愛，晉封為皇后。李鳳娘當眾譏諷太上皇后謝氏的身分卑微，謝氏大怒，繼而大哭不止。趙昚震怒之餘，決定廢黜李鳳娘。他召來老臣史浩商議廢后之事。史浩勸諫道，新皇趙惇繼位尚短，驟行皇后廢立大事，恐怕會引起天下非議，不利社稷江山的安穩。他堅絕不同意廢后。趙昚只能再物色其他大臣作為依靠。可惜他已經退位當了太上皇，除了幾個老臣，再也找不到有力的支持者了。趙惇對此裝聾作啞，廢后一事最後只得不了了之。

太上皇趙昚和兒媳婦的關係算是徹底破裂了。他討厭李鳳娘來到重華宮，但有時他又盼著李鳳娘的到來，因為只有那時候，兒子趙惇才敢跟著來看退休的趙昚。

趙惇也想過要改變被老婆控制的局面。古代皇后不僅衣食住行離不開太監的伺候，弄權干政更是需要太監的協助。趙惇就想釜底抽薪，將李鳳娘的親信宦官全部殺死，解決受制於李氏的窘境。關鍵時刻，性格懦弱的趙惇當斷不斷、猶豫不定。太監們也不是省油的燈，他們探聽到趙惇的祕密計畫後，更加依附李鳳娘以求自保。每當趙惇流露出憎惡太監的言行，李鳳娘就加以包庇。因為「母老虎」的保護，趙惇最終沒能剷除哪怕是一個小太監。太監們認定只有維持、甚至加劇皇帝的家庭衝突，他們才能長久平安。於是，太監們險惡地在趙惇和李鳳娘之間、趙昚和李鳳娘之間、趙昚和趙惇之間挑撥離間，唯恐天下不亂。

夫妻矛盾、父子隔閡，使趙惇承受巨大的心理壓力，身心勞頓，罹患了一種「怔忡病」。趙昚聽說兒子生病了，愛子心切，將太醫們都叫到重華宮來，為趙惇配藥、抓藥。因為他不願去見那凶殘的兒媳，就坐等趙惇前來請安，將藥給兒子服用。太監們趁機在趙惇和李鳳娘面前搬弄是非，說：「太上皇製藥，欲待皇上前去問安，即令服飲。倘有不測，豈不貽宗社之憂嗎？」他們竟然中傷趙昚在重華宮為趙惇配藥是別有用心。趙惇聽了，不肯去重華宮服藥。

趙昚看到一個玉杯很好玩，就要太監送給趙惇。趙惇一時沒有拿穩，玉杯落地摔破了。太監們就向趙昚造謠說：「皇上一見太上皇賞賜的玉杯，不知道為什麼非常氣憤，把玉杯摔壞了。」趙昚一片好心，換來這樣的結果，不免對兒子不滿且猜忌。慢慢的，趙昚和趙惇之間常規的聯繫斷絕了，連禮節性的定期請安也沒有了。

在宣稱以孝治天下的傳統王朝，趙昚父子之間的隔閡，注定要成為政治大事件。

「孝」不僅是維護綱常倫理的基礎，還衍生出「忠」的概念，是傳統王朝政治觀念的核心。歷朝歷代都異常重視孝道，不僅要求天下百姓「百善孝為先」，而且統治者以身作則，大力弘揚孝道。知識分子們在這點上更是敏感。宋朝恰好又是個重文抑武的王朝，文官集團的力量異常強大。文官集團把趙惇不向宋孝宗請安的事件，稱為「過宮風波」，一致把批評的矛頭對準趙惇。一次，趙惇率領後宮嬪妃遊覽聚景園，而沒有邀請太上皇趙昚一起遊覽。群臣紛紛上書，有的旁徵博引，有的指桑罵槐，都是批判趙惇的。趙惇本來心裡就不痛快，精神壓力大，現在見到雪片般飛來的指責奏章，更不高興了，與趙昚的感情又少了一分。

趙惇明顯不孝，又不聽勸諫。文臣們只好來最後一招，那就是「伏闕泣諫」。也就是一大幫文官顯貴整齊地跪在皇宮裡，哭得稀里嘩啦，請

皇帝答應他們的要求。這一次，群臣們的要求很簡單，就是請趙惇抽空去看看重華宮裡寂寞的太上皇。紹熙三年（一一九二）十二月，趙惇在群臣苦諫下推辭不過，當場勉強答應去向趙昚請安。拖了幾天，趙惇還沒有實際行動。群臣又要苦諫，趙惇這才去了重華宮，象徵性地探望趙昚一次。之後的長至和元旦，趙惇先後到重華宮給趙昚請安。

這是趙惇最後一次前往重華宮，之後他再也沒有踏進重華宮半步。其間，在「母老虎」李鳳娘的凶殘霸道下，趙惇還憂鬱成疾，病情相當嚴重。趙昚聽說後，愛子心切，從重華宮趕過來探視。病榻上的趙惇已經不省人事。趙昚新仇舊恨湧上心頭，訓斥李鳳娘：「皇帝病得如此嚴重，都是妳這個皇后沒有照顧好丈夫。如果皇帝有什麼不測，我就族誅妳們李家！」李鳳娘害怕了。不久，趙惇病情有所起色，她就在丈夫面前造謠太上皇在皇上生病期間有所「異動」，勸趙惇千萬不要去重華宮，如果去了，說不定就被太上皇扣留了。趙惇也不仔細思考，輕信了李鳳娘的話，更加不敢見趙昚了。

皇帝和太上皇長期互不相見，使「過宮風波」繼續擴大。朝野上下議論紛紛，臨安內外沸沸揚揚。不僅朝廷大臣紛紛勸諫趙惇，臨安的太學生們也都集會呼籲。學生一向是最熱情的人群。他們動輒聯絡上百人聯名上書，要求皇帝過宮，為整件事火上澆油。趙惇對待勸諫的態度是只看奏章，但就是不聽。紹熙四年（一一九三）九月的重明節，是趙惇的生日。臨安的宰相、侍從和太學生們，決定在這一天聯合發動大規模勸諫活動，逼他去重華宮向趙昚請安。當天早朝的時候，大臣們當朝死諫，侍從們傳遞近來數以百計要求皇帝向太上皇請安的奏章。書寫奏章的幾乎包括臨安城所有的太學生。趙惇承受不了朝野群山海嘯般的勸諫，準備去拜見太上皇。就在準備出發時，李鳳娘拉住趙惇的手臂，藉口天氣寒冷要回宮飲酒。百官在外面恭候多時，見此情形面面相覷，中

書舍人陳傳良急火攻心，衝上前去拉住趙惇的龍袍，不讓他回後宮。皇帝、皇后和陳傳良三人拉拉扯扯，僵持不下。李鳳娘厲聲喝斥陳傳良，陳傳良最終放手，大哭著退出宮去。李鳳娘則暴跳如雷，竟然傳旨今後永不再見太上皇。

紹熙五年（一一九四）春天，太上皇趙眘的生命走向盡頭。

趙眘病重的三個月間，趙惇沒有探望過一次。相反，他天天在宮中與李鳳娘宴游。趙惇如此行徑，完全喪失人心。皇帝不孝，又不聽勸諫，群臣們只能將此歸咎於自己沒有做好大臣職分。他們紛紛上疏彈劾自己，請求罷黜。在奏章中，大臣們指出朝廷出現道德危機，一向提倡的孝道沒有得到執行，感到自己列位朝堂，對此負有不可推卸的責任，應該受到懲處。奏章上去後，官員們按慣例都居家待罪，不去辦公了。但另一方面，所有大臣都「待罪在家」，荒廢朝政，也是變相地勸諫皇帝，類似現今的集體罷工。於是，朝廷出現了「舉朝求去，如出一口」、朝政無人打理的現象。趙惇依然對此置若罔聞。

六月，趙眘已經到了彌留之際。臨死前，他特別想見兒子趙惇一面，顧視左右，淚流滿面，卻說不出話來。消息傳出重華宮後，輿論大譁。宰相留正、兵部尚書羅點、中書舍人陳傳良、起居舍人彭龜年等人，不得不再次進諫，力勸趙惇過宮去與太上皇訣別。其中，彭龜年跪在地上不斷磕頭，頭破血流，滿身、滿地都是鮮血。留正則拉住皇帝的衣裾不放，哭著懇請趙惇一定要去見太上皇最後一面。趙惇只反覆說「知道了，知道了」，一點也沒有起駕去重華宮的跡象。最後拗不過大臣的死勸，趙惇讓唯一的兒子、嘉王趙擴代為前往探視。

六月戊戌日，過了五年寂寞、無奈、傷心的太上皇生活的趙眘逝世，終年六十八歲。

死前，宋孝宗一直深情地注視著宮門，希望兒子的身影能夠出現。

重華宮那遺憾的長暫，深深投射到帝國政界中，隨即掀起了洶湧的波濤。

太上皇死後，重華宮的內侍沒有先向皇帝趙惇報告，而是先去找朝廷的重臣們。他們先去宰相留正的私第，和知樞密院趙汝愚的官邸，通知噩耗。趙汝愚聞訊，制止內侍去皇宮報告。他擔心李鳳娘知道消息後，可能阻攔趙惇上朝，甚至封鎖消息。趙汝愚要求重華宮當天祕不發喪，隱瞞太上皇駕崩的消息。

第二天入朝，趙汝愚當著趙惇和滿朝文武的面，將太上皇駕崩的消息稟告給皇帝，公之於眾。大臣們邊哭邊請趙惇速去重華宮主持太上皇安葬的事宜。對於喪事，趙惇沒有任何理由推託，不得不答應。這一次，群臣覺得趙惇怎麼樣也得去重華宮主持父親的喪事。大家在宮門外列隊等候多時，直到中午，還不見皇帝的影子。原來趙惇懷疑這是大臣們為了要讓自己去見父親，偽造父親的死訊，目的要讓他去重華宮。他心底還是不願意去那並不太遠的地方。就當群臣望眼欲穿之時，後宮傳來消息，說皇上生病了，最近不處理政務。也就是說，趙惇不出宮了，太上皇的喪事沒人主持了。

宋王朝的政界就出現了危險的一幕：太上皇停屍重華宮，因為沒人主事而無法入殮；原本應該主持一切的趙惇，稱病不出宮門半步。不知道趙惇到底是不相信父親真的死了，還是被李鳳娘所脅迫，或者兩者都有。相反，北方的金國得知趙昚的死訊後，馬上派遣使者前來弔唁。趙惇身為家屬和君王，理應出面接待。但尷尬的是，因為趙惇躲在深宮中，金國的使團竟然無人接待。一、兩天之內，東南騷動。「時中外訛言洶洶，或言某將輒奔赴，或言某某輩私聚哭，朝士有潛遁者。近幸富人，竟匿重器，都人皇皇」。臨安城裡謠傳滿天飛，人心惶惶，有人還收拾細軟離開臨安。恐慌情緒還傳播到軍隊之中。

宰相留正和知樞密院事趙汝愚無可奈何，只好跑去請八十多歲高齡

的宋高宗皇后、太皇太后吳氏出面主持喪禮。吳氏是駕崩的趙昚名義上的母親，開始以「沒有先例」一口拒絕為兒子主持喪禮，但禁不住留正和趙汝愚兩人苦苦哀求，也考量局面已經到了無法收拾的地步，只好勉為其難，出面主持太上皇趙昚的喪禮。

趙昚停屍的尷尬終於解決了，但朝政的困局依然存在。朝廷政務不能沒有人決斷，太上皇入葬時不能沒有後代出席，這些該怎麼辦呢？

尚書左選郎官葉適向宰相留正提出了一個大膽的建議：擁立嘉王趙擴為太子，監國代理皇帝職務。葉適說：「帝疾而不執喪，將何辭以謝天下。今嘉王長，若預建參決，則疑謗釋矣。」留正採納了這個建議，由他領銜、朝廷宰相多人副署，上奏說：「皇子嘉王，仁孝夙成，宜早正儲位，以安人心。」大臣們對趙惇已經失望，現在希望他能允許趙擴以太子的身分出現在朝堂和葬禮上，緩解政治危機。

奏章遞進宮去六天，沒有任何回應。群臣們都很著急。六天後，那份奏章帶著趙惇的批示，從宮中出來了。上面多了八個字：歷事歲久，念欲退閒。

這是一句文不對題的回答。趙惇沒有說是否同意立趙擴為太子，反而透露出自己想退位的意思。他真的是精疲力竭了。短短的四年皇帝生涯，家庭不幸、政務荒蕪、民怨沸騰。趙惇卻沒得到一絲寬慰和休憩，怎麼能不渴望退閒隱居呢？

宰相留正本來是希望趙惇早定太子，緩解政治危機，卻不料引出皇帝退位之意。這時，留正身上暴露出讀書人的弱點：懦弱、不敢承擔責任。他不敢再在臨安的政治亂局中堅持下去，更不敢在沒有太子的前提下主持皇帝退位儀式。留正隱約感覺到現在的困局，除非來一場宮廷政變，不然是難以破除的。從皇宮裡出來，留正假裝摔倒，扭傷自己的腳踝。一瘸一拐地回到家後，留正馬上以受傷為由，上書請求辭去宰相職

務。不等朝廷回覆，留正就在第二日的五更天，潛逃出了臨安城。宰相逃跑，臨安人心更加浮動，朝政轉運完全停滯。時人指責留正開溜是「擅去相位」。

趙眘與趙惇的家庭危機終於擴展成整個宋王朝的政治危機。

打破僵局的關鍵任務，落在了趙汝愚身上。

趙汝愚走上宋王朝的政治舞臺，是一個例外。他是宋太宗之子漢恭憲王趙元佐的七世孫，是趙眘的遠房侄子、趙惇的遠房堂兄弟。北宋開國時，就規定宗室成員不能出任朝廷的掌政大官。帝國為宗室確立了優厚的待遇，用以交換他們手中的權力，壓制他們的政治欲望。宋朝的宗室貴冑在享受富足物質的同時，被委婉地排斥在政治之外。但趙汝愚憑著真才實學和突出政績，考中了狀元，還逐步升遷為掌握兵權的知樞密院。儘管有人對他的升遷提出質疑，但皇室和多數大臣都支持趙汝愚擔任這個職務。趙汝愚也兢兢業業，贏得朝野的讚譽。面對趙眘死後的危險亂象，趙汝愚覺得自己有必要出面解決皇室家務事，一來他是朝廷重臣，二來他是皇室遠親。

趙汝愚怎樣才能打破皇帝撒手不管、太上皇屍骨難安的困局呢？

趙汝愚判定政局亂象非下猛藥不能治癒。他和幾位大臣密謀後，認為趙惇已失去在位的合法性，只有推舉嘉王趙擴繼皇帝位，才能打破混亂，更新朝政。問題在趙惇自己不會出來禪位給趙擴，而趙擴又不是太子，這一套程序無法完成。趙汝愚決定以政變的方式，請出太皇太后吳氏，直接下詔宣布趙惇退位，趙擴繼位。趙汝愚的政變計畫，得到多位大臣的贊同。

發動宮廷政變，離不開守衛宮廷將領的配合。當時指揮禁軍的是殿帥郭杲。趙汝愚儘管掌握著天下兵權，也需要聯合他解決危機。但趙、郭兩人彼此並不熟悉，關係更談不上親近。趙汝愚怕郭杲到時不配合，

很煩惱。恰好工部尚書趙彥逾來訪。趙汝愚和他聊起時局，談到傷心處，相對而泣。趙汝愚想起平日裡，趙彥逾和郭杲關係不錯，就向他透露一點政變的意圖。想不到，趙彥逾非常贊同發動政變。趙汝愚故意憂愁地說：「只怕到時候郭杲不同意，率軍反對，怎麼辦？」趙彥逾拍拍胸膛說：「我願意去勸說他，知院大人就等著好消息吧！」他決定晚點去找郭杲，第二天再來向趙汝愚覆命。趙汝愚著急地說：「此等大事既然已經說出口，豈容有所耽擱？」的確，政變是流血殺頭的大事，哪還容得了你過一天再去辦？片刻的遲誤都可能威脅身家性命。

趙彥逾馬上去辦，趙汝愚緊張得都不敢退回內宅，而是坐在大廳的屏風後，焦急地注視著大門，等待趙彥逾的身影出現。好一會兒，趙彥逾急匆匆地趕來了。看到他那興高采烈的樣子，趙汝愚明白政變是箭在弦上，不得不發了。

至此，政變的關鍵工作只剩太皇太后吳氏這關了。政變集團不僅需要吳氏的支持，還需要她按照祖制，出面垂簾聽政、廢黜皇帝、新立趙擴。但是吳氏深居慈福宮中，極少與外臣來往，怎麼才能讓她贊成並配合政變呢？趙汝愚與徐誼、葉適等人商量，判斷吳氏也對趙惇不滿，極有可能贊同外臣的安排。問題是找誰去慈福宮裡爭取吳氏？

徐誼推薦知閣門事韓侂冑。知閣門事是宮中管理宮門的中級官員，通常是由外戚擔任。韓侂冑的母親是太皇太后吳氏的妹妹，所以擔任此職，可以隨便出入宮廷。由他去當說客的確是再合適不過了。韓侂冑爽快地接受了外臣們的囑託，他也對趙惇的所作所為不滿，更重要的是，他一直希望建功立業，做一個有所作為的外戚。他不敢怠慢，馬上進入慈福宮，將外臣們的計畫，一五一十地告訴吳氏，勸吳氏答應。太皇太后吳氏當初答應主持趙脊喪禮時，就已經勉為其難了，現在聽說要她出面「主持」廢黜皇帝的政變，一口拒絕：「既然皇帝不答應，這件事情還

能說什麼呢？」

韓侂冑不死心，第二天又到慈福宮再次勸說姨媽吳氏。老太太還是不同意。

正當韓侂冑焦躁無奈地在慈福宮門口團團轉、無計可施時，重華宮提舉關禮正好經過，詢問起來。韓侂冑支支吾吾，閃爍其詞。關禮指天發誓說：「韓公儘管直言不諱，關禮如果能夠效力，一定幫忙。如果力不能及，也絕不會洩漏出去！」韓侂冑就把政變計畫和遇到的困難講了一遍。關禮當即表示要入宮勸說太皇太后。

關禮拜見吳氏後，二話不說，先淚流滿面。吳氏問道：「你這是怎麼啦？」關禮哭著回答：「我是在哭現在朝廷的亂象。即使聖人在世，也不會料到出現如此混亂的局面啊！」吳氏生氣地說：「這不是你們這些小臣應該知道的。」關禮力爭說：「此事天下婦孺皆知。今日宰相去位，朝廷所依賴的就只有趙知院了。趙知院早晚也會掛冠而去，到時候朝廷可怎麼辦啊？」吳氏聞言大驚：「趙知院本是宗室同姓，怎麼會與普通大臣一樣逃跑呢？」關禮說：「趙知院之所以沒有離開，就是因為還仰恃太皇太后您啊！如果您今日不出來主持大計，趙知院無所適從，也只有請去了。知院一去，天下復將如何，請太皇太后三思！」

吳氏被深深觸動了，聯想到韓侂冑之前三番兩次勸自己出面主持內禪，她決定配合群臣的計畫。吳氏嘆氣說：「大臣們想做大事，事順則可。你傳諭韓侂冑，要好自為之，務必仔細。」吳氏決定明日上朝，配合大臣們行動。關禮趕緊傳旨韓侂冑。韓侂冑立即告訴望眼欲穿的趙汝愚。

當時，星星已經慢慢爬上天空，臨安城中炊煙四起。趙汝愚迅速發動所有力量，完成剩餘的政變準備工作。他派人告訴殿帥郭杲和步帥閻仲，要他們連夜召集所部兵士分別守住南北內宮，以防不測；又透過關

禮布置宣贊舍人傅昌朝等摸黑趕製龍袍。至此，政變準備工作全部完成了。現在，趙汝愚反而擔心趙惇突然出現在朝堂上了。

第二天，皇室貴冑和文武百官都聚集到太上皇趙昚的靈柩前。趙惇和李鳳娘依然沒有出現，趙汝愚鬆了口氣。

事情變得非常簡單了。趙汝愚率領百官恭請太皇太后吳氏垂簾聽政。吳氏同意。趙汝愚再拜跪在地啟奏說：「皇帝疾，不能執喪，臣等乞立皇子嘉王為太子，以安人心。」剛剛垂簾的吳氏，現在已經有了處理朝政的權力，批准立趙擴為太子。

趙汝愚第三步是將趙惇幾天前御批的「歷事歲久，念欲退閒」八個字公布於眾，並上奏吳氏：「皇上決意退位，請太皇太后恩准。太子當為新皇。」吳氏說：「既有御筆，卿當奉行。」趙汝愚說：「內禪事重，須議一指揮。」吳氏說：「好，大臣們擬詔書吧！」趙汝愚不慌不忙地從袖子裡抽出早已擬好的詔書呈上。吳氏接過來一看，詔書上寫著：「皇帝以疾，未能執喪，曾有御筆，欲自退閒，皇子嘉王擴可繼皇帝位。尊皇帝為太上皇，皇后為太上皇后。」閱畢，吳氏說：「甚善。」趙汝愚隨即傳令將詔書內容公布天下。

至此，趙惇在毫不知情的情況下被廢黜，成為了太上皇。宋王朝的皇位實現了更替。

趙汝愚捧著詔書和龍袍去見皇子趙擴，迎接他登基稱帝。這時候發生了一點小狀況，也是整個政變過程中唯一的一處意外：趙擴堅決推辭，不願當皇帝。趙汝愚等人也不答應，簇擁著趙擴來到大殿。趙擴掙扎，最後繞著大殿的柱子逃跑。他一邊躲避，一邊大喊：「兒臣做不得，恐負不孝名。」趙汝愚在後面邊追邊勸說：「天子當以安社稷、定國家為孝，今中外憂亂，萬一變生，置太上皇何地！」最後，又是吳氏出面，喝斥趙擴這個曾孫子。趙擴才極不情願地停止了不成體統的奔跑。

眾臣將趙擴扶入素幄，披上龍袍。趙汝愚率領文武大臣，列隊再拜。趙擴正式登基，改元慶元，史稱宋寧宗。太皇太后吳氏隨即宣布撤簾歸政，結束了只有一天時間的垂簾聽政生涯。趙擴登基後，宋朝的政治亂局迎刃而解。趙惇的喪禮由新皇帝、孫子趙擴出面主持，朝政也得以繼續運轉。這次政變史稱「紹熙內禪」。

當趙惇在宮中聽到外朝皇帝朝會的鐘鼓聲響起，他非常清楚那不是自己吩咐下去的。到底是誰，敢大膽地動用天子禮樂呢？

不多時，有幾個大臣過來拜見趙惇。他們稱趙惇「太上皇」。趙惇這才明白：原來我已經不是皇帝了啊！這幾個大臣是遵照新皇帝趙擴的意思，「恭請」太上皇出宮。趙惇沒有反抗，也沒有大吵大鬧，只是平淡地說了一句：「怎麼事先也不告訴我一聲啊？」

趙惇無可奈何地收拾起行囊，搬出皇宮。李鳳娘也隨丈夫搬出皇宮，成為太上皇后。繼位前，趙惇對皇位充滿期待，甚至有些急不可耐。但在位的五年間，他毫無作為，沒有從皇位得到絲毫的享受或快慰，只有無聊的辛苦和疲倦。當車駕緩緩離開皇宮的那一刻，趙惇有了父親趙昚當年那種如釋重負的感覺。趙惇過了六年單調的太上皇生活後，鬱鬱而終，史稱宋光宗。

宋光宗趙惇是古代唯一因不孝而失去合法性，被大臣們廢黜的皇帝。

一、古代王朝多宣稱「本朝以孝治天下」。孝，有著天然的道德優勢，也是和宗法制度緊密相連的。皇帝自然要在孝順方面作表率給天下人看。請結合理論和史實，思考一下這套做法是否有助皇帝統治？

二、雖說官方宣傳「孝治」，但皇家常常出骨肉相殘、父子猜忌的醜聞。除了趙惇，你還能舉出其他例子嗎？

步步驚心：康熙的意願和雍正繼位之謎

康熙六十一年（一七二二）十一月十二日清晨八點鐘左右，雍親王胤禛急匆匆地趕到北京西北郊的暢春園。按照胤禛日後的說法，他是奉召去見臥床不起的父皇康熙。康熙對他說：「朕病勢日漸好轉。」可是，等胤禛告辭離開暢春園後，康熙的病情急轉直下。他緊急召三阿哥胤祉、七阿哥胤祐、八阿哥胤禩、九阿哥胤禟、十阿哥胤䄉、十二阿哥胤祹、十三阿哥胤祥以及步軍統領兼理藩院尚書隆科多到御榻前，「口諭」傳位給沒有在場的胤禛。胤禛在當天夜裡再次匆忙趕到暢春園，聽到隆科多「轉達」康熙的口諭，自述悲傷莫名，幾乎昏厥倒地。第二天（十三日）凌晨，康熙皇帝病逝，享年六十九歲。

胤禛立即下令隆科多在北京地區戒嚴，關閉京城九門，斷絕內外交通；同時嚴密監視諸位阿哥，不許任何人隨便進出皇宮。最後，胤禛下令祕不發喪，依然用正常皇帝出巡的儀仗，把康熙遺體運回城內，自己則搶先回城，控制局勢……胤禛最終在康熙末年的皇位爭奪戰中勝出，繼位成為雍正皇帝。不過，從康熙病逝到雍正繼位後殘酷鎮壓兄弟，很多事情疑點重重，人們一直懷疑雍正得位不正，甚至可能是弒父篡位。

雍正皇帝繼位之謎，他是合法繼位還是陰謀篡位，在當時就驚動朝野，之後幾百年繼續發酵爭議，成為街頭巷尾的談資和民間文藝的重要內容，至今仍是清朝歷史疑案。兩百多年來，民間傳說、文人戲曲，對雍正奪嗣一事津津樂道，拿著放大鏡看，不放過任何蛛絲馬跡。曾經熱播的電視劇《步步驚心》再次掀起後人對此事的興趣。那麼，到底四阿哥胤禛是怎麼當上皇帝的呢？其中又有怎樣的「步步驚心」呢？

支持胤禛正當繼位的最大證據，是「康熙遺詔」。如果遺詔指定胤禛繼位，那麼雍正當皇帝就名正言順了。而反對者則抓住遺詔的種種疑點，窮追猛打，試圖推翻這個核心證據。

「康熙遺詔」的真假，是弄清胤禛繼位之謎的首要問題，也是關鍵問題。

現存於中國第一歷史檔案館的「康熙遺詔」，用漢、滿、蒙三種文字書寫，是兩百多年前那場權力更迭的重要實物，支持雍正的人長期將它視為鐵證；反對者則斥之為假遺囑。

漢文版的「康熙遺詔」以「從來帝王之治天下，未嘗不以敬天法祖為首務」開首，先自述（康熙）數十年來殫精竭慮治理天下的歷程，倒在情理之中；接著強調「自古得天下之正莫如我朝」，讓反對者認為這是雍正借此來類推自己「得位之正」。遺詔最要害、最關鍵的內容是最後一段。它是雍正皇帝繼位合法性的唯一、排他性來源。內容是：「雍親王皇四子胤禛，人品貴重，深肖朕躬，必能克承大統。著繼朕登基，即皇帝位，即遵輿制，持服二十七日，釋服布告中外，咸使聞知。」

不同時期的傳說、戲劇、小說、影視劇中，都說康熙皇帝臨終前的確留下了遺詔，不過是「傳位十四子」，結果被雍正篡改為「傳位於四子」。「十」改為「於」，意思完全變了。姑且不論其他理由，僅僅根據現存的遺詔原始文件，這個流傳甚廣的「段子」就站不住腳。其他理由包括當年書寫是用繁體字，不可能「十」變「於」；當時稱「皇幾子」，四阿哥、十四阿哥應該稱「皇四子」、「皇十四子」；漢文可以改，蒙文和滿文難改……等。所以，說胤禛篡改遺囑稱帝的說法，在現實中無法操作。因此，很多反對者並不糾纏於「康熙遺詔」的細節，而是從根本上不承認遺詔，認為康熙壓根就沒有留下遺詔。

反對者可以從原始檔案上查到有力證據：遺詔是在康熙死後，由雍正頒布的。

康熙駕崩的第二天，胤禛命令隆科多「起草」遺詔。隆科多一個人躲在小屋子裡，撰寫了現存「康熙遺詔」的草稿，經雍正審閱後，再交內務府、翰林院「會同撰寫」。詔書的第一和第二部分，是君臣們根據康熙皇帝在幾年前的口述內容編輯而成的，第三部分的要害內容則是大臣們字斟句酌寫出來的。三天後，胤禛向全國公布了遺詔。可見，「康熙遺詔」壓根就不是康熙自己寫或口述的，是隆科多以康熙名義「補寫」的。其中每個環節，胤禛都有插手。大權在握的他，完全可以做足手腳。這些都記錄在雍正朝的歷史中。既然遺詔是雍正寫的，那就不能成為雍正繼位的合法性依據。

其實，歷史上的皇帝遺詔都不是皇帝本人寫的。當一個皇帝還在夢想長生不老、身體無恙時，他忙著專權和享受都來不及了，怎麼會預先留下遺囑呢？當皇帝病入膏肓，奄奄一息時，他哪還有體力和精力來寫遺囑呢？所以，皇帝總是在不得不承認快不行的時候，才倉促找大臣們「口授」遺詔。大臣們難免在其中加入自己的創作，垂死的皇帝也沒有能力去審閱、改正了。於是，有所作為的顧命大臣們，常常利用撰寫遺詔的機會，假借先皇的身分，革除弊政，推行改革。在明朝，楊廷和、徐階等幾代大臣，就假借先皇遺詔，讓皇帝「自我檢討」，調整施政思路，推行自己的改革。在清朝，康熙的父親順治就在「遺詔」中「罪己」，否決生前的諸多言行。不用說，這是孝莊太后和顧命大臣們的意思。所以，皇帝遺詔一直都是後人的政治工具。

同時，皇帝遺囑當然是在皇帝死後公布，勝出的皇位繼承人有機會在公布前得知遺囑，並且做出修改。「康熙遺詔」也不例外，要展現雍正皇帝的意旨和利益。

　　「康熙遺囑」最大的可能，是康熙當天病情急速惡化，臨終時沒有能力書寫或口述長篇遺囑，只能簡單地交代由誰繼位。然後，伴隨身邊的隆科多，根據康熙的意思撰寫了「康熙遺詔」。

　　目前圍繞「康熙遺詔」的攻防戰都只是口水戰，反對派還沒有找到確鑿的證據推翻康熙皇帝遺詔。在沒有其他證據的情況下，現存的「康熙遺詔」是唯一的物證。但是，支持胤禛的人，也同樣無法僅靠現存的遺詔來證明他是合法繼位。

　　那麼，康熙皇帝本人的意願如何？他生前想把皇位傳給哪個兒子呢？

　　根據雍正日後在《大義覺迷錄》裡的說法，康熙駕崩的當天，隆科多口述了遺詔，九阿哥胤禟聽完，衝到胤禛的面前，打開腿大剌剌地坐下，對即將登基的胤禛怒目而視；原本呼聲很高的八阿哥胤禩則裝出悲痛萬分的樣子，奪門而出，跑到院外一個人依柱凝思，別人叫他，他都不理；十七阿哥胤禮當天在大內值班，聽到胤禛勝出後，竟然嚇得擅離職守，飛也似的逃回府邸。其他皇子也驚愕異常，或驚訝或憤怒。權力賭局的勝負揭曉後，人生百態、世態炎涼，都在這一刻暴露無遺。

　　康熙剛死，二十幾個兒子沒有一點悲哀，有的都只是得失的喜怒、對日後榮華富貴的打算。康熙生前教導的恩愛孝悌，看來都沒有在諸皇子心中。

　　康熙顯然也預料到最壞的局面。為了防止勝出的胤禛為難或迫害兄弟侄子們，他在臨終前對胤禛說（胤禛自述的）：「廢太子與皇長子性行不順，依前拘囚，豐其衣食，以終其身；廢太子第二子朕所鍾愛，其特封為親王。」皇長子胤禔和廢太子、二阿哥胤礽在之前的皇位爭奪戰中提前出局，遭到禁錮。康熙不希望這兩人遭到進一步迫害，所以特地「保」了他們。同時，康熙不希望廢太子一系徹底沉淪，還為廢太子的兒

子討封。康熙也知道幾個兒子為了爭奪皇位，鬧得關係緊張，臨終前還要掙扎著打好招呼。

父皇的面子，胤禛還是要給的。所以，大哥胤禔和二哥胤礽在雍正年間得以善終。胤礽的二兒子，胤禛也封了王，不過捨不得封親王，降一等封為理郡王，算是打折扣執行了康熙的遺願。至於那些康熙沒有關照到的兄弟，胤禛登基後就不客氣了。胤禛登基後，不允許所有兄弟的名字用「胤」字，強迫改為「允」字。兄弟們都遭到嚴密監視，十四阿哥被派去守陵，形同軟禁；八阿哥胤禩被革除宗籍，稱為「阿其那」；九阿哥胤禟也被革除宗籍，得名「賽思黑」，前者是「狗」，後者是「豬」的意思。

康熙臨終前希望兒子們能夠和睦相處的願望，也落空了。就像生前，阿哥們都爭著孝順康熙，死後卻沒有一個人真正悲傷一樣。康熙生前，阿哥們都忌憚他的權力、言聽計從，他一旦駕崩，就沒有人再聽他的話了。在皇位繼承戰中失敗的阿哥們，不會聽康熙的話，勝出的胤禛更不會聽。

事實上，康熙還活著的時候，阿哥們就覬覦皇位，展開明爭暗鬥。表面上風平浪靜，暗地裡波濤洶湧，惡化了政治風氣和清朝吏治。有史家將康熙後期的奪嗣之爭，認定為吏治由好變壞的根源。

二十多位阿哥中，參與皇位爭奪的主要有九個人：大阿哥胤禔、二阿哥胤礽、三阿哥胤祉、四阿哥胤禛、八阿哥胤禩、九阿哥胤禟、十阿哥胤䄉、十三阿哥胤祥、十四阿哥胤禵，史稱「九子奪嗣」。隨著力量的分化組合，九阿哥和十阿哥轉向支持八阿哥胤禩，形成「八爺黨」；十三阿哥支持四阿哥胤禛，形成「四爺黨」。十四阿哥胤禵和四阿哥胤禛是同父同母的親兄弟，卻傾向八爺黨，同時又想自己當皇帝，姿態比較游離。大阿哥胤禔、二阿哥胤礽、三阿哥胤祉三人，年紀最大，資歷也

深，交接朝野大臣，拉幫結派，互不相讓。至於其他阿哥，有的因為年紀太小，自知無望，就選擇在各個幫派之間虛與委蛇；五阿哥胤祺、七阿哥胤祐、十二阿哥胤祹等人雖然有可能爭位，但料想爭不過開頭的幾位兄弟，對皇位斷了念頭，態度超然，一心只想當王爺。如此混亂的派系，怎麼能讓兄弟們保持良好關係？

在皇位爭奪戰中，二阿哥胤礽早早就被立為太子，長期處於領先地位。但只要他還沒登基，其他皇子就不是沒有機會。

胤礽是康熙的第一位皇后赫舍里的嫡長子。赫舍里和康熙的關係很好，生胤礽時難產死了。康熙悲痛異常，把愛意都轉移到胤礽身上。胤礽僅僅一歲，就被康熙立為太子。康熙花了大把力氣來教導胤礽。在父皇的嚴格訓練下，胤礽早早就顯露出聰明才幹，他精通滿漢雙文、文武全才，而且長得儀表堂堂，得到康熙的讚賞。但是當了幾十年太子後，胤礽放鬆了警惕，挾寵恃驕，變得驕縱、暴戾，引起康熙的不滿。康熙四十二年（一七〇三），胤礽的叔外祖父、權臣索額圖在政治鬥爭中失敗，被扣上「謀逆」的罪名遭囚禁。胤礽失去外援，地位進一步動搖。

康熙四十七年（一七〇八），十八阿哥胤祄病重，康熙憂心忡忡，親自從回鑾探望。其他阿哥和大臣們也跟著表現出悲傷之情。九月，胤祄病死。身為太子的胤礽在弟弟病重和去世前後，都沒有表現出悲痛之情，導致康熙的反感。康熙把太子叫過來，痛罵了一頓，要他反躬自省。不料隨即又發生了「偷窺幃幄」事件，康熙在行獵途中，發現太子胤礽無故接近自己居住的幃幄，扒著縫隙窺視自己的行動。康熙感到非常不安，痛下決心廢黜胤礽的太子位。

胤礽被廢，奪嗣之爭迅速白熱化。各個有意皇位的阿哥，卯足全力，展開生死的搏鬥廝殺。

大阿哥胤禔最先跳了出來。他自以為是長子，言談傲慢，咄咄逼

人，不料遭到康熙的痛斥。胤禔又自作聰明，向康熙自告奮勇要去殺害廢太子，結果反被重感情的康熙囚禁。大阿哥胤禔被明確排除在太子考量範圍之外。他轉而支持八阿哥胤禩，並向康熙推薦。

胤禩是各位阿哥中名聲最好的一位。他出身低微，生母是奴婢出身，所以從小受到歧視。胤禩奮發圖強，練就文武全才，為人處世、待人接物都非常注意，且刻意籠絡朝野大臣和士紳。人們對他評價很高，盛傳「八王最賢」。康熙身邊的重臣，也有向康熙推薦胤禩的。康熙的哥哥福全，臨終前還鄭重向康熙推薦胤禩，認為八阿哥可以繼承大統。康熙對八阿哥的印象也很不錯。

提前出局的大阿哥胤禔，在推薦胤禩的時候，特意提到太監張明德曾經為胤禩看相，認為他有天子之相。這觸發了康熙的敏感神經。康熙最恨大臣和阿哥們結黨營私，暗地齷齪。張明德看相一事，讓康熙認為八阿哥胤禩暗中勾結宮廷太監，拉幫結派，對胤禩的印象大壞，還予以訓斥。然而，還是有人冒險向康熙逆言，推薦胤禩。

針對諸位阿哥奪嫡之心紛起，大臣們在各位阿哥之中左右為難，朝堂上暗藏波湧，康熙多次、專門下旨，禁止人們談論立嗣一事。不過，奪嗣一事，關係多少人的恩怨榮辱，人們該爭的還是會爭，該鬥的還是在鬥。康熙反覆頒布聖旨，都沒什麼作用。畢竟，皇帝的意見並不重要。人們早學會了陽奉陰違。

為了終止亂局，康熙皇帝不得不重新恢復胤礽的太子位。這個舉動絲毫沒有產生作用。

阿哥們的野心被挑逗起來了，不可能馬上壓抑下去。同時，康熙對胤礽已經失去信心，重新立他是利用他，並不想真的傳位於他。胤礽的表現也很糟糕，驕縱、暴戾的脾氣沒有改正。康熙五十一年（一七一二），皇太子胤礽再次被廢。康熙明確地說：「祖宗鴻業斷不可託

付此人。」自此，廢太子胤礽被囚禁，黯然度過餘生。

二廢太子，紛爭更盛。諸臣紛紛向康熙諫言早立太子，其中以三阿哥胤祉、四阿哥胤禛、八阿哥胤禩呼聲最高。就在康熙猶豫時，又發生一件疑點重重的事件，導致八阿哥胤禩一蹶不振。

康熙五十三年（一七一四）十一月，康熙前往熱河巡視。胤禩本該隨從前往，但因為是生母去世兩週年的忌日，所以他中途去祭奠母親，不能親自隨侍，就派一個太監去向康熙請假。誰知道，那個太監帶了兩隻將死的老鷹送給康熙，康熙極為憤怒，認為胤禩在詛咒自己快死。他當即召集諸位皇子，痛罵胤禩：「賤婦所生，自幼心高陰險。聽相面人張明德之言，遂大背臣道，覓人謀殺二阿哥，舉國皆知。」「與亂臣賊子結成黨羽，密行險奸，謂朕年已老邁，歲月無多，及至不諱。」最後，康熙撂下狠話：「自此朕與胤禩，父子之恩絕矣。」老皇帝也不想想，胤禩如果真的要咒他死，會當面送奄奄一息的老鷹給他嗎？

看來，胤禩在皇位爭奪戰中提前出局了。他為此大病一場，眼看就要死了，康熙也不去探望，反而下令將病危的胤禩抬得遠遠的。胤禩雖然僥倖活了過來，但大勢已去。

接下來，十四阿哥胤禵成為一匹黑馬，跑到皇位爭奪戰的前列。青海戰亂，康熙任命胤禵為撫遠大將軍西征。胤禵出師時，禮節極為隆重，用正黃纛旗、親王體制，胤禵稱「大將軍王」。人們普遍猜測胤禵最有可能繼位。失利的「八爺黨」轉而支持胤禵繼承大統，來和其他派別抗衡。

其間，三阿哥胤祉看到骨肉相殘，政壇險惡，萌生退意，放棄了奪位之心。他退回書齋，一心以編書、寫字自娛，最後得以善終。

就在胤禵還在外面征戰時，康熙六十一年（一七二二）十月底，康熙去皇家獵場南苑打獵，十一月初因病住進暢春園。十一月初九，因冬

至將臨，康熙命四阿哥胤禛到天壇，代自己行祭天大禮。人們不禁迷惑：康熙到底是要選胤禵，還是胤禛？

胤禛每天遣侍衛、太監等至暢春園請安，康熙都傳諭「朕體稍瘉」。可就在十三日，康熙病情突然惡化。之後的情形，就完全按照胤禛的意思，齊一口徑了。也就是開頭我們看到的情景。胤禛在最後一個月內，突然後發先至，笑到最後，出於幾乎所有人的預料之外。胤禛尚未正式登基，命八阿哥胤禩、十三阿哥胤祥和大臣馬齊、隆科多四人總理事務。同時，胤禛加封競爭對手胤禩為和碩廉親王。喜訊傳出，胤禩福晉的母家趕來稱賀，福晉卻說：「何喜之有，不知隕首何日？」

如果胤禛真的是康熙的選擇，那麼康熙為什麼選擇他呢？最常見的解釋，是胤禛常年韜光養晦，不露聲色，勤慎敬業。在康熙晚年，康熙交代胤禛辦理很多事情，胤禛珍惜每一次機會，事情都做得不錯，得到父親的滿意。隨著主要競爭對手的失利，胤禛就成為最現實的選擇。不過，這樣的解釋畢竟也是純主觀的推理。同時，胤禛繼位後，迫害兄弟和大臣們的行為，也不禁讓人聯想到他得位不正。

不過，「疑似」得位不正的胤禛，繼位後年號「雍正」，疑似是雍親王得位正、為君正。這是多此一舉，還是此地無銀三百兩？

話說回來，中國古代那麼多次皇位更迭，完全沒有異議、沒有疑點的，能有幾次？又有幾個皇帝的家族內，沒有爆發出同室操戈、爭奪最高權力的鬧劇？清朝相對還算是好的了。

一直到雍正王朝，清朝都沒有確定的皇位傳承制度。在努爾哈赤和康熙死後，皇室內部都掀起了激烈的皇位之爭。雍正切身經歷殘酷的骨肉相爭，吸取教訓，認為皇位傳承是國之大事，應由皇帝獨斷，不用群臣參與；同時擔心過早挑起繼承話題，容易引起皇子們明爭暗鬥、大傷人倫。因此他一登基，就建立祕密立儲制度。皇帝偷偷選定繼承人，親

寫兩份詔書，一份隨身攜帶，另一份密封在錦匣裡，放置於乾清宮「正大光明」匾額後面。皇帝死後，由宗室、大臣們共同開啟、核對。

這個做法後來成為清朝立儲慣例，清朝之後再也沒有出現過骨肉相殘、爭嗣的鬧劇。這也許是中國歷史上最好的傳位制度。

一、為什麼說一切皇帝遺詔都是「偽造」的？

二、為了防止諸位皇子爭位，皇帝們沒有少費心思。有的皇帝早早就確立太子，加以培養，斷絕其他皇子的念頭；有的皇帝則故意在皇子之間製造競爭，營造你追我趕的氛圍，讓脫穎而出者繼位；更多的則是猶豫不決，拖到自己快不行了，才臨時指定或以「遺詔」的形式確定繼承人。不過，經歷過奪嗣之爭的雍正皇帝，卻創造了新的立儲方式，打破奪嗣困局。請問，雍正用的是什麼方法？

反腐困境：乾隆的「腐敗福利」和「反腐工具」

　　在乾隆手下當貪官汙吏，絕對是拿生命當兒戲的高度危險行為。

　　乾隆皇帝掀起了**轟轟**烈烈的反貪風暴，他在位時期是清朝反腐敗力度最大、懲處腐敗官員最多的時期。

　　清王朝在從順治元年（一六四四）至宣統三年（一九一一）的兩百六十八年中，共查處一、二品官員（中央侍郎以上、地方巡撫以上）的經濟犯罪案件一百零八件。被判刑的一、二品高官共一百五十七人，其中死刑立即執行的有六十八人；死緩（斬監候、絞監候）四十七人；受到其他刑事處分的有四十二人。而僅僅是貪腐的地方督撫，乾隆就懲治了三十六人，占整個清朝同類高官總數的百分之二十三。其中即行正法五人，迫令自盡七人，死緩七人，懲貪的力度不可謂不大，就算放在歷朝歷代中，也是罕見的。

　　但是，乾隆時期又是清朝腐敗現象急遽擴大、官場走入黑暗的時期之一。政壇由清入濁，到乾隆晚期，高層腐敗層出不窮，不查不要緊，一查就能牽出一連串的貪官汙吏。錢糧虧空是衡量腐敗程度的重要指標，乾隆後期各地普遍出現嚴重虧空，大省大虧，小省小虧，錢糧名實相符的州縣寥若晨星。其中山東省虧空兩百萬兩之多，福建虧空兩百五十萬兩以上。隨著乾隆在位時間越來越長，反腐行動不斷推進，落馬高官名單越拉越長，官場腐敗卻越發嚴重。乾隆掀起的反腐風暴，以失敗告終。

　　乾隆晚年承認：「各省督撫中廉潔自愛者不過十之二三，而防閑不峻者，亦恐不一而足。」他想不明白：為什麼上有皇帝高度重視，下有嚴

刑峻法伺候，達官顯貴們依然前赴後繼地腐敗呢？

乾隆四十九年（一七八四）春，乾隆在巡幸江南途中，召見江西巡撫郝碩。乾隆問他江西官員誰賢誰愚，郝碩支支吾吾，讓皇帝很不滿意。乾隆又問到江西的具體事務，郝碩也無法給出清晰、有條理的回答。事後，乾隆傳旨申飭郝碩，要他「進京候旨」，事實上革了他的職。

按說，郝碩都這樣了，倒楣運也到頭了。但是，乾隆皇帝卻在幾句問答中，敏銳地察覺到郝碩不僅業務不精通、工作有疏忽，還可能有腐敗的問題。於是，乾隆下令兩江總督薩載藉機去江西密查郝碩。五月，薩載回奏郝碩果然有腐敗行徑，一是向下屬官員勒索錢財，二是收受饋贈，涉嫌受賄。郝碩隨即被正式革職，並被抄沒家產。很快查明，郝碩貪汙、受賄八萬餘兩白銀，初審判決死刑，立即執行。乾隆讓他自盡。

事情到這一步，可以圓滿收尾了。但乾隆又從郝碩的腐敗，聯想到整個江西官場。他在江西繼續深挖蛀蟲。很快，江西布政使馮應榴、按察使吳之甫、饒九道額爾登布等人，因為對巡撫郝碩的貪婪劣跡不據實揭發，或者向郝碩行賄，全部革職，發往軍臺效力。其中有行賄情節的江西各道府州縣官員七十一人，還被勒令按照行賄銀子的多少和品級的高低，交納行賄金額數倍的罰款。負責查辦此案的兩江總督薩載負有領導者責任，革職留任，被扣罰養廉銀三年。

也許是不經意的一段對話，牽出一個腐敗大案。有人會覺得乾隆有點小題大做，但這展現了乾隆反腐的許多特點：雷厲風行、時刻留意、廣泛牽連、懲罰嚴峻……等。

乾隆朝反腐、懲貪的法律制度，是清代最嚴厲的。乾隆的基本觀點是，不能讓官吏因為貪汙腐敗而獲利，要讓一切腐敗者都付出慘重的代價。為此，乾隆規定貪汙可以追懲，即便腐敗分子死了，也要追究責任，還要其子孫清退贓款。乾隆十二年（一七四七），刑部上報寧海縣原

知縣崇倫永虧空庫銀，但人已病故，奏請限期向其家屬追贓。乾隆大筆一揮，決定將已故人犯崇倫永的兒子崇元誦監禁，代父受罪，逼其賠補其父侵貪的公款，並將此作為新條款，增入大清法律。

之前，清朝規定貪官清退贓款，可以減罪。乾隆認為這條規定縱容姑息貪賄犯罪，重新規定貪官即使主動吐出全部贓款，也不能減輕罪責。此外，乾隆還根據督撫貪腐犯罪的具體情況，有針對性地制定新禁令，例如禁止督撫收受禮品，禁止官員讓下屬代為採購物資，禁止封疆大吏設立守門人、收受門包等。乾隆希望繁密的法網，能夠震懾貪腐，達到「將見天下無侵員，並且無貪員矣」的效果。

對於腐敗分子，乾隆懲辦起來，毫不手軟。在乾隆朝，罪犯是官宦子弟，不但不能減免懲罰，還要從嚴從重判決，哪怕他的父兄是在位的達官顯貴。比如甘肅冒賑案發生後，閩浙總督陳輝祖的弟弟陳嚴祖是甘肅知縣，貪汙三千七百兩銀子，兩江總督高晉的兒子成德也是甘肅知縣，貪汙了四千三百兩銀子。當時，其他涉案的知縣，凡是貪汙在一千兩以上、一萬兩以下的，全部判處死緩。陳嚴祖、成德兩人的初判，也是斬監候。如果陳輝祖、高晉出面「操作」一下，他們的弟弟、兒子估計很快就能出獄，說不定還能重獲一官半職。但是，乾隆將兩人改判為「斬立決」，立即處死了，一點都不給陳輝祖、高晉面子。對犯罪的官宦子弟，乾隆從嚴、從重判決，不單單是為了朝野輿論，也顯示出對高官腐敗絕不手軟姑息的姿態。

乾隆辦起案來，從不投鼠忌器，也不講究什麼「辦案範圍」，不避諱衝突。一個官員出問題，就處理這個官員；一個團隊出問題，就撤換整個團隊。乾隆二十二年（一七五七），朝廷查出雲貴總督恆文低價向下屬強買黃金，少付銀兩，同時有數萬兩銀子的財產來源不明。進一步審理查明雲南全省有五十六名道、府、縣各級官員牽涉其中，有些是恆文縱

容家人勒索的賄賂、有些是恆文出巡州縣時直接敲詐的、有些是下屬官員到昆明求見時被勒索的。最後，恆文被「諭令自盡」，當在情理之中。和他「同夥」的雲南省級領導者也被一下子全部消滅了：巡撫郭一裕參與強買黃金，被撤職、充軍；布政使納世通、按察使沈嘉徵知情不報，還一味迎合上司的不法行徑，被革職。有主動行賄行為的劍川州知州羅以書，革職，杖責一百；臨安府知府方柱等三十七名在任知府、知州、知縣，在初判中被認為是遭恆文勒索，事後主動交代問題，被認定「自首」，免除處罰。但是，乾隆皇帝認為這三十七人在被勒索的時候，人人隱忍，沒有一個人告發，直到恆文被撤職後，他們才紛紛出來說明問題，不能算是自首，全都有罪。結果三十七人全部被「降一級留任」。

又比如，乾隆五十八年（一七九三）判決的浙江巡撫福崧、兩淮鹽運使柴楨侵挪國庫案，福崧在被押送北京的途中自盡，柴楨就地正法，也在情理之中。而卸任浙江布政使歸景照知情不報，充軍伊犁；時任浙江布政使王懿德剛剛到任兩個月，和福崧並不熟，也被認為「溺職」，革職，降職為道員，分配到新疆哈密，戴罪立功。時任浙江按察使顧長紱革職、發遣軍臺。整個浙江省級行政團隊全軍覆沒。閩浙總督伍拉納沒有及時發現福崧的罪行，負有領袖責任，被扣罰養廉銀三年；杭州織造對福崧等人的罪行沒有及時參奏，被降為筆帖式。其他十一名浙江道府官員因為失察、徇隱等分別受到革職、降級、充軍等處分。

乾隆的「株連處罰」在甘肅冒賑案中，表現得最為突出。甘肅冒賑案涉及官員有兩百一十多名，其中判處死刑的總督、巡撫、布政使三人，判處死刑的道府縣官員六十六人，判處杖刑、流放到三千里以外邊遠地區服苦役的六人，發遣戍邊的五十多人，另外革職並追罰銀兩的有五十多人。甘肅各級衙門幾乎為之一空，全省官員大換血。如此重罰，整個清代似乎僅此一例。其實，中國永遠不缺官員，沒有必要搬出「照

顧幹部、隊伍穩定」、「不讓工作癱瘓、斷層」等理由，只處理個別首惡，放過絕大多數的腐敗分子。

乾隆的反腐行動有兩記鐵拳：第一拳是嚴密的法網，第二拳是嚴峻的懲罰。此外，乾隆警惕的雙眼、敏銳的聯想，始終關注在朝野的高官顯貴們。在一連串組合拳的打擊下，乾隆朝的腐敗行為不能說絕跡，也理應偃旗息鼓才對。事實卻正好相反。反腐風暴颳得最劇烈的乾隆朝，恰恰是腐敗最嚴重的時期。

乾隆四十年（一七七五）以後，腐敗公行，「州縣有所營求，即有所饋送，往往以缺分之繁簡，分賄賂之等差。此等贓私初非州縣家財，直以國帑為貪緣之具。上司既甘其餌，明知之而不能問，且受其挾制，無可如何」。官場已經和市場無異，政務也變異為商品。到乾隆末期，官吏的腐敗墮落呈惡性擴張之勢。上自王公大臣，下至微小吏員，玩忽職守、敷衍怠政，「歲久相沿，幾成積習」。

乾隆中期後，高官的惡性腐敗呈現爆發之勢，且每個落馬的督撫都會牽出共同腐敗的整省官員，烏紗帽一摘就是幾十頂、甚至上百頂。比如，乾隆四十六年（一七八一）甘肅冒賑案、乾隆四十七年（一七八二）山東巡撫國泰案、閩浙總督陳輝祖案、乾隆四十九年（一七八四）江西巡撫郝碩案以及乾隆六十年（一七九五）的閩浙總督伍拉納、福建巡撫浦霖案……等，案情都震驚世人。乾隆的反腐組合拳再厲害，也敵不過洶湧的貪腐勢頭。

反腐風暴永遠是龐大政治體制中的一陣涼風，是繁雜政治活動中的一個內容而已。再周密的反腐法律，也只是現行「遊戲規則」的組成部分之一。所以，我們無法脫離大的政治環境，把反腐敗孤立出來談。

乾隆朝越反越腐的疑問，要從政治制度中去尋找答案。儘管乾隆制定出一系列法律、法規來預防、懲治腐敗，也推出更多制度，把官員們

往腐敗的道路上推。這些制度包括臣工貢獻、皇帝出巡、議罪銀、賠補虧空、官員公捐等。

臣工貢獻就是達官顯貴們向皇帝進貢，是「送禮」的文雅說法。在地方上任職的督撫要員們，不定時地送給皇帝一些地方特產，可以聯絡感情，但要建立在自願的基礎之上。但雍正朝將「臣工貢獻」定為一項制度，把它確定為地方督撫要員的一種政治義務。到乾隆時，乾隆皇帝更是把地方高官進獻貢品的多少、好壞、週期長短，和他們的「忠誠度」連繫在一起。他的邏輯是：既然你口口聲聲說效忠皇上、為皇上盡心辦事，就要在物質上有所表現。於是，乾隆把臣工貢獻制度嚴密化、系統化，增加了直接向皇帝進貢的大臣範圍，且默許一些中下級官員逾制、越級進貢；進貢的週期越來越短，之前通常是端陽、萬壽、元旦時大臣們進貢，乾隆朝又規定上元、中秋等節也要進貢，而且平常要有「非例之貢」。僅有制度可循的，乾隆時期的天下總督，每年進「例貢」一百八十三項、巡撫進「例貢」兩百七十七項，這還不包括制度之外的「非例之貢」。

乾隆二十二年（一七五七），粵海關監督李永標、廣州將軍李侍堯進獻了一批貢品，計有：「紫檀鑲楠木寶座一尊、紫檀鑲柄木御案一張，紫檀鑲楠木五屏風一座，紫檀天香幾兩對，鑲玻璃洋自鳴樂鐘一座，鍍金洋景表亭一座，鑲瑪瑙時辰錶兩塊，黃猩猩氈五匹。」這次貢品送上之後不久，乾隆皇帝發給二李一封聖旨：「此次所進鍍金洋景表亭一座，甚好，嗣後似此樣好看者多覓幾件。再有此大而好者亦覓幾件，不必惜價，如覓得時於端陽貢進幾樣來。」李永標、李侍堯兩人敢不再送？敢不出去四處踅摸「更大而好」的西洋鐘錶？

進貢雖然是地方高官私人行為，但錢卻是地方政府公款支出的。乾隆朝的閩浙總督伍拉納就承認：「我們並不自出己資買辦物件，乃婪索多

銀自肥囊橐。」比如，浙江巡撫福崧到任後，馬上吩咐鹽運使柴楨「代辦」貢品，有玉器、朝珠、手卷、端硯、八音鐘等件。這次進貢花費白銀三萬八千餘兩，全都計在鹽運司衙門的公款上。客觀地說，如此頻繁的進貢、如此昂貴的貢品，完全超出地方督撫的經濟承受能力，不得不逼著他們去違規、違法籌措資金，勒索下屬、收取賄賂……等。

乾隆皇帝是聰明人，自然知道進貢會給下面造成巨大的壓力。但他更關注封疆大吏們的忠誠度，他不在意貢品是怎麼來的，而在意什麼時候來、來的是什麼。事實上，乾隆拿到的貢品太多，塞滿整個紫禁城，最後造成倉儲難題。他兒子嘉慶繼位後，發現「內府所存陳設物件，充離駢羅，現在無可收貯之處」。絕大多數貢品，乾隆壓根就沒看過，更沒碰過，「所貢之物，視之真糞土之不如也」，直接扔到哪個不知名的角落去了。但是，嘉慶皇帝意識到問題，卻還繼續讓大臣們貢獻「糞土不如」的貢品。這只能理解為皇權的自私了。

乾隆是中國古代出了名的喜歡出巡的皇帝。他在位六十年，外出巡幸超過一百五十次，平均每年超過兩次半。皇帝走出紫禁城、到北京之外的地方看看，客觀上有利於了解真實情況，還可以收攬人心、籠絡官紳、整飭吏治等。但乾隆的出巡過於頻繁，且熱衷遊山玩水，地方官紳投其所好，不惜耗費巨資「接駕」。他們大興土木，建造行宮，修葺園林，建設御道，蒐羅奇珍異寶、文物古玩進獻給乾隆。在富庶的江南地區，鹽商等富裕階層或者主動捐獻，或者被官府勒索，承擔了主要成本；而在經濟欠發達地區，則完全動用公款，壓迫百姓來伺候乾隆，腐敗官吏趁機中飽私囊。乾隆本人也承認此舉勞民傷財，在晚年時說：「朕臨御六十年，並無失德，唯六次南巡，勞民傷財，作無益害有益。」

議罪銀，是指根據官員犯罪情節的輕重，繳納相應數額的銀子來免除一定的刑罰。封疆大吏犯了錯，繳納從幾百兩到幾萬兩不等的銀子，

以罰代法，或者被扣發一定時限的俸祿，作為懲戒，有一定的合理性。但乾隆把這個做法制度化、擴大化了，頻繁地罰地方高官銀子，還允許督撫們提前繳納一筆錢「備罰」。例如，浙江杭嘉湖道臺王燧在負責西湖工程等事上，侵吞工程款，並有大量財產來源不明，總計查出有二十萬兩白銀的不法財產，被「即行正法」。浙江巡撫王亶望負有領導者責任，對王燧「唯言是聽」、「不行參奏」，「自認罰銀」五十萬兩。乾隆皇帝批示「只可如此」，對王亶望不加追究。乾隆利用地方督撫、鹽運使、海關監督、織造等要職、肥缺的「過失」，透過公開的形式，或乾脆讓親信奴才「密諭」暗示，要犯錯者、違法者「自行議罪」、主動繳納議罪銀，且金額越來越高。地方要員不堪重負，浙江巡撫福崧擔任地方官多年，俸祿、養廉銀和灰色收入豐厚，但歷年來共罰銀二十七萬八千兩，中間還連續多年被扣發養廉銀，等於收入全無，只有支出。這讓他如何維持體面的生活和工作？只能轉嫁壓力，勒索敲詐、挪用貪汙，案發後被乾隆要求「自行了斷」。

議罪銀制度明顯有法不依，加劇清朝官吏的腐化。尹壯圖等官員曾向乾隆指出這項制度的弊端，認為此舉讓貪者有恃無恐、廉者無處容身，乾隆也認為其意見「固屬不為無見」，但他在位期間，就是沒有廢除此項制度。後人只能將此項制度視為皇權的自私。乾隆除了可以借此制約地方大員外，還能斂財。要知道，所有的議罪銀不是繳到國庫，而是進入內務府皇帝的小金庫。

府庫虧空，是指官庫錢糧實際情況與帳面不符，甚至入不敷出、寅吃卯糧，這是清代社會普遍存在的問題。導致虧空的原因很多，有因官員決策失誤，也有因自然災害，但主要還是官員貪汙、挪用和揮霍造成的。乾隆時期的地方官員要進貢、要接駕、要罰錢，手頭緊就挪用官銀，彼此之間心照不宣，前後相繼。大家都抱著僥倖心理，祈禱自己任

內平安無事，虧空事發在誰的任上，算誰倒楣。很多人還把黑手伸向早已千瘡百孔的官庫，貪汙侵吞。乾隆時期，每一件貪汙案揭露出來後，必然牽出犯案所在衙門的巨額虧空。乾隆治理虧空的做法是「賠補」，誰造成的虧空，誰拿錢補上；難以確定責任的，就由相關官員按照職位高低、在任時間長短「照股分賠」。乾隆五十一年（一七八六）查出浙江省虧空十三萬九千兩官銀，令前後三任巡撫分賠。此舉有一定的合理性，不能讓貪官獲利，要把財富物歸原主。但是，虧空是歷史積弊，不能讓少數幾個人承擔責任，而且那幾個人也賠不了那麼多錢。怎麼辦？只能繼續拆東牆，補西壁，有的官員耗盡做官的積蓄、祖先的遺產，變賣田地房屋；有的官員則一級級向下屬衙門攤派，勒索銀兩，甚至敲詐貪汙。不過，更多的官員乾脆再次挪用公款，「賠補虧空」變成用官銀賠官銀，用新虧空來補上舊虧空。

乾隆本人也承認此舉有可能讓「廉者為貪者受罰」，但就是不取消賠補的做法，還將此舉擴大化，將一些在財務上的「無著款項」，也勒令相關官員賠補。比如乾隆四十七年（一七八二）鎮壓回民起義後，查出「軍需斷難開銷各款」，一共有二十七萬七千兩白銀難以核實，勒令發生地甘肅總督的俸祿和養廉銀都扣兩成，實發百分之八十，直到補足款項為止。這又是一項讓地方要員不堪重負的制度。

最後，人們只知道老百姓要交苛捐雜稅，卻不知道乾隆時期的大小官員頭上也有苛捐雜稅，類似公費攤派、強制捐款等。當時的說法叫「公捐」，乾隆強制要求官員為某事捐錢。比如乾隆下江南，官員要捐款攤派；比如修建海塘、河工，舉辦慶典、征伐，官員也要捐錢。浙江省改築大石塘工程，缺銀子兩百萬兩，乾隆令浙江全省官員捐出一半的養廉銀，分二十年捐完。福建省也照此辦理，不過因為浙江海塘畢竟和福建關聯不大，福建官員只要捐十年就可以了。乾隆五十五年

（一七九〇），皇帝要辦「八旬萬壽慶典」，內外大小臣工紛紛「踴躍捐款報效」，共計捐款一百一十四萬四千兩百五十七兩白銀。其中在任的二十六位地方督撫，人均捐款超過三萬兩。各級官員「自請捐廉」，但錢也不是自己出，照樣用各種手法轉嫁壓力。

在這些制度高壓之下，封疆大吏們不可能保持廉潔，不得不勒索、挪用，把腐敗的壓力轉移到下級官員頭上，最終導致整個地區、整個系統的集體腐敗。進入官場的任何一個人，「獨善其身」只能是美好的幻想。聰明如乾隆，都發現了問題，有人是無力改變，但乾隆是不想改變。因為除了官員的廉潔與否，他還看重其他內容，其他更重要的內容。

上述逼良為娼的制度是皇權的產物。只要它們還有利於維護皇權，乾隆皇帝就不會廢除它們。因此，可以這麼認為，是乾隆在逼封疆大吏們腐敗！

每一個皇帝都希望自家的統治「千秋永固」，這也是乾隆皇帝一切行為的根本目的。

治貪的法網再嚴密，反腐的「罰網」再嚴酷，都只是攥在乾隆皇帝手中的工具而已。歷朝歷代，中國法律的基礎不是民意，而是皇帝的意志。向何處撒網，什麼時候收網，怎麼處置落網官員，都是乾隆說了算。因此，反腐受乾隆皇帝的主觀意志、一時好惡影響很大。反腐要服務於皇權，服務於乾隆統治天下的整體需求。

皇帝對臣下的要求，首先是忠誠。只要乾隆認為官員忠心耿耿，那麼即使發現貪汙賄賂，有時也可以容忍；相反，如果官員被認為「欺君罔上」、對皇權不敬，那麼即使他略有腐敗行徑，也會遭到嚴懲，甚至被樹立為「腐敗典型」。

雲貴總督李侍堯挪用、勒索銀兩，兩淮鹽政高恆挪用、受賄銀兩，都是金額巨大，完全符合死刑標準。大臣們建議將李侍堯從重處理，斬

首示眾。但是，乾隆念李侍堯效力多年、征戰四方，辦的差使、進貢的貢品都不錯，於是駁回判決，要大臣們「再行商議」。有大臣心領神會，認為李侍堯「勤勞久著」，建議「秋後處決」，乾隆欣然同意，將李侍堯緩期執行，後來又讓他戴罪立功。李侍堯很快就做回總督。而高恆是名門之後、乾隆的大舅子，他案發後求情的人很多。乾隆卻大義滅親，將高恆斬首示眾，抄沒家產。同樣的罪行，為什麼一個善終，一個慘死呢？因為李侍堯貪汙、勒索錢財的罪行，乾隆沒有感受，在他看來僅僅是一紙描述而已；而李侍堯的老實聽話、認真辦事，乾隆卻是深有感受的。至於高恆，他在辦理乾隆南巡事件的時候，挪用了「交官項內巨銀」，事情牽涉到乾隆本人，讓皇權尊嚴受到損害。乾隆要殺高恆，免得人們繼續聯想、延伸下去。還有，高恆自恃是皇親國戚，在江南以為皇帝辦事為名，謀取私利，讓乾隆有被利用、當冤大頭的感覺。

高恆的兒子、葉爾羌辦事大臣高樸，奴役三千百姓開採玉石，銷售獲利，被當地百姓告發。按說，高樸的罪行，和涉案金額動輒幾十萬、上百萬兩銀子的封疆大吏相比，算是小的。但乾隆迅速命令將高樸就地正法，而且還召集百姓公開行刑。因為乾隆發現，高樸進貢的玉石品質，遠遠比不上在高家查獲的玉石。「高樸這小子，竟然把好東西藏在家裡，不給我！」乾隆恨得牙癢癢，接到高樸伏法的奏摺後，親筆批了一句：「著實便宜他了！」

其實，只要還有一個人站在朝堂上，就意味著乾隆朝的反腐工作是徹底失敗的。這個人就是和珅。

和珅是一個很高調的腐敗分子，貪汙受賄、挪用侵占、結黨營私、權錢交易等行徑一樣不落，金額過億。他宅邸所在的胡同，每天擠滿前來行賄、請託和密謀的官員，熙熙攘攘，如同鬧市，一眼望過去，都是官服上的補子，人稱「補子胡同」。有外地知縣跪在門口、手舉幾千兩銀

子的銀票過頭頂，求見和珅，希望拜入和珅門下。和珅壓根就看不上這點「小錢」，大喝：「知縣是何蟲豸，也來見我！」就這麼一個高調囂張，幾乎人所共知的大貪官，在乾隆後期扶搖直上，權傾一時，被乾隆倚為左膀右臂。是乾隆不知道和珅的貪腐，還是從來沒有人告發、彈劾過和珅？都不是！是乾隆離不開和珅，離不開他精明幹練的處理政務能力、離不開他幫忙管理日益龐大的小金庫、離不開他出面辦一些皇帝難以啟齒的「小事情」。更何況，和珅一副忠心耿耿、精於溜鬚拍馬的樣子，很討乾隆的歡心。於是，「一分為二地看問題」的道理，就被乾隆用在和珅身上。他覺得和珅的成績是主要的，錯誤是難免的，辯證地講：「和珅還是一位好下屬！」

只要有和珅在，很多案子的線索查到一定地步就斷了，很多腐敗分子都得到庇護羽翼；只要有和珅在，就大長腐敗分子的志氣，打壓反腐行動的底氣。和珅的存在，注定乾隆的反腐不徹底，不會成功。

但是，乾隆不這麼想。天下太平、社會穩定和一批腐敗分子被懲處，讓他志得意滿，粉飾太平。乾隆當皇帝的時間久了，也開始自己為自己拼湊出「十大武功」，要當「十全老人」。他聽不進忠言，容不得臣下的一點不同聲音。乾隆五十五年（一七九〇）禮部侍郎尹壯圖上疏指出：「各督撫聲名狼藉，吏治廢弛。臣經過地方，體察官吏賢否，商民半皆蹙額興嘆。各省風氣，大抵皆然。」尹壯圖這話，基本上否定了當時的官場，對官吏整體評價很低。這明顯是「抹黑」了「乾隆盛世」。果然，乾隆看後大怒，以「挾詐欺公，妄生異議」罪，判尹壯圖「斬立決」。後來，乾隆為避免成全尹壯圖「忠諫美名」，免去死罪，降職處分。如此一來，乾隆的反腐更是水中月霧中花、盛世的點綴了。

反腐失敗的根源在乾隆身上，緣於他自私的想法，繫於皇權。其實，腐敗的根源何嘗不在他身上，何嘗不繫於皇權？只要專制皇權存

在，不正常的君臣關係、上下級關係和考核制度就不會改變，逼良為娼的制度就不會消失，腐敗就將長存。

乾隆算是比較矯情、喜歡粉飾的皇帝，不承認這一點。他的父親雍正就直接、坦率得多了。雍正皇帝曾御筆硃批一句大實話：「朕說你好，你才得好。」這句話可以分兩層來理解：第一是政績也好、操守也好、能力也好，最重要的、也是唯一的評價標準，是皇帝。皇帝說你好，你就好，不好也好；皇帝說你不好，你就不好，好也不好；第二是官場中人的所有好處、未來的好日子，都來自皇帝。皇帝讓你得到好處，你才能拿，拿了沒事，不然就出事。不僅是仕途沉浮，就算是個人生命，都掌握在皇帝手中，大臣們哪敢不以皇帝馬首是瞻。皇帝高於一切法律、一切制度，官員們只要揣摩皇帝的心思、讓皇帝高興，就能升官發財，就有榮華富貴，哪還管什麼廉潔自律，還要反腐懲貪做什麼？

乾隆時期，每隔兩、三年，朝廷都會有一次雷厲風行的反腐敗大行動，揪出一兩個巨貪和反面典型。據說，這是乾隆皇帝授意、和珅揣摩配合的結果。

外省封疆大吏，如果不定期給和珅孝敬，幾乎沒有能長期當官的。其中賄賂最重的人，和珅往往破格提拔，授予高位。為了孝敬和珅，也為了能進步，底下的官員們不得不腐敗斂財。等到這個人貪聲日著、臭名遠揚，和珅就將他定為反腐敗對象，用迅雷不及掩耳之勢，逮捕、查抄他。其中的週期就是兩、三年。

浙江巡撫王亶望被朝野認為是「和相第一寵人」，權勢一度炙手可熱。王亶望每年給和珅的炭敬、冰敬以及一切孝敬等，總數超過三十萬兩銀子，此外，王亶望還不定期地向和珅孝敬珍奇古玩。可王亶望在浙江巡撫任上，被乾隆公開下詔、和珅親自下手查辦了。結果，王亶望成為乾隆、和珅「反腐週期」的一個犧牲品、一大反面典型。(《十葉野聞》)

　　和珅另一親信國泰的遭遇與王亶望類似，卻更具戲劇性。據說國泰本是一個巨商，一次在揚州花酒叢中，揮金如土時結識了一個人。兩人朝夕相處，恰好遇到漕運總督經過揚州，儀仗威嚴，車騎盛大。國泰嘖嘖稱好，豔羨不已。新朋友就說：「這有什麼好羨慕的？十萬兩銀子就能購得他的頂戴。」國泰驚問：「大官也能買？」朋友說：「能！我就能替你辦妥。你跟我到京城見一個貴人，不出三個月，就能做到道臺。」國泰取了三十萬兩銀子，高興地跟著他進京。抵京後，朋友帶國泰拜入和珅門下。原來，國泰的這個朋友就是受和珅委託，在外招徠巨富買官的。為了保險，國泰與和珅約定，先將錢存入某店，得官後，和珅才能提取。

　　沒幾天，朝廷就任命國泰為江蘇省糧道。後來，和珅又將國泰調往山東（據說是國泰能力太差，而江蘇事情多，和珅怕他應付不過來）。山東政務簡單，國泰漸嫻史事，三年內就當到巡撫。

　　為了報答和珅，國泰自然是傾盡全力，將百萬家產都耗盡了。國泰尋思著在山東大行敲詐剝削，補償損失。很快，國泰聲名狼藉，傳到了北京，被御史彈劾。彈劾奏章內容牽涉到和珅。

　　乾隆竟然讓和珅「檢舉」。和珅又派了一個人去試探國泰的底細，看他還有多少錢。那人告訴國泰，如果想將彈劾的事情擺平，少說也得百萬銀子賄賂滿朝高官。國泰東拼西湊，才擠出二十萬兩。和珅知道國泰已經囊空如洗，馬上請旨查辦國泰。國泰入獄，追悔莫及，知道自己絕無好下場，在獄中自殺了。(《十葉野聞》)

　　從他買官到被和珅奏請查辦，正好是三年。國泰當然很冤，被和珅利用了；可放大了看，和珅何嘗不冤？他也被乾隆利用了，最後成為一個大反面典型而被查辦，萬貫不義之財最終進了皇帝的腰包。

　　於是，老百姓有理由相信，來自乾隆皇帝的週期性反腐敗行動，極

可能是皇帝控制文武百官的手法。如前所述，腐敗已經成為乾隆朝制度性、全局性的問題，每個官員都無法保證自己是絕對清廉的。皇帝可以隨時以「反腐」的名義將官員懲辦，並將此作為懸在官員頭上的一把利劍。結果，官吏們對皇帝的反腐行為戰戰兢兢，不得不刻意效忠、討好皇帝，來保障自身安全。而皇帝高調的反腐行為，懲治的通常都是沒有多大權勢的中低階官員，或是自己討厭的、已經失勢的高官，也坐實了人們的猜測。和珅在乾隆、嘉慶父子時期境遇的反差，就是很好的例子。同樣，人們將官府的許多反腐敗行為，也理解為內部的權力鬥爭。

只要公權力還能獲利，腐敗現象就不會絕跡；只要沒有制約的君主專制體制還存在，大規模的腐敗就不會消失。當反腐淪為權力工具，就沒有真正的反腐可言，腐敗會像癌細胞一樣，在政治體制、乃至社會軀體中蔓延、惡化，侵蝕財富和世道人心。

很多統治者都明白這個道理。在專制政體下，腐敗癌症是治不好的。《官場現形記》說有人揭露浙江官場弊端，慈禧太后挑選一位老京官去當欽差大臣。她說：「某人當差謹慎，在京苦了這多少年，如今派他去，也好叫他撈回兩個。」聖旨一下，這名京官忙向慈禧身邊太監打聽上頭派他這個差使的真實意思，應該怎麼查案。太監撲哧一聲笑道：「查案有什麼難辦的？佛爺早有話：『通天底下一十八省，哪裡來的清官？但是御史不說，我也裝做糊塗罷了。就是御史參過，派了大臣查過，辦掉幾個人，還不是這麼一件事。前者已去，後者又來，真正能夠懲一儆百嗎？』這才是明見萬里呢！你如今到浙江，事情雖然不好辦，我教給你一個好法子，叫做『只拉弓，不放箭』：一來不辜負佛爺栽培你的這番恩典；二來落個好名聲，省得背後人家咒罵；三來你自己也落得實惠。你如今也有歲數了，少爺又多，上頭有恩典給你，還不趁此撈回兩個嗎？」京官聽了，馬上心領神會。慈禧的態度可能代表了許多統治者對反腐敗

的態度：睜一隻眼，閉一隻眼，只要沒人揭發，就當不存在，並且將反腐敗視為負責官員的「福利」。

「腐敗福利說」其實早在南北朝時期就有人提出了，提出者是一代名臣蘇綽。北周奠基者宇文泰向蘇綽討教治國之道，蘇綽提出要「用貪官，棄貪官」。

宇文泰好奇地問：「貪官怎麼用？」蘇綽說：「為君者，以臣工之忠為大。臣忠則君安，君安則國安。然無利則臣不忠」，所以要允許官員們「以權謀利，官必喜」。緊接著，問題來了，宇文泰說：「官得其利，寡人何所得？」官員們腐敗所得，在法律上都是君王的財富，如果聽任官員貪汙挪用，那君王不就成了「冤大頭」？所以，在「用貪官」的同時，還要「棄貪官」。在蘇綽看來，「此乃權術之奧祕也」，「天下無不貪之官，貪墨何所懼？所懼者不忠也。凡不忠者，異己者，以肅貪之名棄之，則內可安枕，外得民心，何樂而不為？此其一。其二，官有貪瀆，君必知之，君既知，則官必恐，恐則越忠，是以棄罷貪墨，乃馭官之術也」。

宇文泰擔心，如果任命的官員都是貪汙犯，導致民怨沸騰，怎麼辦？蘇綽說：「下旨斥之可也。」君王懲治腐敗分子，「使朝野皆知君之恨，使草民皆知君之明」，既可以讓百姓知道君主的英明偉大，又可以將許多責任推到貪官頭上，讓天下人知道「壞法度者貪官也，國之不國，非君之過，乃官吏之過也」。

最後，蘇綽總結道：「用貪官以結其忠，棄貪官以肅異己，殺大貪以平民憤，沒其財以充宮用，此乃千古帝王之術也。」宇文泰對此擊掌叫好，和蘇綽一直談到東方露出魚肚白都沒有發覺。歷史上絕大多數帝王也是蘇綽「用貪官，棄貪官」理論的信奉者、執行者。他們把腐敗視為官員福利，籠絡官員；把反腐當成權力工具，收攬人心，維護皇權。

　　乾隆和慈禧不同，和宇文泰等絕大多數帝王也不同，他愛慕虛榮，也愛搗亂。他不把腐敗視為駕馭臣下的「福利」，而是掀起一波波的反腐風暴。但乾隆始終逃不出「反腐工具論」的影響，根治不了腐敗，連遏制腐敗勢頭都做不到。結果是，人殺了不少，腐敗卻越來越嚴重，清王朝由盛而衰。

　　一、反腐敗是人類歷史上的永恆難題之一。嚴刑峻法無法斷絕腐敗，道德說教也無法。乾隆的困局則顯示，集權專制似乎是腐敗的根源。為什麼古代的腐敗無法斷絕，黑暗的源頭在什麼地方呢？

　　二、你是如何理解「腐敗福利論」的？為什麼腐敗能成為古代官員的「福利」？

天津教案：曾國藩的挫敗

第二次鴉片戰爭之後，基督教在中國廣為傳布。一座座尖尖的教堂在廣袤的鄉間拔地而起，代表的不僅是一種新宗教的傳入，更是對中華民族情感的深深刺痛。十九世紀後半期，中國官民屢次與天主教會發生衝突，史稱「教案」。天主教堂為什麼會傷害中國人的民族情感，中國人又是如何處理教案的呢？

在華基督教最大的「原罪」，就是它跟在船堅炮利後面，侵入中國的城市和鄉村。

在中國人看來，基督教是侵略者的宗教，本身就是侵略的象徵。這樣的宗教，怎麼能讓中國人心平氣和地對待呢？

更何況，晚清中國剛經歷從天朝上國、泱泱中華到割地賠款、任人宰割的巨大變化。原來引以為豪的國家和文化，被蕞爾小國和野蠻文化打敗。眼看祖國滑向被殖民的黑暗深淵，沒有人能承受如此劇烈的心理落差。中國迫切需要發洩苦悶與憤慨，最先深入中國社會的基督教勢力首當其衝，「不幸」成為目標。一座座教堂在中國出現，無數仁人志士扼腕嘆息，視為奇恥大辱。

早期來華西方人的優越感和粗暴跋扈，無疑激化了中外衝突。一八六一年，貴州法國天主教主教胡縛理在貴陽街頭乘坐大轎，帶人遊行「慶祝」《天津條約》簽訂，引起中國官民義憤，被群毆致死。之前，列強逼迫清政府賦予在華外國人「治外法權」。在華外國機構和洋人的特權過多、過濫。一旦發生中外糾紛，外國人就依仗特權逃脫中國法律追究，反過來壓迫中國官府嚴屬懲處中方事主。更嚴重的是，一些外交官

不問是非黑白，一味包庇，還習慣將單純的宗教問題、民間糾紛，提升為政治問題。他們動輒威脅清朝官員要「派兵來華保護」、「自行緝凶」，強迫中方妥協。

基督教來華後，並沒有融入中國社會。相反，中西思想觀念的差異，造成中國百姓和教會組織的嚴重對立。中國人普遍無法理解陌生的西方信仰和建立在信仰之上的一系列言行，進而排斥，甚至是仇視。比如神父對嬰兒的洗禮，在中國人看來，就不人道；男女雜處和沉默的苦修，也不為人理解；至於人體器官標本，更是讓篤信「身體髮膚受之父母」的中國人感到震驚。而教會不斷吸收教民，破壞由鄉紳主導的傳統社會結構，威脅到各個社會階層的穩定和利益。不少地方無賴、地痞混入教會，挾洋人威風欺負同胞，遭人鄙棄，被蔑稱為「吃教者」。凡此種種，莫不讓中國人的民族情緒火上澆油。

面對嚴重的仇視情緒，教會組織並沒有積極做好解釋和溝通。他們一心侍奉上帝，潛心苦修，而忽視周圍廣大中國人的心理感受。比如，中國百姓懷疑教會挖人的「眼珠」泡在玻璃瓶裡，其實那是神父和修女們在醃漬大蒜。如果平日注重交流，類似的謠言根本就不會興起。

當時中國士大夫階層的做法，頗令人玩味。可能是在歷次戰爭中被列強打怕了，凡是遇到教案，官府中人幾乎都採取息事寧人、委曲求全的做法。但不在位的士紳階層，則「不謀其政」，一心維護既有的社會結構和自身特權，或隱身幕後慫恿、或出面鼓動百姓反洋排教。他們喊起民族主義的口號，比基層民眾更漂亮、更響亮。

於是，我們看到自從《北京條約》賦予列強「自由傳教權」後，教案在大江南北層出不窮。從一八六〇至一八九九年的四十年間，僅控諸官府而有文獻可尋的教案，就有兩百起以上。其中最著名、對中外雙方傷害最大、在中國被長期視為「愛國主義教材」的，就是一八七〇年的

天津教案。

同治九年（一八七〇）夏天，天津城內發生了多起迷藥誘拐小孩事件。

這原本是普通的刑事案件，官府無暇偵破，事主和鄉紳們就自發組織，捉拿人販子。一名叫武蘭珍的匪徒很快就落網了。在憤怒民眾的嚴刑拷問之下，武蘭珍供稱，其作案所用的迷藥，為法國天主教堂所提供。於是，群情憤怒，人們將怒火轉移到天主教堂身上。

人們有「充分」理由相信法國天主教堂就是所有拐騙案件的幕後真凶。天主教堂辦有育嬰堂，收容不少無家可歸或病重的中國孩子。可人們只看到孩子進去，沒看到孩子出來，也很少看到教堂中孩子們歡蹦亂跳的情景。相反，有人看到教堂裡有許多玻璃瓶子，裡面裝著各種器官，其中有的酷似人的眼睛。當年夏天，疫病伴隨著酷暑，侵入天津城，基督教育嬰堂收留的兒童，大多是遭遺棄的病孩，死亡人數自然多於往常。人們看到教堂後面突然出現不少新墳，自然心存懷疑。教堂因為和民眾不睦，不敢在白天掩埋，選擇在夜間草草下葬，埋得很淺，加上棺木短缺，又讓兩、三具屍體擠在一口棺材裡，野狗輕易就挖開墳墓，拖出小孩的屍體，暴屍地上。輿論早就為之譁然了。所以，武蘭珍的招供，根本不用核實，義憤填膺的群眾就認定天主教堂是罪惡的根源。

很快，天主教堂用藥拐騙孩子、挖眼剖心製藥的消息，在天津地區不脛而走，群情激昂。我們分析晚清的重大教案，會發現謠言造成決定性的傳播作用。諸如「挖眼剖心」、「拐騙幼童」、「誘姦婦女」等，始終是動員群眾的最佳武器。

天津鄉紳在孔廟集會聲討、學子在書院罷課聲援，天主教堂外很快聚集超過一萬名憤怒的百姓。百姓和教民發生口角，進而推搡。憤怒的人們開始向教堂拋擲石塊。

危急之下，教堂內的修女計劃邀請百姓派代表進入教堂，實地驗證

傳言的真偽。這不失為解決問題的好方法，但是被法國駐天津領事豐大業阻止（法國領事館在教堂的隔壁）。豐大業非但不想和平解決，穿上禮服，掛上配槍，而且帶人氣勢洶洶地闖入三口通商衙門，要求通商大臣崇厚調兵鎮壓群眾。崇厚事後這樣描述豐大業：「神氣凶悍，腰間帶有洋槍二桿，後跟一外國人，手持利刃⋯⋯（我）告以有話細談，該領事置若罔聞，遂取洋槍當面施放，幸未打中。」崇厚惹不起，暫且退避。豐大業便「將什物信手打破，咆哮不已」。崇厚「復又出見，好言告以民情洶湧，街市聚集『水火會』已有數千人，勸令不可出去，恐有不虞。該領事奮不顧身，云我不畏中國百姓，遂盛氣而去。」

在衙門開槍逞威風後，豐大業又在返回的途中遇到靜海知縣劉傑。雙方沒說幾句話，豐大業又拔槍向劉傑射擊，當場打死劉傑的家人劉七。

「法國領事開槍殺人了！」圍觀的百姓蜂擁而上，將豐大業及其隨從群毆致死。消息傳來，百姓呼喊著衝入天主教堂，扯爛法國國旗，打死法國神父、修女多人，並焚燒教堂、育嬰堂、法國領事署。英、美兩國教堂受到池魚之禍，也被憤怒的百姓燒毀。此外，騷亂波及外國商行，演變成全面的排外事件。外國外交官、神職人員、商人及其妻兒等，共計二十人被殺，還有數十位受僱於外國人的中國百姓遇害。遇害的外國人都被肢解，投入河中。震驚中外的天津教案至此釀成。

當時天津屬於直隸省管轄。教案發生後，省城保定的直隸總督府就收到朝廷的急令，要求總督曾國藩速速前往天津查辦剛爆發的大騷亂。

天津教案的關鍵人物──曾國藩就要登場了！

曾國藩，湖南湘鄉人，是一個資質平庸的農家子弟。他原本極可能老死鄉間，之所以能夠飛黃騰達、位極人臣，主要得益於兩點個人品行：一個是嚴格自律，一個是積極務實。

曾國藩思想的根基是程朱理學，他「日三省吾身」，真正做到「存

天理，滅人欲」的理學要求。後人紛紛嘆服曾國藩的極端自律：如果戀床貪睡，不能黎明即起，曾國藩就罵自己「一無所為，可恥」；有時吟詩作賦、尋章摘句，沒把精力用於經史等有用之學，他就罵自己好名，「可恥」；寫信給地方官吏，親切一點，就是「意欲餌他饋問」，「鄙極醜極」，提筆重寫一封語氣平淡的回信；有時和人清談，爭口頭便宜，曾國藩則認為自己妄語，如果再犯，「明神殛之」；聽到黃色段子，「聞色而心豔羨」，曾國藩痛罵自己是「真禽獸」；如果看到女子在座，心裡激動，難免說笑了幾句，曾國藩就自責：「放蕩至此，與禽獸何異！」即便如此自律，即便在外人看來他已經是個非常勤奮、刻苦、認真的人了，曾國藩依然始終處於謹小慎微、驚恐萬狀之中。他深知勤能補拙，手不釋卷，「不敢片刻疏懈」；處理政務極為小心認真，「寸心兢兢，且愧且慎」。

正是憑藉常人難以想像的忍耐力，曾國藩從小官一步步升到封疆大吏的高位。當太平天國運動興起時，清朝對許多人下達了辦理團練的旨意。但只有曾國藩憑著「打碎牙齒和血吞」的忍耐，歷經外人無從窺探的艱辛與挫折，硬是從無到有編練了湘軍，鎮壓太平天國。之前，太平天國占領清朝的半壁江山，還派出北伐軍直搗北京城，急得咸豐皇帝不得不拋出重賞，撂下狠話：「不管是誰，無論滿人還是漢人，也不論主子還是奴才，只要能攻克天京，就封他為王，哪怕是『鐵帽子王』也可以封！」如今曾國藩消滅了太平天國，按說要封他一個「世襲罔替」的王爺了。結果，咸豐的遺孀、掌權的慈禧太后反悔了，只封曾國藩為一等毅勇侯，而且老是擔心湘軍尾大不掉。掌權的慈禧太后見到曾國藩，最關心的就是：「你的湘軍裁得怎麼樣了？」曾國藩見自己功高震主、遍布天下的湘軍勢力引起朝廷的猜忌，他馬上自我謙損，主動裁撤湘軍，又順從地離開南方老巢，出任直隸總督，由此得到朝野的一致稱讚，到達聲譽的巔峰。

曾國藩把他的忍耐和務實，移植到了對外交涉中。身逢「三千年未有之大變局」，眼看西方列強裹挾著船堅炮利和現代外交體制洶湧而來，曾國藩常常「憂患之餘，每聞危險之事，寸心如沸湯澆灼」。

殘酷的事實，讓曾國藩不得不承認中國落後，沒有實力與西方爭取平等的地位，也沒有實力廢除侵略者強加在中國人身上的不平等條約。既然如此，曾國藩就主張遵守現有條約、保持和局。他認為：「夷務本難措置，然根本不外孔子忠、信、篤、敬四字。篤者，厚也。敬者，慎也。信，只不說假話爾。然卻極難。吾輩當從此字（信）下手，今日說定之話，明日勿因小利害而變。」對於弱者，不要輕易挑戰強者，不然挑戰不成，反而再取其辱。我們與其盲動，招惹更大的打擊和屈辱，不如遵守現行外交制度，利用新的遊戲規則來保護自己。這就是他信奉的「信」。

但是，曾國藩的思想超前了。沉浸在強烈民族情緒中的同胞們理解不了。

「信」，在時人看來是妥協、是退讓，甚至是投降的代名詞。即便是主流知識界也不認同曾國藩的外交思想。絕大多數人把對現實的排斥，表現為對外國的仇恨，認為一切條約都是不平等的、一切西方外交制度都是不公平的，有些人甚至盲目排外。對列強憤怒的聲討、對外交不切實際的構想，常常贏得一片喝彩，而大講「誠信」、「恪守和局」的曾國藩，自然就不為多數人所認同。

但是，曾國藩不是投降派，他所說的「信」，不是一味地退讓，不是永遠遵守強者的邏輯，而更像是韜光養晦。他說：「既已通好講和，凡事公平照拂，不使遠人吃虧，此恩信也。至於令人敬畏，全在自立自強，不在裝模作樣。臨難有不可屈撓之節，臨財有不可點染之廉，此威信也。」的確，一國的國際地位，不在於裝模作樣，不在於華麗的口號或

強硬的聲明，而在於自立自強。曾國藩希望國家能夠在和平的環境中，埋頭發展，臥薪嘗膽，以待來日。他之前低調地興辦洋務、引進火器、派遣留學生，都是在這個思想指導下進行的。

可惜，在朝野大多數人眼中，曾國藩的唯一缺點，恰恰就是他的「恪守和局」、「媚世外夷」。

接到朝廷的急令，聲望正隆、有「天下第一督」美譽的曾國藩已經五十九歲了，健康情況極為糟糕。他右眼失明，肝病加重，經常出現眩暈，乃至昏厥。一八七〇年四月十九日，曾國藩在給兒子曾紀澤的家信中坦言：「十六日余患眩暈之症……十七、十八日病狀如常，登床及睡起則眩暈旋轉，睡定及坐定之時則不甚眩暈，仍似好人。」他的日記則記載：「床若旋轉，腳若朝天，首若墜水，如是者四次，不能起坐。」這位叱吒政壇幾十年的股肱之臣，已然到了油盡燈枯的時候。

親友、幕僚和下屬紛紛勸曾國藩不要赴津。「阻者、勸者、上言者，條陳者紛起沓進」，幕僚史念祖提醒曾國藩天津騷亂異常複雜，「略一失足，千古無底」，去是下策，拖才是上策。曾國藩有充分的理由不去天津。早在一八七〇年五月二十一日，他就乞假一月臥床養病，六月又續假一月，都得到朝廷批准。當時，曾國藩正在「病休」之中。豐富的政治閱歷和敏感的直覺，已讓曾國藩預感到天津險惡，查辦騷亂毫無把握，弄不好就會惹禍上身，甚至拼卻一生的功名。

但是，曾國藩抱著「我不入地獄，誰入地獄」之心，不顧身染沉痾，懷著深深的隱憂，開始悲壯的天津之行。在出發的前兩天，曾國藩寫信給兩個兒子說：「余此行反覆籌思，殊無良策。余自咸豐三年（一八五三）募勇以來，即自誓效命疆場，今老年病軀，危難之際，斷不肯吝於一死，以自負其初心。」

教案發生後，慈禧太后下達兩項任務給曾國藩：「和局固宜保全，民

心尤不可失。」既不能得罪洋人，又不能委屈百姓，這是多麼冠冕堂皇的要求，又是多麼美好的願望啊！遺憾的是，這是不可能完成的任務。

遠在北京城裡的衙門老爺們，考量問題「全面、細膩、周到」，只要能推卸自身責任和壓力，他們根本不顧慮底下的實情和經辦人的苦衷。雖然他們要曾國藩去第一線主事，卻不授予他全權。曾國藩沒有直接的外交權力，每件事情都要「請旨辦理」。朝廷為了表示「高度重視」此事，平均三、四天就頒布諭旨給曾國藩，指手畫腳。事實上，諭旨已經規定曾國藩具體善後措施：查辦焚燒教堂、殺害洋人的凶手，查辦處置不力的地方官員。

法國方也提出非常明確且異常強硬的要求。法國公使羅淑亞不僅要求懲治凶手，而且明說此案是天津地方官員主使行凶的，要求曾國藩交出天津知府張光藻、靜海知縣劉傑及天津總兵陳國瑞三人給豐大業抵命，如果不交人，羅淑亞揚言法國政府要派遣艦隊遠征中國，「便宜行事」。羅淑亞再三照會曾國藩，要求上述三名中方官員抵命，並派翻譯官德微理亞前來交涉。曾國藩置之不理，反問：「法使稱府縣主使，究有何據？」德微理亞口塞無法回答。

一八七〇年七月十日，曾國藩抵達天津。當時，教案雖然已過二十天，但天津百姓依然激奮不已，滿城囂囂。官民上下都強烈呼籲對外強硬，拒絕退讓妥協。曾國藩的轎子在街頭根本就走不動，攔轎遞稟的官紳百姓填街溢市。曾國藩「每收一稟，其衣冠而來者，必數十或數百人」。潮水般湧來的人們不知道，在朝廷和法國的雙重壓力下，曾國藩並沒有多少自主的餘地。

曾國藩好不容易到衙門坐下來，天津地方官員又集體進謁。他們無一不主張排外，請求不惜一戰，「或欲借津人義憤之師，以驅洋人；或欲聯俄、英各國之交，專攻法國；或欲劾崇厚，以伸士民之氣；或欲調兵

勇，應敵之師。」曾國藩深切感到「天津士民與洋人兩不相下，其勢洶洶」。這是第三股壓在曾國藩肩頭的巨大壓力。

不僅是天津官民，全國輿論都要求對外強硬。天津教案成為同胞們發洩積怨，傾吐對中外現狀不滿，表達對強盛的渴望窗口。很多達官顯貴看到民心激昂，還主張利用民心，乾脆撕毀之前的一切合約，與列強再決雌雄。比如皇叔、醇親王奕譞就信心十足地認為，可以借教案激起的民間激情，將國土上的所有洋人都趕下海去。曾國藩先前鎮壓太平天國的豐功偉績，在人們看來，是可以複製到對外戰爭中去的。他們對曾國藩的「驅洋」、「滅鬼」寄予厚望。天津街頭巷尾到處傳言，說皇上調曾國藩前來，是為驅趕洋人的。為此，曾國藩不得不貼出告示，表示自己此行只是「奉命查辦」，絕對「不開兵端」。他希望能「稍靖津人躍躍欲試之心」。輿論對曾國藩現在的期望有多高，日後的失望就有多深。

清廷似乎對全民輿論一無所知，屈從法國公使的要求，決心犧牲天津知府、知縣。曾國藩只好遵命，「奏請」將天津知府張光藻、靜海知縣劉傑革職，交部治罪。暗地裡，他吩咐善待兩位革員，又請幕僚送三千兩銀子去兩人家裡，作為一時之需。

當時天津百姓團結一心，氣勢如虹。不少涉案百姓被捕入獄，城內外都視之為英雄，人人為之串供；沒有被捕的涉案之犯，家家為之藏匿。曾國藩在抓捕凶手一事上，萬分棘手。民間卻已經將天津教案依英雄史詩般理解，畫圖刻板，印刷斗方、扇面，到處流傳。有人還將之編成戲曲演出，雖然很快被曾國藩查禁，但人心向背，可見一斑。

曾國藩設立發審局，日夜懸賞線索、緝捕犯人、審犯求供。即便如此，案件審訊進展緩慢，就連從被審之人的口供，都不能敲定。審案官員千方百計、嚴刑峻法，都無法讓犯人供認一語，即便供認了，犯人也時供時翻。涉案百姓表現出崇高的民族氣節，勇於擔當，紛紛說：「只要

殺我便能了事，將我殺了便是，何必逼供。」又說：「官辦此案是國家的事，我等雖死亦說不得，但不能令洋人來辱我。」曾國藩不能不為百姓們大無畏的愛國精神所折服，可又苦於百姓們設置的重重障礙。他感覺此案「節節棘手，越辦越窘」。

北京衙門對曾國藩的勞累、苦楚視而不見，只看到案件遲遲無法了結，於是一日一函，催促結案。「又要速，又要實，又要多，又要機密」，曾國藩的幕僚都認為朝廷「信筆豪言」，「何異痴人說夢」！

曾國藩已經決定犧牲百姓，來滿足列強的要求了。他的內心經過一番糾結和掙扎：「吾輩身在局中，豈真願酷虐吾民以快敵人之欲？徒以邊釁一開則兵禍聯結，累歲窮年而未有已。」他沒有被狂熱情緒所左右，依然冷靜地做出務實的選擇。

一八七〇年七月二十五日，曾國藩的〈查明天津教案大概情形折〉送抵北京。

在奏摺中，曾國藩雖然將板子打在天津百姓身上，但同時提出五個「質疑點」，詳細解釋謠言越傳越盛、天津紳民「積疑生憤」的原因。他從中西方文化差異的角度，為天津官民辯護。比如，曾國藩指出西式建築均設有地窖，這些地窖和中國人的地窖並無差別，但因為不是本地匠人建造，以訛傳訛，天津紳民最後相信「地窖深邃，各幼孩幽閉其中」。又比如，曾國藩提到天主教的受洗儀式。教民死後，神父「以水沃其額而封其目，謂可升天堂也」。習慣用哭喪來表達悲傷的中國人，對此不可理喻，且覺得洋人詭異、鬼祟。

應該說，〈查明天津教案大概情形折〉大致是公允、客觀的。然而，慈禧太后看了奏摺後，表示「此事如何措置，我等不得主意」，下令將奏摺公開發布。發布之時，慈禧故意刪除曾國藩為天津官民辯護的五點意見，導致整個奏章都將責任推給天津百姓。奏摺一公布，原本對曾國藩

寄予厚望的輿論迅速轉向，「賣國」、「投降」、「卑躬屈膝」等罵聲劈頭蓋臉地向曾國藩撲去。

可見，慈禧並非「不得主意」，而是極富心機。她急令曾國藩去天津查辦，將曾國藩推到前線，既為了解決棘手難題，又可讓他替自己和朝廷承擔所有壓力和指責，借此打擊聲望正隆的曾國藩和異軍突起的湘軍勢力，可謂一箭雙鵰。慈禧輕輕地刪除幾段話，就把曾國藩釘在「賣國」的恥辱柱上，洗刷自己賣國的嫌疑，反襯出自己的「公正」與「愛國」。至於之前催逼曾國藩查辦天津官民的朝廷袞袞諸公，如今都三緘其口，任由曾國藩一人陷入漩渦之中。曾國藩被身後的朝廷拋棄了！

曾國藩有口難言，無法自辯。他又不能說朝廷公布的奏摺竄改了自己的意思，只好再一次「打碎牙齒和血吞」。親友和幕僚則紛紛勸告曾國藩轉換態度，討好輿論。畢竟最終的處理結果還沒敲定，曾國藩還有奮力游出漩渦、自救的機會。曾國藩沉默了。

九月，曾國藩還是奏報清廷，定首批「要犯」三十二人，其中十五人正法，十七人流徙；十月又將九名「要犯」上奏，其中正法五人，四人充軍。曾國藩根據「一命抵一命」的原則，拿二十條中國人命給被殺的二十名法國人一個「交代」。朝野直斥此舉荒謬。行刑之時，百姓萬人圍觀，為就義之人壯行。市民高呼就義者「好漢」，「好漢」們也引吭高歌。屠刀一落下，舉國譁然，可同時也堵住了法國人的嘴。暗地裡，曾國藩又派人一一撫卹死者家屬。地方官員張光藻、劉傑二人被革職，發往黑龍江充軍。曾國藩寫信給盛京將軍、吉林將軍，請求沿途予以照料；又寫信給黑龍江將軍，託付加意優待。此外，曾國藩還籌銀一萬餘兩，作為兩人贖罪之費。

曾國藩當然料到自己忤逆民意、大開殺戒，必將得罪輿論。

但是他橫下一條心，「但令大局不致從此決裂，即為厚幸；一身叢

毀，實由智淺不能兩全，亦遂不復置辯」。但他沒有料到，自己從此由道德聖人淪為舉國口誅筆伐的對象。「詬詈之聲大作，賣國賊之徽號竟加於國藩。京師湖南同鄉尤引為鄉人之大恥」，虎坊橋長郡會館中懸掛的曾國藩「官爵匾額」被人擊毀。湘籍士大夫集會，一致決定將曾國藩名籍削去，不承認他是湖南同鄉。一個舉子撰寫對聯，刻薄挖苦曾國藩：「殺賊功高，百戰餘生真福將；和戎罪大，早死三年是完人」。湘軍出身的王闓運對曾國藩也不理解，寫信給曾國藩說：「國體不可虧，民心不可失，先皇帝之仇不可忘，而吾中堂之威望不可挫！宗社之奠安，皇圖之鞏固，華夷之畏服，臣民之歡感，在此一舉矣。……倘中堂不能保昔日之威，立今日之謀，何以報大恩於先皇，何以輔翼皇上，何以表率乎臣工，何以懲乎天下後進之人！」在王闓運看來，曾國藩辜負皇恩與百姓，簡直就是個士林敗類、朝堂奸臣。

可是，激怒的同胞們似乎忘了所有的措施都是經過朝廷「恩准」的。除了曾國藩這些無奈又嚴酷的措施，旁人身處他的位置，又會如何作為呢？

曾國藩遭到全國上下的唾棄，頃刻間從政治巔峰加速滑落。他的身體狀況也更加糟糕，眩暈加重，每日有精力的時間越來越短。可是他還不能休息，天津教案尚未完全弄清，朝廷又急令曾國藩調任兩江總督。原來，前任兩江總督馬新貽被刺身亡。這普遍認為是一起政治謀殺，兩江地區出現動亂徵兆，慈禧太后又要曾國藩去當救火隊，推他進滿布荊棘的前線……

曾國藩在兩江總督任上極少對外交涉，也極少發表見解，每天除了養病，就是翻閱經書和史書。兩年後（一八七二），曾國藩死在任上。

時間往往是消除誤解最好的工具。三十多年後，無論是中國人還是外國人，都慢慢學會如何理性相處。新一代的中國人意識到西方文化和

觀念對中國發展的推動作用，付出一次次慘痛的「學費」後，了解「弱國更要講外交」；而西方列強也意識到，在中國簡單粗暴地行事，只會激化中外衝突，有百害而無一利。進入二十世紀後，西方列強政府明令禁止本國傳教士在中國「包攬詞訟」，要求在華僑民自律。法國政府則宣布放棄對在華天主教堂的保護權。在華教會勢力深入中國村社，注意緩和與中國人的衝突，教案在中國越來越少。

一、教案是近代史上的關鍵詞之一。近代教案頻繁發生，有的說是列強侵略造成的，有的說是中西方文化差異造成的，有的則指斥教會組織破壞了中國原有的社會結構。你如何理解教案頻發的原因？

二、如果你是曾國藩，請問該如何處理天津教案？有什麼辦法可以做到讓朝廷、列強和激憤的老百姓三方都滿意？

禍自內生：清王朝覆滅的三大內因

　　辛亥革命是一場相對和平的「低烈度革命」，對社會造成的破壞較小。一個突出的例子就是，革命席捲全國，但大江南北遭受戰火的城鎮極少，絕大多數都是旁觀者，平靜地經歷末代王朝的傾覆和中華民國的誕生。槍響後，各級官府土崩瓦解，官員非降即逃，少數人還嚇得不戰不跑、手足無措，等著當俘虜。個別有想法的官員，試圖抵抗一下，馬上就被人圍住了，不是手下人要求投降，就是立憲派們齊力鼓動他響應革命，參與維新。沒有人珍惜清王朝，更沒有人流血流汗，捍衛這個王朝。

　　一個王朝覆滅的原因有很多，但王朝本身肯定出了嚴重問題，內因決定事物的變化與發展。對於清王朝為什麼覆滅，我們也要從清王朝身上去尋找原因。為什麼當革命爆發後，偌大的王朝在幾個月內就被朝野上下拋棄了？

　　疾風知勁草，板蕩識忠臣。艱難困苦，尤其是危急關頭，特別能考驗一個人對國家、對體制的忠誠。在君主專制體制下，士大夫們食君之祿，就要忠君之事，既然享受體制的種種好處，就要為君主體制流血流汗。當王朝面臨生死存亡、自己又無能為力時，之前嚷嚷著「鞠躬盡瘁」、「精忠報國」的「奴才」們，理應追隨舊王朝、老主子而去，斷不能生活在「不共戴天」的新王朝中。不管是上吊、跳崖，還是抹脖子、喝毒藥，唯此才能表達自己高調掛在嘴邊的「忠君愛國」之情，才能言行一致。在古代，這種自盡行為有種文雅的叫法：殉節。

　　站在王朝角度來看，既然你宣稱把老百姓從前一個朝代的「水深火

熱」之中解救出來，愛民如子、發展國家，因此深受愛戴；既然你宣傳本朝的思想觀念深入人心，那麼當你走向覆亡之時，就一定會有官員、百姓為你挺身而出，慷慨就義或從容赴死。不然的話，難道全天下人都忘恩負義？因此，王朝危亡之際，「殉節」人數的多寡，關係到王朝的臉面，甚至是成敗。這也是檢驗王朝是否得人心的試金石。

中國歷史上，一朝亡一朝興，有太多次的朝代更替，按說會湧現出很多「忠臣」。可惜的是，每一代王朝覆滅時，最缺乏的，恰恰是「忠臣」。明朝崇禎皇帝吊死在景山上後，據說只有太監王承恩陪著上吊。全北京有超過三萬名正式編制的官員（超編的更多），為明朝殉節的還不到四十人——其中絕大多數還是被起義軍殺死的，嚴格來說，算不上殉節。大多數官員爭相迎接李自成入城，將之前口誅筆伐的「流寇」尊稱為「洪武（朱元璋）再世」；沒過幾天，又是這批人，抬著皇帝儀仗去迎接入關的滿人，向昨日的「蠻夷」下跪磕頭了。明朝如此，其他朝代也好不到哪裡去。南宋末期，元軍兵臨杭州城下，七十二歲的太皇太后謝道清，抱著六歲的宋恭帝趙㬎，看著一天比一天零落的上朝隊伍，淚流滿面，在朝堂上張貼出一道「前無古人，後無來者」的詔諭：「我朝三百餘年，待士大夫以禮。現在皇上有難、朝廷岌岌可危，士大夫們降的降、跑的跑，尚在臨安城的也在謀劃著半夜攜帶家眷、細軟跑路。你們平日讀聖賢書，自詡如何如何忠君、如何如何報國，卻在這時做這種事，活著還有什麼面目見人，死了又如何去見列祖列宗？」平日獻忠心時，大小官吏們一個比一個會表現，恨不得「死」給上司和皇帝看，可真要他們為政權去死的時候（其實僅僅是「可能」去死），溜得一個比一個快。

大清王朝的最後時刻也同樣淒涼。隆裕皇太后和溥儀小皇帝這對孤兒寡母，可憐兮兮地坐在空曠的太和殿上，主持了最後一次「朝會」。內

閣總理袁世凱請了「病假」沒來，由民政大臣趙秉鈞代勞，帶著屈指可數的幾個大臣上朝。朝會只有一項內容，就是趙秉鈞等人討要小皇帝的退位詔書，說它是「逼宮」可能更確切。接過退位詔書，趙秉鈞等人沒有哭，也沒有下跪磕頭，而是鞠了三躬後，不言語就輕鬆地轉身而去。只留下孤兒寡母繼續孤零零地呆坐在大殿上，眼看著紫禁城那厚重的大門緩緩地關閉，將清王朝推入無邊的黑暗之中。

在紫禁城外，攝政王載灃高高興興地回家「抱孩子」去，慶親王奕劻父子帶著搜刮的金銀財寶逃往天津享福了，肅親王善耆幾個月前就溜到「龍興之地」奉天（一九二八年後始稱遼寧）「懷古」去了，其他皇親國戚紛紛躲進東交民巷。袁世凱則從容剃去髮辮，搖身成為民國的臨時大總統；幾天前還通電誓言「保大清保皇上」的北洋將領們，正忙著量體裁衣，準備換裝；至於北京城的一大幫京官，則關心自己在清朝的履歷和獎勵能否被民國政府承認。清王朝「恩澤廣布」兩百多年，臨了卻沒有幾個人為它殉節。

當然，清朝的遺老遺少在編撰《清史稿》的時候可不這麼想，他們羅列了不少「忠臣義士」來為逝去的王朝臉上貼金。不過細細考究，其中不少人算不上是「殉節」。比如辛亥年間，剛剛到任、坐上轎子，還沒來得及擺威風就被革命黨人的炸彈炸得粉身碎骨的廣州將軍鳳山，實質上是被暗殺的，不算殉節。又比如在起義中被亂兵打死的雲南布政使世增、新軍統制鍾麟同等人，雖然算陣亡，但也是被動的，嚴格來說還不算是殉節。必須主動與革命為敵、頑固維護清王朝的統治，失敗後被殺或走投無路後自殺的，才算是殉節行為。由於辛亥革命期間為清朝殉節的官員人數極少，因此我們能在一篇文章中將這些人一一簡介。

最應該殉節的是各地的封疆大吏們，包括總督、巡撫、將軍、都統、提督、總兵等。他們受恩最重，得到的好處很多，且守土有責。遺

憾的是，他們之中的多數人都像湖廣總督端澂那樣，還沒見到起義軍的影子，就帶著家眷和細軟開溜了；少數人則剪掉辮子，跳入革命陣營，咸與維新了。

地方大員中，為清朝殉節的第一人是西安將軍文瑞。他是滿人，在西安光復後固守旗城頑抗，城破後又組織滿人巷戰，戰至八旗子弟死傷慘重。部下見敗局已定，勸文瑞逃跑。文瑞說：「吾為統兵大員，有職守不能戡亂，重負君恩，唯有死爾！」文瑞口授遺書後，從容整理衣冠，投井自殺。文瑞是清朝的世襲男爵，殉節是理所應當的。辛亥革命前後，社會上反滿、排滿情緒嚴重，一度流傳「殺盡滿人」的謠言，因此不少地方的滿人，雖然早已不習鞍馬，為了身家性命，依然拚命抵抗。文瑞的「殉節」可能也帶有「自衛」的功利目的，「忠君報國」的色彩沒有想像的那麼濃。如果革命黨人做好解釋工作，禮遇滿人，說不定文瑞也會選擇和平繳械──就像絕大多數滿人軍官做的那樣。西安左翼副都統克蒙額、右翼副都統承燕也自殺殉節。

辛亥革命中，滿人激烈頑抗的另一座城市是福州。八旗子弟和起義新軍在城內外爆發激戰。滿人、閩浙總督松壽在清軍失敗後，吞金自殺殉節，諡「忠節」。福州將軍樸壽兵敗後被俘，企圖逃跑，被即行正法，也算是殉節，諡「忠肅」。此外，珍妃的堂兄志銳在革命前夕出任伊犁將軍。別人勸他別去上任，志銳毅然決然地跑到新疆上任，積極武裝滿人和蒙古人，監視壓迫新軍官兵，結果激發衝突，在新軍起義中被殺，也算是殉節。

在富庶的江浙地區，只有鎮江副都統愛新覺羅·載穆一人殉節。載穆是皇族，在輩分上還是溥儀的叔叔，殉節本是應當。其實在八國聯軍攻破北京時，載穆就「殉節」了一次，只是被人及時救回，沒死成。這一次，鎮江城內外都熱情響應革命，麾下的滿人官兵都一心開溜或者投

降，就剩載穆一人還效忠皇帝，所以當載穆自殺時，再也沒有人來救他了。據說，載穆死前還對左右說：「吾上負朝廷，所欠止一死爾！」他可能是革命中唯一殉節的皇族成員。

署荊州左翼副都統恆齡的殉節，最熱血激昂。當湖北革命旗幟飄揚時，恆齡選了一個早晨，穿戴好官服，端坐在堂上，拔出手槍對著胸口就是一槍，堪稱壯烈。清朝追諡他「壯節」。他死後第三天，上司——荊州將軍連魁，與同事——右翼副都統松鶴就大開城門，投降革命黨人了。同省的安陸知府桂蔭頑抗了很長時間，最後起義軍圍攻知府衙門、劫走他的印信，桂蔭帶著妻子富察氏逃入文廟，夫婦倆一同縊死在文廟大殿中。以上說的都是殉節的中高級滿人官員。

第一個「殉節」的漢人地方大員是山西巡撫陸鍾琦。不過，陸鍾琦不是自盡，而是被起義軍亂槍打死的。其實，陸鍾琦在太原起義爆發時剛剛到任一個月，一直徘徊在頑抗、響應起義和掛印逃跑三個選擇之間。起義突然爆發了，陸鍾琦、妻子唐氏、兒子陸光熙和多名僕人被殺，孫子也被刺傷。陸鍾琦闔門遇難，立刻被清政府樹立為「正面典範」，說他「滿門忠烈」。陸鍾琦獲諡「文烈」，陸光熙獲諡「文節」，唐氏也得到旌表。其實，陸鍾琦的兒子陸光熙是留學日本的新派人物，贊成革命，是來山西勸說父親起義的，結果被起義同志誤殺，竟然被清政府拿來當典範用了。

江西巡撫馮汝騤是個「淡定哥」。革命爆發後，他不戰、不降、不跑，待在南昌紋絲不動。一方面，馮汝騤知道無力阻擋革命，不願意與革命為敵；另一方面，他又念及朝廷的「恩遇」，不願意響應革命，乾脆以不變應萬變。江西獨立後，各派勢力不僅沒有動馮汝騤，還要推舉他為都督。天上掉餡餅，馮汝騤卻不能「淡定」了，溜出南昌向北方逃去。逃到九江，馮汝騤被起義軍扣留，軟禁在客棧。其實未必有生命之虞，

馮汝騤卻杞人憂天，服毒自殺了。江西獨立時，他不在南昌殉節；起義軍要推舉他為都督，他卻自盡在逃跑的途中，實在算不上是為清朝盡忠。清廷詔諡「忠愍」。

雖然殉節的漢人官員沒有滿人官員那麼多，但在革命期間，抵抗革命軍最有力的恰恰是漢人將領。比如，辛亥革命只在兩個地方爆發大規模戰爭，一處是武漢，一處是南京。在兩地指揮清軍頑抗的，恰恰是兩個姓張的漢人將領，武漢是張彪，南京是張勳。兩人都出身貧寒，有著悲慘的童年和少年，青年從軍，扛槍吃糧，不想在清末的亂世中平步青雲，做到了封疆大吏。社會地位的巨大躍升，反而讓這兩個漢人窮人家孩子對清王朝感恩戴德，賣力地組織抵抗。而那些出身豪門的官僚們，沒有切身體會，對朝堂的感情也不深，該跑的跑，該降的降。在革命氣氛濃厚的廣東，就有一個例子。潮州總兵趙國賢是河南項城的漢人，小時候靠為別人傭耕維生，當兵吃糧後步步升至總兵。民軍圍攻潮州時，趙國賢率兵頑抗，失敗後面向北方磕頭說：「臣以一介武夫受恩深重，待罪海疆二載，於茲力盡聲嘶，外援不至。死不足惜，但苦吾民爾！」最後上吊殉節，諡號「忠壯」。

圍繞著「殉節」，清朝官吏還上演了不少滑稽戲。以下講兩個「另類」的殉節笑話，都發生在武漢，主角也都是漢人。

武昌首義後，湖廣總督端瀓早就鑽狗洞，跑到軍艦上隨時準備開溜了；湖北布政使連甲也不知躲到哪裡去了。湖北省政府的第三高位、湖北按察使馬吉樟聞變，卻動起「殉節」的念頭。他不許家人收拾細軟開溜，自己穿戴整齊朝服，捧著大印，來到按察使司衙門大堂坐定，下令打開衙門，就等著革命軍上門，準備「慷慨就義」。開始時還有衙門的幕僚、差役陪著馬大人，很快就陸續開溜，只剩馬吉樟一個光桿司令了。接著就有路過的老百姓，向衙門裡探頭探腦，好奇地看著呆坐在那的按

察使大人，可能是把馬吉樟當成唱戲的或雜耍的了。偏偏革命軍就是沒來。按察使司是負責司法刑獄的，既不管軍械，又沒有錢糧，政府都沒了，誰還在意前政府的法律呢？起義軍壓根就沒把按察使衙門當作目標。馬吉樟等了半天，硬是沒等到「就義」的機會。倒是他的老婆、小妾們等不及了，擁到大堂上，一看馬吉樟傻楞楞的樣子，啞然失笑。幾個女流之輩七手八腳脫下馬吉樟的朝服，扔掉大印，幫他換上便裝，然後帶著早就收拾好的金銀財寶，也開溜了。馬吉樟拗不過妻妾們，最終沒當成忠臣。說不定，馬大人心底喊冤：「我本欲殉節，奈何妻妾不從也！」既然能輕易被妻妾們改變主意，說明馬吉樟本就不想殉節。

不想殉節的人，藉口可多了。除了「妻妾不從」外，還有「家有八旬老母」，或「忍辱負重，重振朝綱」等。殉節成仁的理由只有一條，逃避的藉口卻有千萬條。因此，變節者總比殉節者多。

第二個「另類殉節」的人，是原新編陸軍第八鎮步兵第十五協二十九標標統張景良。武昌起義後，張景良附和革命，還出任了湖北軍政府參謀部副部長。一次在軍政府會議上，張景良突然大喊大叫，用頭撞擊黎元洪。革命軍把他逮捕。不過黎元洪看好張景良，出面證明張景良只是暫時精神不正常，把他保釋出來。陽夏保衛戰打響後，張景良出人意料地表示要到前線殺敵立功，還願意以全家人作為人質。革命黨人面面相覷，最後勉強同意張景良出任前線總指揮。張景良到達前線後，故意拖延時間，不做任何作戰部署。後來，軍政府發現部隊混亂，就越級下令，代替張景良下達指令。戰鬥打響後，革命軍和清軍激烈戰鬥。張景良這個前線總指揮，棄軍不管，還在相持的關鍵時刻，突然放火焚燒軍需物資，造成革命軍彈藥告罄，傷亡過大，節節敗退。漢口保衛戰的失利，張景良「功不可沒」。事後，張景良在漢口找個地方躲藏起來，被革命軍發現後抓起來，以「通敵」罪槍斃。

《清史稿·忠義傳》記載：「景良臨刑夷然，仰天大言曰：『某今日乃不負大清矣！』」《清史稿》能夠挖掘出張景良這麼好的「典範」來，著實不易。可是，張景良的行為也算不上是「殉節」，而是超越殉節，上演了一場「無間道」。

需要指出的是，殉節是官員階層的特權，而且還要是一定級別的官員。布衣之身是沒有殉節榮耀的。普通老百姓，或者基層的小官吏，即便對王朝感情再深，殉節行為再慷慨、再激昂、再壯烈，朝廷也看不到，更得不到像中高級官員那樣的哀榮。其實，普通人的為國赴難，表現出對王朝的感情才是真摯、可貴的。所以，史官們在修前朝史書時，留意挖掘基層的殉節故事，借此證明王朝恩澤深入民心。《清史稿》也不能免俗。遺憾的是，基層人物極少有為清朝殉節的。《清史稿》好不容易才找到一個叫胡國瑞的人：

胡國瑞，湖南攸縣人，舉人出身。清王朝對長期考不中進士的舉人有一項「大挑」的制度，就是挑選那些能寫官樣文章、滿口官話，且長得就像是當官的人來當官。光緒二十九年（一九〇三），胡國瑞就被挑中，分配到雲南候補。之後幾年，胡國瑞在雲南當過幾個窮地方的官，都是短期的小官。晚清，官場競爭激烈，當官不僅要拚關係、拚人脈、拚金錢，還要拚智慧、拚說話、拚表現。那些沒錢沒背景，不會說話、不會表現的人，就只好在小官、下僚的職位上徘徊，在窮鄉僻壤屁股還沒坐熱，就被調任、閒置、候補。胡國瑞不幸就屬於這類混得不好的小官。辛亥革命爆發時，胡國瑞已經被解職了，準備「修墓歸里」，也就是混不下去，要回湖南了。當地訛傳北京城破，胡國瑞就跳井自盡了。這麼好的一個案例，《清史稿》自然不會放過。書中記載，胡國瑞還在背上寫下遺書（不知道他是怎麼寫上去的），說：「京師淪陷，用以身殉。達人不取，愚者終不失為愚。」胡國瑞自認「愚者」，的確沒錯。那些聰

明的「達人」、「達官」們，在清朝官越當越大、缺越補越肥，賺了金山銀山，革命發生後又安然脫身，下半輩子享福去了，或混入革命陣營繼續當官。反倒是胡國瑞這樣的「老實人」，孤獨地為一個並未惠及自己多少恩澤的舊王朝殉葬去了。不知胡國瑞孤零零地走在黃泉路上，會不會感慨：知府、道臺、巡撫大人們怎麼都沒來呢？

殉節的人少，也就意味著革命的阻力小。槍聲響起，清朝各級官員望風而逃，地方政府土崩瓦解。辛亥革命之所以能夠以較小的代價完成，這場革命之所以被稱為一場「低強度的革命」，很大程度上還要感謝那些貪生怕死、落荒而逃的清朝官吏們。

體制內部信仰缺失、口是心非、鮮廉寡恥的官僚，實際上也是政權的敵人。相比體制外的敵人，這些內部敵人更加危險。因此，對一個健康的體制來說，剔除內部的無恥官僚，至關重要。如何遴選出戴著面具的官員，如何將意識形態真正融入體制的血液中，考驗著每個政權的自信、智慧和能力。

有個笑話是這樣的：幾個八旗軍官的孩子在「較量父親」。一個孩子說：「我爸有隻白雀，叫得很響、很清脆！」一個孩子說：「我爸會唱戲，他登臺唱戲，下面叫好聲排山倒海！」第三個孩子對第一個孩子說：「你家養白雀的鳥籠子，是我爸做的。」又對第二個孩子說：「你爸登臺那時，是我爸帶人去捧場的。」

第三個孩子問第四個孩子：「你爸會做什麼？」第四個孩子高聲說：「我爸會騎馬！」前三個孩子一齊豎起大拇指說：「你爸最厲害！」

請注意，這四個孩子的父親，都是軍官。不管這四個父親哪個最厲害，都是莫大的諷刺，對大清王朝來說，都不是什麼好事。

這笑話說的是晚清時期，反映了八旗武裝腐朽沒落的事實──當時杭州上萬八旗子弟，還真只有一個人會騎馬。一九一一年，革命青年溫

生才單槍匹馬刺殺廣州將軍孚琦，上演一場現實版的「笑話」。光天化日之下的廣州街頭，溫生才手持槍械，衝到重重護衛的孚琦轎子前，開了第一槍。孚琦並沒有被射中要害，大喊救命。周圍的八旗親兵、護衛竟然「相顧錯愕」，茫然不知所措。溫生才對準孚琦頭部，開了第二槍，孚琦這才斃命。溫生才不放心，又補了兩槍。等他確認孚琦已死，再環顧左右的時候，驚喜地發現：數十名親兵、護衛早已經逃散一空！最後，溫生才從容地走過大街小巷，逃出城去。

事後，孚琦的夫人要追究衛隊官兵的責任。他們護衛將軍有責，竟然聽任刺客連開四槍，又逃散一空，不算臨陣脫逃，也算是失職吧？負責的一名標統（相當於團長），也是八旗子弟，為此憂慮得昏厥倒地，家人好不容易才把他灌救過來，鬧了第二個笑話。孚琦夫人見此，不得不大事化小，不再追究。

孚琦遇刺後，滿人官吏閉門謝客，不輕易上街，偶爾上街也加強戒備，攜帶重兵護衛。那些當兵的旗人，很不願意護衛長官出巡，擔心連累自己死於革命黨人槍下。一次，福州將軍樸壽外出，那場面搞得像軍事演習一樣。一大群荷槍實彈的八旗官兵，團團圍住樸壽的轎子，在福州街頭搜尋前進。突然，一聲槍響！樸壽嚇得七魂出竅，摸摸身上沒事後，大喊「救命」；護衛旗兵不是臥倒在地，就是跑到街邊躲避。這場鬧劇的起因，只是一個護衛士兵過於緊張，手槍不小心走火了。一聲槍響，把官兵們紙老虎的本質暴露無遺。不知道能征善戰的八旗祖先們，看到子孫這個模樣，作何感想？

八旗子弟崛起於白山黑水，由弱變強，以幾萬之眾，最後蛇吞象一般，占領了大江南北，建立了大清王朝。時人誇耀說，「滿洲兵至萬，橫行天下無可敵」。怎麼才過了兩百多年，當年的鐵騎就變成草包了呢？

這都是旗人咎由自取。當年，清朝全靠八旗鐵騎南征北戰才奪得江

山，王朝建立後，還得依靠八旗軍隊控制天下。入關後，清朝規定八旗子弟專事武裝，不得從事其他行業。八旗武裝除了守衛北京城（京師八旗）外，扼守天下重鎮、要害，稱駐防八旗。駐防八旗的「戶口」、「編制」都在北京，本質上算是中央外派地方工作人員，還會調回北京或調防他處。這套駐防制度的本意，是保持八旗子弟的武力，依賴精幹的八旗武裝，鞏固統治。

為此，清朝給予八旗官兵穩定、豐厚的待遇，免除他們的後顧之憂，專心當兵。一個有編制的八旗士兵，一個月能拿到三四兩銀子的俸祿，和縣官是同一水準。此外，他們還有很好的福利，比如廣州駐防八旗兵有紅白事賞銀、蔬菜、劈柴、食鹽等等。這些待遇是終身的，只要當過兵，一生都能領取錢糧。八旗兵死後，妻子幼兒的生活也由部隊負責。只要有一人當兵，就可以保證一家人生活無憂。此外，八旗子弟還有大量「當差」的機會，比如押送、工程、慶典等，除了能拿補助，還有不菲的「灰色收入」。海關的關丁、漕運的漕丁和鹽運的鹽丁等差使，規定只能由八旗子弟擔任。這些可都是肥到流油的好差使。可以說，八旗子弟在理論上，根本不用愁生計。每個旗人家庭都能從體制中獲得一份穩定、豐厚的收入。

以上還只是一般的工作，或者說是留給底層旗人的基層崗位，就已經讓為生計奔波的漢人羨慕了。旗人但凡有點能力，能寫幾個字，更有大把升遷的機會。比如漢人和旗人的科舉是分開的，滿人科舉的競爭小於漢族科舉。考不上，旗人還可以去各個衙門抄抄寫寫，稱為筆帖式，給編制、給品級，有大把大把升遷的機會，成為封疆大吏的不在少數。不識字的，可以參選紫禁城、各王府和達官顯貴的侍衛，那也是有品級的，而且還不低。

清朝官制中特別有「缺」的內容，即對很多崗位有民族要求。比如

六部尚書必須滿漢各一人，侍郎滿漢各兩人，這自然對人少的旗人有利。很多崗位乾脆就專供旗人，比如內務府系統。

在清朝，旗人一出生，就捧上鐵飯碗。用他們的話說是「鐵桿子莊稼」。稍微像樣一點，就能混上知府、知縣、主事什麼的；即便一輩子當兵，退休前也能落個一官半職。

這套制度在執行的時候，很快就走了樣。什麼都不做，就有體制保障，能一輩子衣食無憂，那誰還去讀書學習、去做事啊！八旗子弟迅速懶惰下來，悠遊無事，進而養尊處優，每月等朝廷發一份錢糧來花銷。反正大家都一樣，做與不做，做得好壞，人人都領一份「月錢」，結果誰都不去操練，也不去關心時事了。八旗戰鬥力迅速下降。入關時，八旗軍隊衝鋒在先，戰績輝煌；二、三十年後吳三桂造反，八旗軍隊就要拉綠營（漢族軍隊）共同行動了，八旗為主，綠營為輔；等洋人打進來時，八旗軍已經打不動了，不得不以綠營為主，八旗為輔；太平天國造反時，八旗軍徹底不行，先是綠營為主，後來又讓位於地方武裝團練。湘軍、淮軍就是在此時興起的。之後，八旗軍在軍事上就徹底邊緣化了。

與此形成鮮明對比的，是八旗軍隊的開銷越來越大。比如各地駐防八旗，最初核定編制都是幾千人，超過五千人的極少。到近代，每一地的駐防八旗都超過萬人。打仗不行，隊伍卻飛速膨脹。旗人拖家帶口，把當兵、當差變成一份職業，一個生存的保障。朝廷規定，駐防官兵不准於當地置產，死後不准於當地設立墳塋。在現實中成了一紙空文，八旗子弟該安家的安家，該娶小妾的娶小妾。他們連操練都不當一回事了，還會在乎軍紀嗎？

不做事，旗人們都在做什麼？人家忙著呢！泡茶館、養寵物、玩票、賭博、鬥蟋蟀、放風箏、玩樂器、製風箏，漢人吃喝玩樂、休閒遊戲的事情，他們都學會了，還自創許多娛樂形式——對中國民間文化來

說，旗人立下大功。圍繞駐地，旗人聚居，形成「旗城」，自成體系，有別於其他城區。

慢慢的，不少旗人還是變窮了。一方面是家族繁衍，人口越來越多。但是這個體制能夠提供的鐵飯碗是有限的，不能吸納快速增加的旗人人口，注定有很多人補不了缺、當不了差，「閒散」下來。更主要的是，旗人只會享受，不會理財。發的「月錢」和其他收入，如果好好計劃，完全可以保證一家人的正常生活，但承受不了天天吃喝玩樂。由儉入奢易、由奢入儉難，旗人一旦養尊處優慣了，開銷越來越大，又不事生產，自然入不敷出，開支窘迫了。不過，他們普遍不在乎。只要清朝不亡，「鐵桿子莊稼」就在，月錢還得發。旗人們仗著特權身分，到處賒帳，竟然變成一項時尚。明明口袋裡有錢，也要賒帳；明明揭不開鍋，還要上館子、逛戲院，似乎唯此才能彰顯身分。

滿族出身、父親在紫禁城當兵的老舍先生，寫有自傳性質的《正紅旗下》，生動描述清末北京城旗人的生活狀態。老舍大姐的公公和婆婆，就是一對「活寶」。

大姐的公公「除了他也愛花錢，幾乎沒有任何缺點。我首先記住了他的咳嗽，一種清亮而有腔有調的咳嗽，叫人一聽便能猜到他至少是四品官。他的衣服非常整潔，而且帶著樟腦的香味，有人說這是因為剛由當鋪拿出來，不知正確與否」。「無論冬夏，他總提著四個鳥籠子，裡面是兩隻紅頦，兩隻藍靛頦。他不養別的鳥，紅、藍頦雅俗共賞，恰合佐領的身分。只有一次，他用半年的俸祿換了一隻雪白的麻雀」。

「親家父親雖是武職，四品頂戴的佐領，卻不太愛談怎麼帶兵與打仗。我曾問過他是否會騎馬射箭，他的回答是咳嗽一陣，而後馬上又說起養鳥的技術。這也的確值得說，甚至值得寫一本書！看，不要說紅、藍頦們怎麼養，怎麼遛，怎麼『押』，在換羽毛的季節怎麼加意飼養，

就是那四個鳥籠子的製造方法，也夠講半天的。不要說鳥籠子，就連籠裡的小瓷食罐、小瓷水池以及清除鳥糞的小竹鏟，都是那麼考究，誰也不敢說它們不是藝術作品！是的，他似乎已經忘了自己是個武官，而把畢生的精力都花費在如何使小罐、小鏟，咳嗽與發笑都含有高度的藝術性，從而隨時沉醉在小刺激與小趣味裡」。

大姐婆婆「口口聲聲地說，父親是子爵，丈夫是佐領，兒子是驍騎校。這都不假；可是，她的箱子底上並沒有什麼沉重的東西。有她的胖臉為證，她愛吃。這並不是說，她有錢才要吃好的。不！沒錢，她會以子爵女兒、佐領太太的名義去賒。她不但自己愛賒，而且頗看不起不敢賒、不喜歡賒的親友。雖然沒有明說，她大概可能這麼想：不賒東西，白做旗人」！

「對債主子們，她的眼瞪得特別圓，特別大；嗓音也特別洪亮，激昂慷慨地交代：『聽著！我是子爵的女兒，佐領的太太，娘家婆家都有「鐵桿子莊稼」！俸銀、俸米到時候就發下來，欠了日子欠不了錢，你著什麼急呢！』這幾句豪邁有力的話語，不難令人想起兩百多年前清兵入關時的威風，因而往往足以把債主子打退四十里。不幸，有時候這些話並沒有發生預期的效果，她也會瞪著眼睛笑那麼一兩下，叫債主子嚇一跳；她的笑，說實話，並不比哭更體面一些」。

近代外國人觀察八旗軍隊，描述他們是一群穿著五顏六色的綾羅綢緞，提著煙槍、鳥籠，哼著曲子，嘻嘻哈哈的老百姓。他們的馬僱人牽著，槍僱人扛著，做個樣子罷了。就是當差的關丁、鹽丁，也不自己做了，早就僱了下人去頂替。不得不操練或「幹部選拔」考核的時候，旗人也僱槍手。「鐵桿子莊稼」是拔不了的，多少人靠形式主義混飯吃，於是考場上大家都睜隻眼閉隻眼，你好我好大家好。羅鍋、瘸子、聾子，都擠入軍隊。加上腐敗，坐吃空餉，揮霍浪費。八旗軍隊成了養老院、福利院。

最可怕的是，旗人們坐吃山空，還理直氣壯，覺得被人養就是理所應當。「以大姐的公公來說吧！他為官如何，和會不會衝鋒陷陣，倒似乎都是次要的。他和他的親友彷彿一致認為他應當食王祿，唱快書，和養四隻靛頦。一些有識之士，也覺得游手好閒、坐吃山空不是辦法，也有去學習手藝的。但是這樣的人，反而受旗籍人的冷眼，認為他們沒有出息。」少數旗人，也想拋棄鐵飯碗，自立自強，或者生活難以為繼，想學門手藝，做個小買賣，養家活口。不過，他們都偷偷摸摸的，像在做見不得人的事。一旦擔著貨擔，遇到熟人，他們得說：「嗨，閒著沒事，來玩玩！」「這不是買賣，就是個玩意。要不，您也來吆喝兩聲？」

供養八旗子弟成為清朝的沉重負擔。各部八旗長官，最擔心的不是軍隊戰鬥力，不是軍紀，而是如何養活那麼多張口。開支越來越大，朝廷的撥款是一定的，只能出現虧空，整個部隊、整個體制都拆東牆，補西壁，不堪重負。每當發錢糧的時候，就是長官們最頭痛的時候。錢糧發得遲了，或者成分不好，就有旗人找上門來鬧，大喊「祖宗把血和汗都流盡了，我們就該拿份『鐵桿子莊稼』」，大叫「貪官無道，侵害良民」。官府還得好言相勸，不敢得罪。日子久了，賒帳多了，透支重了，高低貴賤的旗人都牽涉其中，一致要求「解決生活困難」。朝廷或地方政府就得出面，接下旗人的爛帳，拿公款補貼旗人的私債。

清政府在後期徵收很重的稅，相當一部分用來養活游手好閒的旗人。

然而，大清王朝供養八旗子弟，維持他們高標準的生活是有條件的，就是指望他們在危難時刻保衛朝廷。晚清內憂外患，就需要八旗子弟出來「還債」，保衛朝廷了。清政府也很重視八旗軍隊的改良，引進先進武器，希望訓練出近代化的八旗武裝。

退膛炮代替了舊式大砲，嶄新的步槍代替大刀，最新出廠的馬克沁機槍代替長矛，清政府把最好的武器撥給八旗子弟。結果怎樣呢？照樣

是形式主義，槍是領了，但被旗人鎖在櫃子裡，看都沒看；等到欽差大臣來閱操時，不得不杵著槍，站一會兒。建制是新的，訓練是新的，辦的差事也是新的，但旗人還是僱人去出操出工。辛亥革命爆發時，很多旗人連射擊都不會，談何抵抗？

一些長官也想有所作為。在革命前夜，他們多少感覺到危險臨近，不得不整頓軍隊，預作準備。在革命風起雲湧的廣州，駐防八旗編練了三個營新軍，將近兩千人。練了兩年，廣州將軍實彈射擊，下死命令，要求必須是旗人親自射擊。結果場面亂成一團，多數人僱人來裝填彈藥，只有少數人會開槍，至於能射中靶子的人，屈指可數。

不過，不知情的革命黨人和新軍官兵，對裝備先進的旗人還是很忌憚，在戰術上很重視旗人武裝。畢竟旗人占著要害重鎮，那黑洞洞的炮口、明晃晃的鋼槍，都在那擺著呢！弄不好，要犧牲好多革命同志。結果，他們發現旗人壓根不足為慮。多數旗人在槍響後，都乖乖待在家裡，靜候新政權來收編。少數旗人跑出家門，一哄而散。只有個別地區的旗人武裝，擔心反清排滿風潮，害怕漢人也來個「揚州十日」、「嘉定三屠」，所以拿槍頑抗。革命軍發現，對付頑抗旗人最好的辦法，就是找掩體藏好，聽旗人劈里啪啦地開槍。等旗人子彈打完，他們就會豎白旗投降。旗人射擊根本沒有準確度可言，只要不被流彈擊中，革命軍可以保證無傷亡。如果等不及聽完「槍炮交響曲」，你只需要用猛烈的火力壓制一下，旗人也會投降。害得個別想抵抗的軍官，無兵無將，無法「殺敵報國」。鎮江的載穆就有心抵抗，奈何部下旗人全都要求投降，只好一個人孤單地上吊殉節去了。

京師八旗的兵額最多，裝備也好。尤其是禁衛軍，在各支八旗隊伍中算是先進的。皇室用它來貼身護衛。南北和談達成，禁衛軍兵心不穩。他們倒不是要挽救清王朝，而是擔心清朝沒了，自己當不了禁衛

軍，沒了月錢和待遇。身為統領的馮國璋只好拿著「優待清室條件」，集合全體禁衛軍官兵訓話。他詳細說明皇室和八旗子弟的待遇不變，禁衛軍照常當差，不會有變動。官兵還是出現騷動，哭泣聲、叫罵聲不絕，甚至有人持槍拔刀，大聲鼓噪。馮國璋以性命擔保，承諾與禁衛軍進退一致。官兵們不相信，騷動愈演愈烈。最後，馮國璋登臺高呼，如果大家不信任，可以推舉兩個人持槍日夜守在我身邊，如果發現有違背諾言之處，可以立刻將我擊斃。禁衛軍這才慢慢安靜下來，平靜接受王朝覆滅的事實。之後，禁衛軍被改編為陸軍第十六師，馮國璋守信用，一直保證這群老爺兵的「待遇不變」。結果，由京師八旗改編而來的第十六師，上陣不行，鬧餉在行，成了直系軍閥的一大負擔。

辛亥革命能夠以很小的代價，相對和平地成功結束，旗人們也有一份功勞。革命黨人如果事先降低排滿的宣傳態度，突出「五族共和」，申明保護旗人生命和財產安全，估計連那一小部分抵抗的旗人也會靜靜待在家裡，等待新政權來收編。旗人對革命的「功勞」也會更大。

清朝的覆亡自然有多方面的原因，八旗子弟的顢頇糊塗、懦弱無用，不能不說是重要原因。

八旗子弟是被王朝體制廢掉的一群人。一個人不是憑真才實學、憑艱苦奮鬥，而是憑血緣關係獲得穩定的收入，躺在一個體制上閒逸度生、坐享其成，換成你，人生也會被廢掉，虛度終生。八旗子弟荒廢的悲劇，提供給後世的制度設計、人事激勵等寶貴的教訓。

客觀地說，在中國歷朝歷代當中，清朝的表現還算是比較優秀的：歷屆皇帝都很勤勉。清朝的中央集權和君主專制達到歷史巔峰，皇帝們在工作量大增的情況下，沒有罷工、曠工，也沒有把工作量推給身邊的太監，甚至連荒淫無道、低能弱智的皇帝都不曾出一個，相當不容易；清朝尊崇儒學，弘揚儒家思想，並以此自我約束，公開承諾「永不加

賦」，還真的在法律上、明面上做到了低稅負；清朝經濟繁榮，保持了兩百年的社會穩定。從明朝後期開始，中國人口開始急遽增加，清朝不僅比之前的朝代多養活幾億人口，還貢獻了傳統社會的最後一個盛世：康乾盛世。

儘管清王朝表現優秀，但它卻是口碑最差的王朝之一，差到可以用臭名昭著來形容。後人一想到專制王朝的反動、黑暗和腐朽，腦海中就浮現出清朝。人們熟悉的是，近代中國積貧、積弱，清政府面對頹勢，束手無策，讓國家任人宰割。後人普遍認為，清王朝要為近代中國跌入悲慘深淵、錯失發展的良機負責。更惡劣的是，清王朝在晚期屠殺追求變革的仁人志士，與多場變革運動為敵，彷彿逆歷史潮流而動。這些都讓後人對它沒有好感。總之，清王朝是個傳統意義上的好王朝，卻不是現代標準下的好朝代。

改革，是晚清的關鍵詞。即便是滿人統治階層，在內憂外患之中，也意識到非改革不足以挽救統治了。就連被很多人視為頑固派首領的慈禧太后，也「何嘗不許更新」。她扼殺了維新變法，卻主導清王朝最後十年的新政運動；她廢除維新派的變法主張，但她自己走得比維新派還要遠，就連維新派不敢提出的「設議院」、「立憲法」，慈禧也下令實施了。在一九〇一年一月二十九日頒布的新政上諭中，慈禧把話說得很明白：「世有萬祀不易之常經，無一成不變之治法。」「法敝則更，要歸於強國利民而已」，她也是希望變法圖強的，畢竟國家強盛也符合慈禧及其滿人權貴的利益。她在上諭中坦率說道：「誤國家者在一私字，禍天下者在一例字。」

晚清改革熱火朝天，卻沒有鞏固清王朝的統治，而是引發更多問題，把王朝引向毀滅。改革官制、裁撤機構、清退冗員、廢除科舉、鼓勵留學、興辦實業、頒布新律，晚清似乎在向現代社會靠攏。難能可貴

的是，清政府高舉「君主立憲」大旗，敕令建立各級代議機構，制定憲法大綱，主動進行政治體制改革。最後在革命黨人的炮火中，攝政王載灃還代表愛新覺羅皇室，宣誓遵守「憲法重大信條十九條」。大範圍、深層次的全面改革，為什麼會把改革者拖入死亡漩渦呢？

改革，意味著某種程度的妥協。為了更高、更大的利益，一些團體或機構要放棄部分既得利益。高度集權和君主專制已經被證明無法挽救國家危亡，民主和共和成為時代發展的潮流。那麼，為了國家富強和民族復興，掌權專政的滿族權貴就要適當放棄部分權力。而權力，恰恰是他們緊緊握在手裡，不願意放棄的。

慈禧太后富有政治閱歷和權力手腕，長期的政壇搏殺讓她異常珍惜手中的權力。慈禧等滿人權貴還非常看重列祖列宗的江山社稷，希望能永保特權。他們改革的目的，是維護占人口少數的滿族人利益，這是改革的首要目的；其次才是富國、強民等。比如，晚清用人不重真才實學，多用「苗正根紅」之輩。「官二代」、「爵二代」當道。慈禧臨終時，將政權和改革大業推給不到三十歲的載灃。為什麼選載灃？載灃胞弟載濤的判斷是：「載灃是我的胞兄，他的秉性為人，我知道得比較清楚。他遇事優柔寡斷，人都說他忠厚，實則忠厚即無用之別名。他日常生活很有規律，內廷當差謹慎小心，這是他的長處。他做一個承平時代的王爵尚可，若仰仗他來主持國政，應付事變，則絕難勝任。慈禧太后執掌政權數十年，所見過的各種人才那麼多，難道說載灃之不堪大任，她不明白嗎？我想絕不是。她之所以屬意載灃，是因為她觀察皇族近支之人，只有載灃好駕馭，肯聽話，所以先叫他當軍機大臣，歷練歷練。慈禧太后到了自知不起的時候，光緒帝雖先死去，她仍然貪立幼君，以免翻她從前的舊案。但她又很明白光緒的皇后（即後來之隆裕太后）亦是庸懦無能、聽人擺布之人，絕不可能叫絕來重演『垂簾』的故事，所以既決

定立載灃之子為嗣皇帝，又叫載灃來攝政。這仍然是從她的私見出發來安排的。」在慈禧等人看來，人的能力可以培養，經驗可以累積，而「根正苗紅」的出身卻不是人人都具備的。這是他們的「私見」。這種任人唯親的用人方針，注定清王朝得不到多數人的認同和支持。

載灃上臺後，一大群年輕氣盛、輕率妄為的滿人王公竊據要職，成為改革的領導者。載灃組成「兄弟連」集體亮相，外行掌大權，內行靠邊站。對軍事一竅不通的皇親國戚占據要職，小材大用；有軍事才能和帶兵經驗的鐵良、薩鎮冰、良弼等人則退居其次，大材小用。

清末新政的一大重要舉措是成立貴冑法政學堂，招收王公世爵四品以上宗室及現任二品以上京內外滿、漢文武大員的子弟入學。此舉名義上是提高滿人權貴的法律和政治素養，服務新政改革。內閣學士，宗室寶熙在給慈禧太后、光緒皇帝的奏摺中坦言：「我朝本周室親親之仁，列爵十四，錫封五等，屏藩帶礪，歷久常昭。憲政實行，此項親貴皆須入上議院議事。若復懵於學識，於外交、內治一切未諳，將來非故與下議院反對，即不免與下議院附和雷同，馴至才望軒輊，政策失平，不獨與憲政阻礙甚多……所以培植上議院才人意極深遠。」一語道破天機，清政府的種種改革，就是為了「皇權永固」，為了滿人權貴能夠永遠掌握政權。

除了權力貪婪外，滿人權貴還以改革之名，行攬權牟利之實。他們迫使漢人地方實力督撫的代表袁世凱開缺回籍，由攝政王載灃親自出面掌握全權，出任新的「全國海陸軍元帥」。改革後的新政府，規定各省撥款均須戶部核定，並成立鹽務處，架空各地鹽運使，控制財權；將開礦、修路等權力都收歸中央，控制經濟命脈。引發辛亥革命的導火線「鐵路國有」政策，也是改革後的內閣決策。不用說，這些新實權機構、官辦事業都掌握在「爵二代」、「官二代」及其少數親信手中。從清朝中

期後，地方勢力就上漲了，中央政府實權下降。新事物湧現，新的力量已經茁壯成長。晚清政府卻想以貧弱之軀，不顧分權之實，重溫集權專制之夢。這就激化了政府和社會、中央和地方等各種衝突。

重新集權最大的受益者是那些新晉王公大臣們。他們把改革當成自我表現、自我享受的盛宴。改革的成果沒有被百姓所共享，成本卻要由百姓們承擔。滿族權貴們不去多方籌措資金推動改革，只會一味地增加百姓的負擔。正如梁啟超在革命爆發前的一九一〇年指出：「教育之費取之民也，警察之費取之民也，練兵之費取之民也，地方自治之費取之民也。甚至振興實業，所以為民間維持生計者，亦徒取之民也。民之所輸者十，而因之所得者二三，此十之七八者，其大半皆經由官吏疆臣之首，輾轉銜接，捆載而致諸輦下矣。」這樣的改革，即便成功，也不會得到廣大百姓的支持，只會加劇社會裂痕，激化衝突。

少數滿人權貴幻想如此自私的改革能保住祖先的千秋功業，留給子孫一個穩固的江山。但是，變革的序幕一旦啟動，哪怕只是向前邁出一小步，它就會像射出去的箭一樣，由不得揭幕者、弓箭手的意願了。改革很快脫離滿人權貴們預想的軌道，孕育出新式知識分子、商人團體，加速近代社會思潮的傳播，產生更多的矛盾和問題。五光十色、洶湧澎湃的變革大劇，轟轟烈烈地上演，你要麼順應潮流，參與變革；要麼被變革的浪潮吞沒，成為歷史。直到革命爆發時，滿族權貴們仍不明白這個道理。

政治學家托克維爾在分析法國波旁王朝覆滅原因的時候，說：「革命的發生並非總因為人們的處境越來越壞……人們耐心忍受著苦難，以為這是不可避免的，但一旦有人出主意想消除苦難時，它就變得無法忍受了。當時被消除的所有流弊似乎更容易使人覺察到尚有其他流弊存在，於是人們的情緒便更激烈，痛苦的確已經減輕，但是感覺卻更加敏銳。」

這段話移植到晚清身上，同樣很有解釋力。

晚清的十年改革，最終走到改革者——滿人權貴們的相對面，成為埋葬他們的洪水猛獸。「計畫之外」的大革命，在一九一一年爆發了。

「誤國家者在一私字，禍天下者在一例字。」「例」，慈禧等人倒是破了；「私」，他們始終沒有放下，因此最終誤了國家，也斷送了祖宗的江山社稷。清王朝難逃覆滅的噩運。

清王朝既是一個傳統王朝，又是一個近代王朝。它橫跨了古代和近代史。清朝的滅亡，既可以找到王朝覆滅的傳統原因，也能找到之前王朝沒有遭遇過的問題。你能為清朝的覆滅找到什麼傳統原因，找到什麼新式原因？

傳統和新式，到底哪方面的原因主導了清朝的覆滅？如果鴉片戰爭及其之後的近代事件都沒發生，如果清朝始終停留在古代，它會這麼快滅亡嗎？

下編：中國史的縱切口

地緣政治：地理上的中國歷史規律

中國古代歷史上有許多事件，似乎都和地理因素相關。比如，中國的統一戰爭往往是從北向南打的，一般是北方政權吞併南方政權；比如，某些地區在很多朝代都是「兵家必爭之地」，戰火不斷，而另外地區彷彿是旁觀者；又比如，亂臣賊子特別滿意個別地區，在那裡做分裂活動，進行武裝割據。這一點在四川地區尤為突出。

那麼，中國歷史發展是否存在特定的地理規律？

這一點，我們可以借用國際政治學中的地緣政治理論進行分析。

和許多現代社科理論一樣，地緣政治理論首先由西方理論界明確提出，並在西方得到系統、完備的發展。該理論考察地理因素對政治的影響。中國古代歷史存在豐富的地緣政治思想和實踐，但學術界缺乏對古代歷史發展的地緣政治考察。西方地緣政治的一個鮮明特徵，就是細化出地理概念和政治區域，進而考察不同區域的互動，對政治發展的作用。中國歷史上是否存在不同的歷史區域？這些歷史區域間的互動是否存在規律？

我們先來看看，廣袤的中國領土能否被劃分為不同的歷史區域。

中國古代歷史是在一個相對封閉的地理區域展開的。東方浩瀚的太平洋、西南和西面的青藏高原、中亞荒原和北方的蒙古高原，是古代中國人不可踰越的障礙。根據地理環境和歷史作用的顯著不同，這片廣闊的地理區域，可以從東南向西北劃分為三個弧帶。

東南第一弧帶北部以明代長城為象徵，經山海關、燕山、張家口、大同，繞過毛烏素沙地南端，在蘭州折向西南，經岷山、阿壩藏族羌族

自治州和雅安市東界到紅河，紅河向東至十萬大山入海。第一弧帶季風氣候明顯，水熱條件適中，自然條件優越，是中國主要的經濟區。該區域漢族占主體，在中國歷史上產生關鍵作用。第一弧帶算是中國歷史的「核心弧帶」。

遼河流域以北、蒙古高原、新疆地區和青藏高原，組成了中國歷史的第三弧帶。該弧帶地域廣闊，氣候乾旱，是游牧民族的天堂。中國重要的少數民族，如滿族、藏族、維吾爾族、蒙古族、回族和歷史上的匈奴人、鮮卑人、羌人、突厥人、吐蕃人、契丹人、女真人等，都主要活躍在第三弧帶。

第一弧帶與第三弧帶之間的狹長地帶，包括遼寧南部地區、長城沿線內蒙古地區、河西走廊、川西高原東部等，組成了中國歷史的第二弧帶。第二弧帶氣候條件在一、三弧帶之間，宜農宜牧，是歷史上漢族為主體的第一弧帶與第三弧帶的拉鋸地區。

三個弧帶的劃分並不是明確固定的，只是指出大致的範圍。在這個劃分中：（一）沒有包括遼闊的中國領海和中國海上鄰國。古代歷史除了南宋和明朝中早期外，中國並不注重海洋地緣政治。中國海上鄰國中，除了某段時期的日本外，沒有其他鄰國對中國歷史產生過大的影響。（二）嶺南地區、滇黔地區劃入第一弧帶是個可以爭議的觀點。考量到漢族人口和中央王朝的權威穩定，持續地向嶺南、滇黔地區擴張，這個地區也沒有與中央王朝產生嚴重的政治衝突，因此，似乎可以忽視差異，把它歸入第一弧帶。

這樣的劃分還是顯得粗糙，畢竟每個弧帶的面積太大了，內部也千差萬別。為了進一步考察地理因素對歷史發展的影響，每個弧帶還可細分為不同的亞區域。每個亞區域內部都有自身相對獨立穩定的地理結構、經濟結構、文化特性和中心城市。

（一）同一弧帶、不同區域依然存在時代差異和地區差異。如第三弧帶中存在著蒙古高原、新疆地區和青藏高原的明顯差別。（二）中國歷史上存在的政權，令人驚奇地以不同的亞區域為地理基礎。如匈奴王庭、突厥汗國、蒙古早期活動的範圍，都東起大興安嶺內外，橫亙蒙古高原，到達天山南北。（三）經濟因素和地理攻防體系，是亞區域歷史存在的基本點。它們是冷兵器時代地緣政治分析的兩個關鍵因素。歷來為割據野心家覬覦的四川地區，就是個例證。

古代歷史最濃墨重彩的內容是在核心弧帶，也就是第一弧帶展開的。讓我們聚焦在長城以南、南海以北的這片區域。

核心弧帶的發展對整個中國歷史的發展，產生關鍵性的作用。這個弧帶可以細分為四大亞區域：關中地區、關東地區、西南地區與江南地區。四大亞區域具有較大的地理、文化差異，在歷史上支撐了不同的割據政權，扮演了不同的歷史角色。

關中地區以涇渭平原為核心，向北包括延安、子午嶺、固原、蘭州等要點；西南包括大散關、岷縣、鳳縣、天水南郊；南邊以秦嶺與西南地區接壤。關中以黃河「几」字形東段和函谷關（潼關）、崤山、武關一線與關東地區對峙。

關中地區農業經濟發達，「西有羌中之利，北有戎翟（戎狄）之畜，畜牧為天下饒」。關中平原社會經濟的發展與長達千年的建都史、中央政府的開發和關中地區曾經持續不斷建設的水利工程密切相關。加上氣候溫潤，少有天災，傳統的麥作農業生產方式，使關中有穩定的農業收成可以支持上層建築。

關中地區地理相對封閉，地勢較高，攻守自如。該地區對外的主要通道函谷道和武關道都是易守難攻的關隘。在它的東邊，豫西地區山麓、丘陵與河谷廣泛覆蓋著黃土，受黃河、伊河、洛河、汝河、潁河的

切割，在西段只有一條三門峽峽谷可以通行。峽谷南岸是崤山稠桑原（塬），懸崖高聳，上下相對高度有三百公尺到五百公尺。《水經注》載：「歷北出東崤，通謂之函谷關，岸高道峽，車不得方軌。」戰國時，函谷關位於三門峽西，今靈寶縣東北黃河南岸，雄視東方。漢武帝元鼎三年（前一一八），函谷關東遷往三門峽東，今新安縣谷水河畔，離開峽谷與黃河險要。東漢之後，潼關取代了函谷關的地位。歷史上發生於此的戰事不計其數。南邊武關道由西安經灞上、藍田、商縣、武關、內鄉到達南陽，其地界「秦頭楚尾」為「秦楚咽喉」、「關中鎖鑰」，與函谷關一樣兵事頻冗，被稱為三秦要塞。函谷關、武關加上西邊的蕭關、大散關合稱「秦之四塞」，構建了關中完備的攻防體系。

第二個地區，關東地區，在策略上受到關中地區的逼視。關東包括淮河、漢水以北，明長城以南，黃河「几」字形東段、函谷關、崤山、武關以東的廣大地區，地域遼闊，氣候適中，土壤肥沃，利於耕戰。「戰國中葉以降，由於黃淮海平原和涇渭平原生產、貿易的發達，形成了山東和關中兩大基本經濟區，政治、軍事衝突在地域上呈現東西對立的特點」。

關東的地緣位置有利有弊：（一）關東地區是典型的「四戰之地」，地勢平坦，除長城、黃河外無險可守。北方的游牧民族、建國關中江南的割據政權，從來沒有放棄過對關東的軍事行動。（二）地域遼闊，深度寬廣。關東地區可以徵調規模巨大的兵員、物資，可以組織防禦。其龐大的戰爭和經濟能力，在相當時間內產生歷史發動機的作用。

第三個地區，西南地區，是四大亞區域中海拔最高的地區，海拔從五百公尺到兩千公尺不等。西南以四川和漢中地區為核心，包括大散關、秦嶺、大巴山、巫山西南地區，雲貴高原的大部。鄂西北一帶古代屬於漢中，也包括在西南亞區域內。西南地區漢族、少數民族雜居，是

中華文化的發源地之一。早在新石器時代晚期，古蜀文化就是多元起源的中華文化的一個源頭，具有自己的生長點。該地區氣候溼潤，水利豐富，四川盆地土地肥沃，具有經濟上的獨立能力。

西南地區有兩個顯著的地緣優勢：（一）占據長江上游，虎視江南。《戰國策‧燕策》載：「蜀地之甲，輕舟浮於汶，乘夏水而下江，五日至郢。」從長江上游順流而下，則湖廣、江南危矣。於是古人有云，欲取江南者，必先取巴蜀。（二）關隘密布，易守難攻。蜀道難，難於上青天。四川盆地東出巫山的三峽地區，令現代交通工具都望而卻步。漢中向北交通主要有褒斜道與故道。從漢中出發，經過出褒谷口，越七盤嶺或穿石門洞，經孔雀臺、西江口、兩河口、斜谷關，到陝西眉縣、周至、戶縣，直抵西安，是褒斜道；故道則經過勉縣、略陽、青泥嶺、鳳縣，到達寶雞。此外還有子午道、儻駱道，但價值不大。這些道路穿行於河谷、峽谷之間，曲折漫長，是軍事上的禁區。唐玄宗、唐僖宗兩次離京遷蜀，就是看重西南地區優越的地緣位置。

核心弧帶的最後一個亞區域是江南地區。該地區泛指關東地區南界以南、西南地區東界以東地區。江南地區自然條件優越，土壤肥沃，便利農業發展，雖然開發較晚，但發展迅速，逐漸取代北方成為中國的經濟中心。

江南地區的地緣優勢在於水網縱橫，丘陵遍布，策略縱深巨大；加上海岸曲折，島嶼環繞，防守便利。但是江南西邊有居高臨下的西南地區，北邊有在軍事上占據優勢，時時傾向南侵的關東地區。江南地區在歷史上處於守勢。其防守的重點區域有三個：淮南地區、襄樊地區和三峽地區。淮河南岸的水網可以有效制止北方騎兵的入侵。襄樊扼守長江、漢江之間的南北交通關節，稱為「南襄隘道」；襄陽往南，與荊州、武漢之間，水道通暢，陸上無險可守，歷史上軍事政治地位極為重要。

其中湖北西部、北部一帶，是江南地緣策略優先考量之處。唐末荊南國就憑藉優越的地緣位置，在此立國；關羽的北伐與走麥城，南宋襄陽之戰，解放戰爭時期的襄樊戰役，都發生在這一帶。

和弧帶的劃分一樣，亞區域的劃分也不是明確固定的。弧帶或亞區域的接壤地區，是戰爭頻發地區。這些地區包括河西走廊、淮南地區、襄樊地區、三峽地區、晉南豫西北地區、河套地區和燕山山脈周圍。在核心弧帶的四大亞區域中，關中地區與關東地區組成核心弧帶的北方地區，西南地區與江南地區組成南方地區。南北的分界，西起大散關，經過秦嶺、大巴山、漢水、桐柏山、大別山區到淮河流域。這條中國地緣政治的分界線，基本上與自然地理的南北分界線重合。

第一條規律：核心弧帶的發展主導中國歷史的發展，並透過戰爭和封貢等方式，對第二、第三弧帶產生巨大的影響，進而演化出現代國家和中華民族。

核心弧帶因為明顯的地理、人口、經濟等方面的優勢，在發展程度上領先第二、第三弧帶。以漢族為主體的中央王朝，都在核心弧帶，且絕大多數在北方立國。由於第二、第三弧帶對核心弧帶存在的巨大軍事壓力，核心弧帶的地緣策略重點始終放在弧帶的北方邊界。核心弧帶對第二、第三弧帶割據國家的強力征伐，因為在地理上處於劣勢，往往消耗大量的國力，導致激化國內矛盾，甚至出現無力鎮壓國內叛亂的窘境。第一弧帶對外圍弧帶國家的最佳方法，是靜觀其變，透過文化、經濟吸引力進行滲透，適時收為己有。

和平是三個弧帶來往的主流。中央王朝精心構建以自我為中心的朝貢體系，囊括三個弧帶的所有地區和相關鄰國。秦朝後的中央集權專制制度、漢武帝後改良的儒家思想，逐漸成為核心弧帶的主要價值觀，並向周邊地區傳播。三個弧帶的來往，從奴隸社會即已存在，並不斷豐富

發展。在不斷的磨擦、交流中，中華民族和統一的多民族國家觀念深入人心，最終得以確立。在朝貢體系的研究中，「輻射同心圓」理論，是區別朝貢體系行為體的流行理論。這個理論有助於對三個弧帶關係的理解。

第二條規律：核心弧帶中西部亞區域對東部亞區域具有地緣優勢；北部亞區域對南部亞區域具有地緣優勢，歷史上的中央政權一般由北向南統一全國。

關中地區、西南地區位於中國大陸地形的第二階梯，都易守難攻，只要把守住邊緣的策略要點，攻守自如，對關東地區和江南地區具有居高臨下的地緣優勢。

北部地區對南部地區的地緣優勢，早期是建立在人口和經濟優勢之上的。但隨著南部的開發和人口的增加，北部地區只保留最重要的優勢：軍事優勢。歷史上北部軍隊的戰鬥力一直高於南部軍隊。北部氣候相對惡劣，民眾體質強於南部，鬥志也勝於南部；加上北部地形和環境有利於戰車兵和騎兵的發展。如馬鐙在三國時期出現在北方，而南方漢人依然以雙腿來夾住馬腹進行作戰。而這兩個兵種在冷兵器時期是戰鬥力、機動性最強的兵種。

歷史上政治中心、軍事中心一直停留在北部地區。統一的中央王朝一般是由北而南建立的。歷史上只有兩個特例：朱元璋北伐和國民政府的二次北伐。除了這兩次北伐，南方發起的北伐都以失敗告終。而兩次特例都建立在相同的特殊性上：北伐所要推翻的政權，都處於內憂外患之中，實力衰弱。元朝末期，在宮闈、大臣、將帥的傾軋下，已經勢力大減；北洋政府則僅僅是幾個北洋軍閥之間的妥協政權，實力在內戰中大為衰弱。晚元和北洋政府都已經遭到全國人民的唾棄。兩次北伐，北部政權眾叛親離，被南方政權摧枯拉朽滅亡了。明軍北伐和國民政府第二次北伐，都只在山東局部遭遇激戰。

一三六八年，明朝北伐統一全國，但是三十一年後的一三九九年，朱棣經過靖難之役，自北向南統一了全國，並遷都北京；一九二八年，國民政府北伐，形式上統一全國，但二十一年後的一九四九年，人民解放軍渡江占領南京，再次遷都北京。這說明軍事、政治中心依然在核心弧帶的北部。

第三條規律：核心弧帶的四大亞區域地緣優劣不同，南北部在相當時間內形成對峙形勢。

統一是中國歷史發展的趨勢，但分裂局面存在很長時間。核心弧帶的南北分裂，是中國歷史分裂的常態。南北部長期分裂的界線與核心弧帶的南北部界線，基本一致。

儘管北部地區在政治、軍事上擁有優勢，但只要南部地區控制策略要點，包括秦嶺一線、襄樊、桐柏山大別山區、合肥、揚州，南部就易守難攻。南部鬆軟的土壤、溼潤的氣候、密集的水網，都限制了北部軍隊戰鬥力的發揮。加上北方人水土不服，儘管北部經常發動對南部的侵略，南部政權只要措施得當，一般都能抵擋北方的攻勢。這樣的局勢在三國、兩晉南北朝、五代十六國等時期都存在。

東晉只占領揚州、合肥，並沒有占領襄樊，其對北朝一直處於策略被動地位。前秦發動對東晉的進攻，主攻方向選擇淮南地區，偏軍發自襄樊，以失敗告終。其中一個原因，就是前秦沒有集結主力於已占領的襄樊，將主攻方向選擇在湖廣地區。之後宋、齊、梁向北擴地，且占領西南地區，地緣地位大為改善。到南陳時期，南北的分界線南推到長江沿線，要地盡失，導致南陳對北方策略地位極為被動。五代時期，南唐前期占據淮南地區，一度能與五代南北對峙。等到後周攻占江淮地區，南唐便不得不南遷、避其鋒芒。南宋時期局勢也一樣。

在南北方的對峙中，西南地區扮演重要角色，是南北力量天平上重

要的砝碼。西元前三一六年秦滅蜀，蜀地成為秦統一中國的重要策略基地。秦滅楚時大量利用蜀的強兵勁卒和布帛金銀，「足資軍用」，僅司馬錯「浮江伐楚」，就徵調了「巴蜀重十萬，大泊船萬艘，米六百萬斛」。《戰國策·秦策一》載：「蜀既屬，秦益強，富厚輕諸侯。」占領西南地區，既可以獲得重要的物資基地，又可以向東、向北構成策略威脅。北部政權要統一南方，策略遠大者都先取巴蜀；南部為了保持長久的均勢，也力求占據巴蜀，經營西南。比如東晉南朝時期，權臣建功揚威，往往選擇巴蜀地區下手，透過收復巴蜀來揚名壯大。

　　說了這麼多理論，以下舉三國歷史發展為例子，來驗證一下上面的規律。

　　三國時期中國核心弧帶割據政權並立，各政權間戰事、外交活動頻繁。曹操、孫權、劉備三個集團所處地緣地位不同，但都執行相對正確的地緣策略，留下許多政治財富，為上文總結的規律提供佐證。

　　曹操集團地處四戰之地的中原地區，是三個集團中地緣條件最差的，但是地緣策略運用得當，最終統一了北方。

　　（一）先弱後強，逐步壯大自身。曹操集團北方是占據冀、青、並三州的袁紹，西方是割據關中的韓遂、馬騰集團，張繡割據西南方向的宛，袁術盤踞東南方向的淮南，東邊是擁有徐州的呂布集團。外圈還有遼東的公孫度、幽州的公孫瓚、幽北的烏桓、河套長城沿線的匈奴、漢中的張魯、益州的劉璋、荊州的劉表和江東的孫策。與曹軍接壤的袁紹集團實力最強，逼視河南。曹、袁兩集團為統一北方，戰爭難以避免。相對弱勢的曹操集團始終將袁紹集團視為頭號敵人，但在實力壯大前，一直向袁紹妥協，避免直接衝突。曹操先後殲滅吞併了張繡、呂布、劉備、袁術等勢力，再向袁紹攤牌。

　　（二）穩定關中。東漢末年後，西涼集團一直占據關中地區，對關

東曹操集團構成策略威脅。但是西涼集團戰鬥力雖強，卻內爭不斷。在袁紹北取幽州，無暇南顧時，曹操派遣鍾繇西行入關，說動韓遂、馬騰效忠曹操控制的朝廷。官渡之戰前夕，車騎將軍西涼董承兵團在許昌宣稱，受漢獻帝「衣帶詔」，發動兵變。曹操毅然回兵鎮壓董承，平定劉備在徐州叛亂，再次派遣衛覬入關，穩定韓遂、馬騰集團。

（三）分化外敵，利用江南孫氏集團牽制湖廣劉表集團。劉表、孫策集團對曹軍構成南部的直接威脅。曹操與袁紹準備決戰之時，正是雄心勃勃的孫策統一江東，伺機北上之時。好在孫策遇刺身亡，曹操立即以漢獻帝名義授予其弟孫權討虜將軍、領會稽太守，支持孫權的西征，以敵制敵。這些地緣策略，在之後的中國歷史上，都得到了繼承和發展。

在這個過程中，曹操集團由弱變強，終於與袁紹集團展開策略決戰。袁紹幕僚曾建議，以精銳部隊襲擾曹操控制區漫長的邊界，讓曹操疲於奔命，消耗曹軍有限的實力；結交南方諸政權，讓其從後方進攻中原地區。這些都是優秀的地緣政治策略，可惜沒有被袁紹採納。之後的赤壁之戰，是決定三分天下的關鍵戰役。曹操在此戰中犯了嚴重的策略錯誤：在沒有統一北方，尤其是在關中西涼集團依然虎視眈眈的情況下，貿然南進；將主攻方向集中於江夏一點，而沒有占據經營淮南、襄樊等策略要點，徐圖緩進。加上其他原因，曹操最終退回北部，轉向經略關中、漢中地區。

孫、劉聯軍擊敗曹軍主力一部於烏林、赤壁後，孫權在江東的統治得到鞏固。東吳的核心地緣策略，是魯肅提出「鼎足江東」的〈榻上策〉。《三國志·吳書·魯肅傳》載：「肅竊料之，漢室不可復興，曹操不可卒除。為將軍計，唯有鼎足江東，以觀天下之釁。規模如此，亦自無嫌。何者？北方誠多務也。因其多務，剿除黃祖，進伐劉表，竟長江所極，據而有之，然後建號帝王以圖天下，此高帝之業也。」從此，北防

西進成為東吳的核心地緣策略。孫權繼位後，首先向廬江的叛將李術開刀，突出廬江的重要性。其郡在安徽西南和湖北東部、河南南部的大別山區，郡治在皖（今安徽潛山），是與北部對峙必須控制的策略要點。

魯肅的〈榻上策〉比諸葛亮的〈隆中對〉早了七年。〈隆中對〉對地緣局勢的判斷，是曹操「已擁百萬之眾，挾天子而令諸侯」，「孫權據有江東，已歷三世，國險而民附，賢能為之用」，都已經不可輕易取勝；建議劉備東和孫權，圖謀荊州和益州。「荊州北據漢、沔，利盡南海，東連吳會，西通巴、蜀，此用武之國」，「益州險塞，沃野千里，天府之土，高祖因之以成帝業」。在此基礎上，「保其巖阻，西和諸戎，南撫夷越，外結好孫權，內修政理；天下有變，則命一上將將荊州之軍以向宛、洛，將軍身率益州之眾出於秦川，百姓孰敢不簞食壺漿以迎將軍者乎」？

〈榻上策〉和〈隆中對〉在地緣局勢的判斷上，基本是相同的，並提出了大致相同的對策：占據南方險要地形，伺機北伐。但這兩個地緣策略，都將荊州列為自己的占領目標。對劉備來說，荊州是進攻中原偉業的策略基地，也是對東吳政權保持地緣優勢的基地。但是荊州在他人手中，對東吳集團構成巨大的策略威脅。當劉備集團占領漢中，勢力達到全盛，咄咄逼人的時候，東吳集團出於自身防禦的考量，偷襲荊州，挑起蜀吳之間的一系列戰爭。最終東吳占領了荊州，蜀漢完全退居到西南地區。夷陵之戰象徵蜀漢與東吳在荊州地區達成均勢，也意味著〈隆中對〉的最終流產。

遺憾的是，荊州的爭奪戰消耗了三國中兩個弱者的實力，之後蜀漢利用自身易守難攻地形進行的多次北伐，只能算是採取防禦態勢，積極防禦而已。東吳的地緣態勢比蜀漢差得多。赤壁之戰後，曹軍收縮至襄陽、樊城一線，並經營大別山區的江夏郡北部和合肥地區。東吳與北部對峙的策略要點，已經與北方共有，其之後的吳魏戰爭，集中在襄樊、

合肥一帶。東吳的防禦是一種消極的防禦態勢。三國的結局，是魏國偷襲漢中，滅亡蜀漢；伐魏的晉國從淮南、襄樊、三峽三個方向對吳國發動總攻。三家歸晉。

從中國歷史發展大勢中，後人可以歸納出大致的地緣規律，解釋中國歷史發展的大勢。不知三國的歷史發展，可否作為一個詳細的例子？當然了，相信以上地緣規律套用在其他時期，也是有解釋力的。

決定歷史發展的因素很多。最終的歷史發展軌跡，是多種作用力合成的結果。試問地緣政治規律在古代歷史發展過程中，造成多大的作用？

官的玄機：古代官銜的明暗內容

　　如果你「穿越」到古代，遇到有官員遞來的名帖，你能看懂上面的官銜，知道對方到底是何方神聖嗎？如果你幸運地發現一座古代達官顯貴的墓葬，你能讀懂墓碑上的官銜，知道他生前的身分地位嗎？下面就有四位古代官員的「名片」，看看你能說出幾個人的確切身分：

　　一、開府儀同三司、檢校尚書右僕射、使持節、涇州諸軍事、涇州刺史兼御史大夫、上柱國、南川郡王、贈司空劉昌。（唐朝）

　　二、龍圖閣直學士、戶部郎中、陝西經略安撫副使兼知延州事范仲淹。（宋朝）

　　三、賜進士及第、柱國、光祿大夫、太子太保、禮部尚書兼文淵閣大學士、總裁國史玉牒、同知制誥起居經筵日講孔貞運。（明朝）

　　四、皇清誥授通議大夫、吏部右侍郎兼順天府府尹、前吏部左侍郎張令璜。（清朝）

　　說不完備，沒關係。歷朝歷代官制複雜，有官、品、爵、階、勛不同的系統，各有不同的意思。它們往往成為困擾後人閱讀理解的攔路虎，也是觀察古代歷史的基礎知識。好在，官制雖然複雜，無論再長的官銜都可以一一分解為各項成分，其背後隱藏著幾條一以貫之的權力線索。以下，我們就分官、品、爵、階、勛五個項目，逐一認識和理解古代的官制。

　　官，也稱為「職」，或者合稱「官職」、「職事官」。

　　官員是在固定政府機構中、掌管具體職責的人，而官員擁有的職權，就是官銜意義上的「官」。比如吳縣縣令、吏部主事、乾清官一等侍

衛等，我們一看就知道他們具體負責什麼、處於什麼政府機構。俗話說「縣官不如現管」，一個官員到底能管多大範圍、管多少百姓，很大程度上決定了他的實際權力大小。所以，「官」對官員的作用最大，是官衙中的核心要素。

應該說，「官」意思明確，便於理解，可它偏偏是古代官制中最複雜的一環。

如果歷朝歷代都按照白紙黑字寫明的官職編制來安排人員、開展工作，那麼「官」一點都不複雜。可偏偏每個朝代都不「依法辦事」，都要來點小動作、弄點暗箱操作。比如東漢時，朝廷將天下劃為幾個州，每個州派遣「刺史」。所謂刺史，字面上的意思，是刺探地方吏治，看看地方官有沒有和中央保持高度一致，有沒有貪贓枉法的行徑。刺史的等級很低，且沒有常駐機構，屬於中央臨時派出的監察官。它不算正式的官職，而算是「差遣」或「差使」，就像現代人出差辦事一樣。但在實踐中，因為刺史決定地方官員的沉浮榮辱，地方官員逐漸唯刺史馬首是瞻。原先只是巡察地方的刺史，最終演變為橫亙在地方郡縣和中央政府之間的一級正式官職。

與此類似的，還有唐朝的觀察使、節度使。唐朝分天下為十幾個道，每道派遣一個分巡御史考察地方政務得失、官吏優劣，稱為觀察使。和刺史的情形一樣，觀察使很快變成有實權、常駐的官職，他們的本職「分巡御史」反倒成了可有可無的虛職。而節度使最初則是派到邊疆節制和調度軍隊的中央官員，最終也演變成地方實職。從唐朝開始，「差遣」、「差使」開始流行，到宋朝泛濫成災。

宋朝官員幾乎人人都有「差使」，而且不少人身兼多項差使。那麼，他們還有時間和精力去處理本職工作嗎？當然沒有。朝廷就是不讓你去做本職工作，才設置各式各樣的臨時差遣，讓甲官去做乙事、丙官暫代

丁職，人為造成官制的複雜。

宋朝高度君主專制，國家「強幹弱枝」，恨不得消除一切權力不穩定因素。比如唐末五代時期，節度使權力擴張，挑釁中央。宋朝一建立，就來了招「杯酒釋兵權」，把節度使的實權都給收了。節度使還是一個高官，但被架空，不管事了。比如，「徐州節度使」被安置在開封當寓公，那徐州的政務怎麼辦呢？中央派遣某官員去「臨時處理」一下，叫「某官知徐州事」，意思是要某某人去「知道」徐州的事情，簡稱「知州」。知州雖然是臨時差遣，但從一開始就被朝廷視為地方實職。此外還有「知府」、「知縣」等，都成為之後幾百年中國的地方官職。

宋朝的官職最亂，文官大多有三個頭銜，即：官、職、差。

「官」是用來確定待遇的，與實際的工作內容無關，專業名詞叫「寄祿官」，意思是用來拿薪水的。宋朝中央各個部門領薪水的人不少，卻沒有一個專職的官員，都是有官名而不任其職，在本部門拿錢、不在本部門上班。人都到哪裡去了呢？都被派到其他部門或地方政府「出差」去了。比如宋朝的地方領導團隊，分別由安撫使、轉運使、提刑按察使、提舉常平使組成，一看就知道是「差使」。第二項的「職」，一般是館職，如翰林院、國史館、集賢院、昭文館和各閣、各殿的大學士、學士之類。它們是虛銜，用來表示文官的清貴地位，既不能為官員帶來收入，更不用官員去上班。第三項的「差」，才是一個人真正的職權所在，一般加上「判、權、知、直、監、提舉、提點」等字，在理論上只能算是臨時負責的事情。在這三項中，「官」最穩定，當上後很難被拿下，「職」次之，「差」最不穩定，經常變更。所謂「差遣罷而官職尚存，職落而官如故」。

宋朝官員的實權大小和收益多少，取決於「差」，所以人們四處鑽營，謀得一個差使。蘇軾就承認：「久客都下，桂玉所迫，囊裝並竭⋯⋯

唯日望一差遣出去爾。」元祐七年（一〇九二），蘇軾的官職是「龍圖閣學士左朝奉郎知揚州事」，其中「知揚州事」是蘇軾的差遣，是他真正的工作；「龍圖閣學士」是「職」，顯示蘇軾的文官出身；「左朝奉郎」才是蘇軾理論上真正的官。

那蘇軾人在何方呢？在揚州「出差」呢！另一個北宋名臣寇準，曾經擔任「虞部郎中樞密直學士判吏部東銓」，其中「虞部郎中」是他的官，虞部是工部的一個司，說明寇準在工部領薪水；「直學士」是職；「判吏部東銓」是差，是實際職責。寇準就類似於「借調」到吏部工作的戶部官員。

明清時期，朝野意識到宋代官制過於冗雜，效率過低，於是該撤的撤、該併的併、該轉正的轉正，官、職、差三者逐漸統合為「官」。但差使、差遣並未絕跡，還衍生出新的官名。比如明朝派人「巡撫」、「總督」地方，最後這些人都成為地方實權官員，彷彿是漢代刺史、唐代節度使的歷史重演。

以上說的是差使、差遣橫行，衝擊正常的官制，接下來談談普遍存在的兼職情況。

兼職，就是官員在職務之外還有職務，也稱「加官」。其中，原先的官職叫「本官」，決定官員的等級和待遇，兼任的官職叫「加官」或「兼職」。古裝劇中常常有「削去某某人本兼各職」的說法，這「本兼各職」就顯示古代官員兼職現象很多。

尚書一職，原先是內廷之中的小官，負責整理皇帝的書籍、文件。它和尚衣、尚膳一樣，圍繞著皇帝的生活需求，並不涉及政治實權，最初由宦官擔任。皇帝把朝堂上的公文、大臣們的奏章，都交給尚書保管，懶惰的時候，皇帝乾脆就請尚書給出處理意見。如此一來，小小的尚書就有了諮詢和建議的權力，開始干涉朝政。在中國歷史上，皇帝權

力擴張、朝臣權益萎縮，是一大趨勢。皇帝們在和外朝大臣（主要是丞相）的爭鬥中，越來越仰仗尚書們的行政支持。他們更喜歡尚書這種，在自己身邊被動接受指令、不會反抗、沒有威脅的職位。到漢朝時，尚書儼然擴充為可以與朝廷相抗衡的一個「小朝廷」了，分門別類，為皇帝出謀劃策，經手政務，變成事實上的政務中樞。外朝大臣開始取代宦官，擔任尚書，並且有「尚書令」一職來統管所有尚書。尚書令的實權超過了丞相，於是丞相們反過來爭著要兼任尚書令──雖然尚書令依然是小官。只有兼任尚書令的丞相，才被視為真丞相，否則就被視為「假相」、「虛相」。之後，又有「錄尚書事」（總領尚書們處理事情）一職，更成為權臣們爭搶的新兼職，兩漢及魏晉時期，老皇帝要死了，新皇帝年幼，老皇帝就會替兒子指定輔政大臣。這些輔政大臣可能現有地位不高，老皇帝通常讓他們「錄尚書事」，不做假相，做真丞相。

　　可見，古代的兼職、加官現象，大抵出於權力的需求。比如三國時期，蜀漢諸葛亮以丞相之尊兼任益州牧（正式名稱是「領益州牧」），因為當時蜀漢就只有益州這塊地盤，諸葛亮要握在手裡，便於集權。唐末，丞相還不惜兼任戶部「三司」（戶部司、鹽鐵司、度支司）的郎中，也是為了把財權握在手裡，方便辦事。

　　魏晉南北朝時期，多個政權對峙，戰事不斷。當時地方最高長官刺史往往兼任軍職，加官「都督某州某州軍事」。比如，荊州是南朝重鎮，人口密集、經濟發達，還承擔長江中游的防務，荊州刺史一般至少加官「都督荊州軍事」，意思是他同時也是荊州地區的最高軍事長官。很多時候，荊州刺史還都督鄰近州的軍事，比如加官「都督荊、雍、司、信、湘五州軍事」的，就擁有了五個州的最高指揮權。此外，刺史還加有將軍號，比如輔國將軍、武衛將軍等；獲封爵位，比如王、公、侯等（此二項參見階、爵的內容）。如果一個刺史既沒有將軍號和爵位，又沒有加

上「都督某州軍事」的官職，那他的權限非常有限，只能簡單地治民，被譏諷為「白紙刺史」、「單車刺史」。

唐朝確立三省制，中書省有決策權、門下省有審核權，二省的長官中書令和門下侍中，在政事堂商議決定朝政大政方針，然後交給尚書省執行。中書令和門下侍中的權力大於尚書令，被視為丞相。於是，尚書省的領導者「尚書令」、「尚書僕射」們，就千方百計地希望能夠「同中書門下平章事」、「參知政事」、「參知機務」，也就是能參加政事堂的決策會議。如果他們帶有這樣的頭銜，也能躋身丞相之列。發展到後來，「同平章事」、「參知政事」成為丞相的正式稱號。

明朝時，皇帝厭惡了三省六部制，覺得尚書們也無法滿足專制需求，於是在身邊建立內閣，讓一批讀書人擔任大學士，出謀劃策、經手政務。於是，朝堂上的尚書、侍郎們，爭搶著兼任內閣大學士──儘管一直到明朝滅亡，內閣大學士都只是五品小官。清朝雖然繼承了內閣，可覺得跪聽聖旨的軍機大臣們更聽話、更好用，又將實權轉移到軍機處。於是乎，內閣大學士、尚書、侍郎們，又爭著要擠入軍機處，謀得一份兼職。在明清地方上，總督、巡撫們都有兼職，不是兼任都察院的右都御史（右副都御史）、兵部尚書（兵部侍郎），就是兼管鹽務、提督、操江等事務。不然，孤孤單單的一個總督或巡撫，也是「單車總督」、「白紙巡撫」。

在差遣和兼職之外，還有代理官職現象，在唐朝稱為「檢校」，在清朝稱為「署理」、「護理」，表示雖然沒有正式擔任某項官職，但有行使該職位的權力。如唐朝魏徵曾擔任「檢校侍中」一段時間後，才去掉「檢校」二字，正式就任「侍中」。這是因為魏徵資歷不夠。大詩人杜甫被後人稱為「杜工部」，因為他擔任過工部員外郎。其實，杜甫這個官職也是「檢校」的，他本人只是在成都幫朋友嚴武當幕僚（劍南節度府參謀）。

中唐以後，地方藩鎮勢力壯大，連幕僚都代理起中央官職，杜甫就屬於這種情況。清朝的「署理」之風盛行，有的縣衙裡，從知縣到典史都是代理的，代理一、兩年就換人，其中的目的就是多騰出位置來安排冗員。

以上介紹的，就是在正常官職之外，差使、兼職和代理橫行的情況。看一個官員的身分，重要的不是他的本官，而是其他內容。為什麼古代官場有章不循、有法不依呢？

第一，原來的制度設計跟不上局勢的變化，無法適應新情勢、新情況和新問題。

第二，設置臨時官職，處理突發事件，比如戰亂、饑荒和重大工程等。為了應付這些客觀需求，官場上進行靈活處理，或者增加臨時機構和人員，或者在現有官員身上添加兼職，都是可以理解的。比如晚清時，直隸總督和兩江總督分別兼任南北洋通商大臣，負責對外交涉，就屬於第一種客觀需求；黃河水災、地方爆發饑荒，朝廷就會派欽差大臣去治河、賑災，就屬於第二種情況了。

第三，官場是一個淘汰率極低的職場，上去容易、下來難。為了排除那些老邁中庸、尸位素餐官員的干擾，當權者往往提拔官階較低、卻有才能的人，透過差使、兼職、代理等方式，掌握實權做事。當權者也借此掌握人事權，提高政府效能。魏徵代理侍中，就屬於這種情況。

第四，統治者集權和專制的需求。統治者出於自卑心理，或缺乏自信，總覺得有人威脅自己的統治，就透過各種非常規手段、人為製造官制的複雜性，來牽制、監視、防範官員們。這是歷朝歷代不斷向地方派出監察官、巡視官，外加欽差大臣的原因，也是皇帝信任身邊的人、用身邊的人取代正常的政府機構的原因——比如先用尚書取代外朝，再用內閣取代尚書，又用軍機處取代內閣。皇帝們喜歡的，是隨叫隨到、只聽話不問話，最好是跪著記錄聖旨，然後一溜煙跑出去執行的奴才。最

終，清朝皇帝找到了這樣的機構，那就是軍機處。

晚清官場擁擠，僧多粥少，候補官員如過江之鯽，充斥在各地和各部衙門之中。如何安置官場冗員和候補人員，成為當權者的難題。他們的主要做法有兩個：第一是縮短官員的任期，從五、六年降低到兩、三年，這樣就可以多安排一倍的人；第二就是設置各種臨時機構，比如釐金局、勸募局、練兵所、督辦處等，或者動不動就「特事特辦」、「成立工作組」，委派官員（「委員」）處理，盡可能安插官員。這些局、所、處、委員，任命了就難以撤免，不出幾年就衍生出新一批的官職。這是晚清官職雜亂的原因。

品，官品，也稱為「秩」、「級」，或者合稱為「品秩」、「品級」。

官品，說的不是官員的人品，而是他的等級。比如，吳縣知縣和吏部主事，到底誰的官大呢？這就需要有一個評判標準，也就是「品級」。知縣是七品官，主事是六品官，前者要小於後者。有了這個標準後，兩人相見時，就可以分出尊卑高低，下人們在幫他們安排座位、介紹他們的時候，也就有了一個先後的順序。

品級和官職緊密連繫，有一定的品級，才能擔任相應的官職。比如六品官可以擔任主事，但若擔任知縣，就算是「低就」，但七品官如果想「高就」主事，是萬萬不行的。可是反過來，並不是擔任相應官職的人，就是相應的品級，比如並不是所有的知縣都只有七品，有的可能是六品、甚至更高，這要具體分析他官銜中的其他項目了。清末，常有年輕的貝勒爺擔任朝廷的尚書、侍郎，這些尚書、侍郎自然不是從一品、正二品，而是超品（超一品）了。

相對其他項目，官員的品級穩定，是許多法定待遇和收益的依據。調動工作容易，提升品級很難；沒有官職不要緊，只要官品還在，相應的待遇和利益就少不了。很多人對品級的在意，可能超過了對職位本

身。人們常說的升官、降職，其實說的是品級的升降；「官大一級壓死人」中的「級」，也是官品。

秦朝開始用「秩」來定官員等級，之後一直沿用。漢朝用俸祿的多少來表示官員的等級，當時的名稱是「石」。石是計量單位，一石大約是一百二十斤。如縣令一年的俸祿，相當於八百石糧食，他的等級就是八百石；九卿、太守的俸祿，相當於二千石，等級就是二千石。刺史最初只是年俸六百石的小官。於是乎，六百石、八百石、二千石就成為等級名稱。二千石最高，很快成為高官的代稱。因為九卿在中央任職，又尊稱他們為「中二千石」。

魏晉開始，官分九品，「品」正式成為之後中國官員的等級名稱，一品最高、九品最低。唐朝將每一品都分出正、從兩個等級，比如正一品、從一品，從正四品開始又分上下，比如正四品上、正四品下，至此唐朝官員一共有三十個等級。明清將九品只分正、從兩等，因此明清兩代的官員一共十八個等級。此外，還有許多官員是有編制卻沒有等級的，不在九品之內。隋唐時期將從一品到九品的官員，稱為流內，不入九品的稱為流外，明清時期則總稱為「不入流」。

五品是官員等級的一道門檻。五品以下的文武官員由吏部、兵部按照資歷、考核等標準任命即可；五品及其以上的官員，一般由兩部提出人選，經過皇帝御覽、欽定，才能授予官職。只有達到五品，官員才有可能被皇帝記住，沒有達到這個品級，根本就不會在皇帝腦子裡有印象。而三品及其以上的官員（各部尚書、侍郎和各地總督、巡撫、將軍等），就算是高官顯貴了，吏部一般都不便於推舉人選，需要大臣們聚集朝堂推舉或由皇帝下專門的聖旨任命。清末攝政王載灃監國的時候，有大臣推舉一名二品官員，載灃在奏摺後批了一句「依照所請」，沒有下聖旨專門任命，結果被視為是「亂政」的跡象，直到清朝亡後，文人筆記

中還酸溜溜地說這件事。因為用聖旨任命二品大員，不僅顯示朝廷重視這個職位，也是對官員的一種榮耀。

西漢時期，官員等級不多。從大處來講，只有縣和郡兩級（中央九卿和郡太守是同級的）；如果要細分，也就是增加底層的僚吏和高層的三公（丞相、太尉、御史大夫）兩個等級。僚吏是官員自行任命的，一個年輕人接受在任官員或朝廷的徵召，從僚吏或郎官做起，幾年後出任小縣縣長，做得好升為大縣縣令。如果政績卓著，幾年後又會升為太守，然後再調入朝廷，整個過程不會超過二十年。唐朝以後，官品增加，年輕人仕進不易。明清時期，官員細分為十八等，二十年已經完全不足以讓一個年輕人從基層官員做到三公九卿了。

一個年輕人如果科舉名次不高，就要從地方州縣官員做起，很可能做了三十年，還是六、七品的地方官，無非是從貧瘠偏僻的小縣，調任繁華富庶的大縣而已。所謂沉溺下僚，說的就是這種情況。少部分人能從七品知縣做到四品的知府，已經算是成功者了，但還沒能躋身高層。而科舉名次較高或背景深厚的年輕人，一開始就入翰林院，幾年後成為侍讀或侍講學士，有機會為皇帝、皇子授課。如果得到皇帝賞識，他很快就能被提拔到侍郎，十年左右就躋身高層；如果沒有得到賞識，則要多花四、五年的時間。他們被稱為「儲相」，一開始就當作後備官員培養，要大用的。一些耀武揚威的欽差大臣，到地方上作威作福，動輒訓斥州縣官僚，殊不知那些挨罵的人，可能是和他同年考中的進士，甚至是科舉場上的老前輩。北宋年間，丞相王欽若被罷後出守杭州，某日屬縣官員全來參謁。王欽若看到錢塘縣尉（縣令的輔官）是個蒼髯白髮的老頭子，步履跟蹌，顫顫巍巍、艱難地走了進來。王欽若覺得很不成體統，人都如此老邁了，能做什麼工作，還戀棧不走，不是誤國誤己嗎？所以，他打算找個藉口責備錢塘老縣尉幾句，然後要他辭職了事。開口

一問，王欽若大吃一驚。這老頭竟然是自己的同年進士，年輕得志，卻輾轉幾十年還只是個縣尉小官。王欽若感覺淒然，轉而同情起老縣尉來，表示要向朝廷薦舉他。老縣尉寫了首詩謝絕王欽若的好意：

當年同試大明宮，

文字雖同命不同。

我作尉時君作相，

東皇元沒兩般風。

在這裡，官職分出了「清濁」。前者在基層職位上辛辛苦苦，按資排輩，升上高層的機會渺茫，就像濁物一樣沉溺在水的下層，被視為「濁官」。而翰林學士出身的中央各部、寺、院的官員，則很容易升遷，像清流一樣迅速沖到水的上層，被視為「清官」。清官升官快，按理說人人都想當清官，但實情並不盡然。因為官職除了「清」和「濁」，還有「忙」與「閒」、「肥」與「瘦」、「繁」與「簡」等區別，人們往往綜合考量後，才做出決策。可見，官品雖然是指標，但還是要和其他項目配合起來，才能完整。

爵，爵位。

爵位是用來表示權力地位的一種尊號。一個人有了爵位，就是法律意義上的貴族了。

統治者一般根據血緣親疏或功勞大小授予臣下爵位。比如晚清道光皇帝臨死前，封兒子奕訢為恭親王，來補充沒有將皇位傳給他的愧疚。而「中興名臣」曾國藩是一等毅勇侯，左宗棠是二等恪靖侯，李鴻章是一等肅毅伯。曾國藩是鎮壓太平天國、收復南京的大功臣；左宗棠是收復新疆的大功臣；李鴻章是慈禧太后的消防員，到處救火，他們三人是因功封爵位。多數爵位可以世襲，曾國藩的一等侯就傳給他兒子曾紀澤。

人類社會先有爵位，後有官職，兩者曾長期纏繞在一起。夏商周分

封時代，天子分封諸侯到各地建立諸侯國，諸侯再分封卿、大夫建立采邑進行統治。諸侯、卿、大夫就是爵位，他們有封地，一代代世襲下去。同時他們又直接管理封地內的財政、民事、軍事，帶有官職的性質。當時是官爵不分，爵位為本，以爵領官，有了爵位自然就有了統治權。

分封制不利於中央集權，而中國歷史發展趨勢是走向集權。所以到戰國時，列強力行集權，爭奪天下霸權，爵位制隨之衰落，官職制開始興起。諸侯們任命一些平民處理政務，只發給他們俸祿，不再「裂土」分封他們。這些人就成為沒有爵位、只有官職的官僚。比如「宰」和「相」兩個字都是「副」的意思，最初是天子、諸侯的家臣，幫助主人處理家事。漸漸的，天子、諸侯用「宰相」在外面總攬全局，處理國事。那些世襲的卿、大夫們則靠邊站了。此時，爵與官已經分開，擁有爵位不一定有官職。之後爵位的發展趨勢是：和官職的距離越來越遠，授予越來越嚴格。雖然爵位制一直存在到清亡，但官職迅速取代爵位，成為官員獲取權力和收益的主要依據。

西周確定了五等爵位：公、侯、伯、子、男，來分封宗室和功臣。秦始皇嬴政創立了「皇帝」的尊號後，空出了「王」的爵位，五等爵就變為了六等。

漢代封爵只有王、侯兩等，前面冠以具體的地名，比如燕王、吳王、富春侯、汶川侯……等。漢初，功臣也能封王，後來嚴格限定只有劉姓宗室才能封王。獲封王爵的人，都有封地，可以建立封國，擁有一系列權力。王爺到封地去上任，稱為「就藩」，燕王就去北京，梁王就去河南。這就類似於分封時代的諸侯國，和中央王朝磨擦不斷。經過漢景帝、漢武帝兩代人的大力削藩，漢朝諸王的權力大為萎縮，軍事權、用人權和財政權都被大大削弱，但封國得到保留。漢朝的侯爵雖然也冠以

地名，但沒有「就藩」一說。地名是虛的，並不需要侯爵們過問該地事務。侯爵的收益以所封的戶數為準，比如「食邑八百戶」的，可以享受八百戶人家的租稅。所謂「少年意薄萬戶侯，白首乃作窮山囚」、「冀土當年萬戶侯」中的「萬戶侯」，就是食邑一萬戶以上的侯爵，是當時最高的侯爵，後世用來代稱高官貴戚。

魏晉恢復為王、公、侯、伯、子、男六等爵。曹魏進一步收縮貴族的權限，對宗室骨肉的防範心極重。曹魏諸王雖然還有封國，但行動受到嚴格限制，不能和大臣、宗室們相互聯絡，就連出城打獵的範圍，都有嚴格限定。朝廷還在各個封國派遣監國謁者，專事監視王爺們的言行。曹魏諸王，貌似尊貴，其實形同囚犯——看看魏文帝曹丕是怎麼對待他弟弟陳王曹植就知道了。曹魏對宗室王爺束縛太多，導致宗室貴戚沒有實力拱衛朝廷。西晉認為這是曹魏滅亡的重要原因，因此西晉建立後，大封司馬氏宗室，並賦予宗室諸王實權，結果導致「八王之亂」。司馬氏諸王實力倒是壯大了，可是非但沒有拱衛朝廷，反而熱衷於骨肉相殘，加速王朝滅亡。此後朝代吸取了西晉的教訓，再也不給諸王實權了。

爵位的實權不斷削弱，但虛的待遇卻得到制度保障。從唐朝開始，爵位與官品連繫，規定王爺為正一品，品級隨爵位遞減，到男爵降為從五品上。不過朝廷對貴族們的戒心還是很重。唐朝開始限制爵位的世襲制度，規定後代襲封祖輩的爵位，要在原爵上降一等，比如王爺的繼承人只能封公爵，公爵的繼承人只能封侯爵，以此類推。男爵的子孫就淪落為草民了。此舉目的是抑制貴族。到宋朝，封爵更虛，爵位乾脆不能世襲——但宋朝的爵位封得比較氾濫，一定品級以上的官員全部封爵，連大太監童貫都封王了。明朝雖然恢復爵位的世襲制度，但嚴格控制封爵數量，規定「凡爵非社稷軍功不得封，封號非特旨不得與」。明朝的貴族只能領取俸祿，沒有封地，中期之後還取消了子爵和男爵。

　　清朝沿用六等爵，且豐富了皇室成員的封爵。清朝皇室爵位分親王、郡王、貝勒、貝子、鎮國公、輔國公、不入八分鎮國公、不入八分輔國公、鎮國將軍、輔國將軍、奉國將軍、奉恩將軍十二級。公、侯、伯、子、男和輕車都尉、騎都尉、雲騎尉、恩騎尉則是給非皇室成員的爵位。其中，伯爵及其以上爵位位列一品以上，是超品；子爵正一品；男爵正二品；輕車都尉正三品；騎都尉正四品；雲騎尉正五品；恩騎尉正七品。從公爵到輕車都尉，每一級爵位又分為一、二、三等。清朝爵位也遞減世襲，每過一代人降一等爵位。此外，清朝還有「世襲罔替」的特例，極少數貴族可以不受遞減世襲的約束，世代平級襲爵。清朝擁有這項特權的，一共有十二個家族，分別是禮、睿、豫、肅、鄭、莊、怡、恭、醇、慶十位親王和順承、克勤兩位郡王，俗稱「鐵帽子王」。最後一個「鐵帽子王」是慶親王奕劻，受封時間是一九〇八年。

　　公主、郡主事實上也是爵位。魏晉以後，公主的丈夫照例授予「駙馬都尉」一職。順帶，駙馬也是事實上的爵位。當然了，公主也好，駙馬也好，都不可能世襲，公主的女兒不再是公主，駙馬的兒子也不再是駙馬。駙馬在清代稱額駙，爵位列於公爵之下、侯爵之上。

　　從本質上來說，封爵是君主和貴族之間的一種契約、一個承諾。君主以此來表達與兄弟子姪們的骨肉親情，來酬謝大臣們的功勛。然而，因為貴族們的實力和爵位的世襲性，會對君主的權力構成潛在威脅，所以天子始終提防諸侯，皇帝從沒放棄對貴族的防範、抑制。承諾是靠不住的，爵位是可以收回的，甚至貴族們的人身安全都沒有保障。大抵上，危亡之秋正是用人之際，皇帝們的承諾比較慷慨，爵位比較可靠。國泰民安之後，皇帝們有空沒空就開始思索身邊的人，拿貴族開刀了。比如清朝入關前，招降納叛，明朝總兵一級、甚至中層將領投降，都封王，比如孔有德、耿仲明、尚可喜、吳三桂等人；入了關後，別說是總

兵，就是總督投降，不關起來就算好的了；等天下大定，原本封王的明朝降將，日子也開始難過了。

從爵位制衍生出來的，有一個「丹書鐵券」的制度。丹書鐵券，也稱「世券」或簡稱「鐵券」，是功臣、貴族世代享受特權的憑證。它一般由丹書和鐵券兩部分組成，丹書就是用硃砂寫的文字憑證，以示莊重；鐵契，就是在鐵塊上註明功臣的功勳和特權，表示契約像鐵一樣堅硬和永久。鐵契形狀如同圓筒瓦，上面的每個字都用金子鑲嵌，鑄成後分為左右兩塊，一塊由皇帝保留，一塊由受封的貴族保管，兩塊合二為一可驗真假。

這個制度源於漢高祖劉邦大賞開國功臣，當時鐵券上註明受封者的特權，如世襲爵位、封地與食邑等。到了明朝，鐵券還刻明受封者日後犯罪可以憑此免罪，除了謀反叛亂等「大逆」罪行外，都能赦免。丹書鐵券因此又俗稱「免死金牌」。

可惜，免死金牌並不能免死，連免罪都做不到。持券的貴族獲罪比比皆是。司馬遷統計，西漢建立初期，受封的功臣超過一百人，封王、封侯，領有丹書鐵券。一百年後，開國功臣只剩下五家了，其餘家族不是犯法削爵，就是殺頭亡命。據說，劉邦曾當面承諾，不殺開國元勳韓信：「見天不殺、見地不殺、見鐵器不殺。」幾年後，韓信就被殺死了。殺韓信的呂后，是劉邦的老婆，為了不破壞皇帝老公的承諾，呂后在室內，用布把韓信綁住吊起來、用竹籤刺死，果然是「不見天、不見地、不見鐵器」。

持有丹書鐵券的人中，名氣最大的可能是《水滸傳》裡的小旋風柴進柴大官人了。柴進是後周的皇室後裔，宋趙皇室就是從七歲的周恭帝柴宗訓手裡奪走的天下。官方說法是「禪讓」。為了表示尊崇，宋趙皇室賜予柴氏家族丹書鐵券。那麼柴家生活得怎麼樣呢？柴宗訓禪位後，被

貶為鄭王，徙居湖北，十九歲就死了，沒有結婚，沒有子嗣。之前，柴宗訓的大弟、三弟莫名其妙地「失蹤」了，二弟早早夭折，於是後周皇室柴家煙消雲散了。（俞飛《丹書鐵券又如何》，載於法制網）

階，階官，表示官員實際等級的官號，它類似宋朝的寄祿官，領一個虛職、沒有固定的職責，又稱「散官」。

一開始，有些效勞多年或功勳卓著的官員，因為年邁或疾病而辭官，朝廷會讓他們辭官之餘，任命一些虛職，繼續領取一份俸祿、享受相應的待遇。這算是給官員的一種優待，事實上這類官員很可能從來沒有擔任過處長、師長，只是享受這個級別的待遇而已。一般是給低級別的官員抬高一兩個級別，讓他們享受高級待遇。

隋唐以後，階官開始流行，用來賞賜、拉攏官員，安慰那些在官場競爭中失利、長期得不到提升的官員。比如「檢校」原是代理官職的意思，唐朝中期以後就成了散官。不少官員都「檢校」比自己現職等級高的官職。宋朝階官之風更盛，中高級官員在正職之外，都加檢校之官。《水滸傳》中，梁山好漢接受招安後，被授予的節度副使、太尉、保義郎、武功大夫、武德大夫都是散官——想想也是，朝廷怎麼會給招安的土匪實職呢？

明清時代，階官完全成為例行公事，官員們人人都加了階官。比如明代正一品文官初授特進榮祿大夫，升授特進光祿大夫；從一品初授榮祿大夫，升授光祿大夫。清代官員任滿一定年限（一般是兩年），或者遇到重大慶典，都可以請求授予相應的散官，稱為「封贈」。

勛，勛官，是獎賞有功官員的稱號。

北周授勛給作戰有功的將士，作為獎勵。將士們受的勛就是勛官。因為受勛者都是出身行伍的赳赳武夫，勛官開始時並不為士大夫所重視。話雖如此，士大夫們吃不到葡萄說葡萄酸，他們也眼紅勛官，逐漸

染指勛官名號。隋唐以後，勛官不再為武夫所壟斷，中高級文武也獲封勛官。唐朝將勛官定為十二轉，轉多為貴。勛官名有：上柱國、驃騎大將軍、車騎大將軍、正治卿、資治尹、武騎尉等。明代定文官散勛十級，授予五品以上官員，武官散勛十二級，授予六品以上軍官，人人有份，淪為中高級官員的榮譽。清代沒有勛官，獎勵官員就授予爵位。

階和勛很類似，都是用來象徵官員待遇的，名稱也很相近。高階文官的散階一般是大夫，低階文官的散階一般是郎；高階武官的散階一般是將軍，低階武官的散階一般是校尉。勛官一般是柱國、護軍和各種都尉、騎尉。

古代還常常追封死者官職，稱為「贈官」。比如，某位老臣不幸去世了、某位軍官陣亡了、當權者要追封那來不及享福的早死父親，都可以贈官。追封的既有官，也包括爵、階等。比如歷代野心家篡位前，總會往自己臉上貼金，其中最常用的方法，就是追封死去的祖父、父親官爵。南朝四位創立者劉裕、蕭道成、蕭衍、陳霸先都出身貧寒，都不約而同地追封死去的祖父、父親為王，外帶尚書令、都督天下軍事等官職。此外還可以為死者加諡號。諡號是古代朝廷在官員死後，根據他們的生平給予一種稱號，用來蓋棺論定、褒貶善惡。諡號的頒布程序，是一定級別的大臣死後，禮部草擬一個諡號，經皇帝同意後，賜諡。在古代，一個人能獲得諡號是光宗耀祖的大事，彷彿全社會對他莫大肯定和讚譽。後人對有諡號的前輩，多將諡號加在他的姓氏之後，而不稱名字。比如歐陽脩死後獲諡「文忠」，後人就尊稱他為「歐陽文忠公」；李鴻章死後也獲諡「文忠」，清朝末期和民國時期的人們就尊稱他為「李文忠」。

清朝官制還有「缺」一說。所謂「官缺」，指的是清朝對任職者提出民族的要求，比如某某官必須由滿人八旗擔任，某某官必須由蒙古人擔

任，某某官必須由漢軍八旗擔任，某某官可以由漢族人擔任。比如中央六部尚書必須滿漢各一人，侍郎必須滿漢各兩人等等。如果滿人尚書離任，出現空缺，即便有漢人官員資歷、能力都符合條件，也不能接任。這就是官缺的要求，本質上是清朝的民族限制政策。

這麼多古代官制的項目，功能大小時有不同。最初的主角是爵位，官職後來居上，從秦漢後漸成核心項目。唐代大臣陸贄說，雖然有品、階、勳、爵等體系，「然其掌務而受奉者，唯繫於職事一官，以序才能，以位賢德，此所謂施實利而寓之虛名者也」。和官職相比，官品用來區分等級、爵位用來酬賞權貴、勳官用來獎勵功勞、階官更多的是安置官僚，它們主要是用來確定待遇，是「虛名」，官職是「實利」。「虛實交相養，故人不瀆賞；輕重互相制，故國不廢權」。

最後，我們一起來解讀開頭的四個官銜。

劉昌的官銜可以分為：「開府儀同三司」是階官，表示劉昌可以開府、可以享受三司的儀仗；「檢校尚書右僕射」也是階官，劉昌並不用去尚書省代理右僕射；「使持節」是一項差使，表示劉昌手持天子節杖，在唐朝可以調動軍隊；「涇州刺史」是核心官職，劉昌應該常駐涇州；「兼御史大夫」是兼職，授予劉昌監察權；「上柱國」是很高的勳官，可見劉昌立下了不小的戰功；「南川郡王」是爵位；「贈司空」是贈官，朝廷在劉昌死後追封他司空一職。劉昌生前主要是在涇州當刺史，是從三品官，其他都是政治待遇。由此可見，唐代官銜的書寫順序是階、官、勳、爵。

范仲淹的一長串官銜其實都是官職：「龍圖閣直學士」是館職、「戶部郎中」是本官、「陝西經略安撫副使」是差遣、「兼知延州事」既是差遣也是兼職。范仲淹的核心職務是延州（今陝西延安）知州：延安地處北宋與西夏戰爭的前線，延州知州是重要崗位，所以范仲淹以安撫副使

的身分兼任了這個職務。

孔貞運的官銜可以分為：「賜進士及第」顯示他是科舉出身；「柱國」是勳官；「光祿大夫」是階官；「太子太保」和「禮部尚書」都是官職，但他本官應該是禮部尚書，主持禮部的工作，太子太保是加官；「兼文淵閣大學士」是兼職，表示孔貞運進入了內閣；「總裁國史玉牒」和「同知制誥起居經筵日講」都是差遣，表示孔貞運承擔了編輯和講課的職務。

第四位張令璜的官銜中，「誥授通議大夫」是階官；「吏部右侍郎」是官職；「兼順天府府尹」是兼職，順天府就是首都北京，清朝順天府尹崗位極其重要，不僅被定為正三品，而且還常由侍郎兼任；「前吏部左侍郎」是曾經擔任過的職務。張令璜的核心工作，應該是治理京城。

一、官僚制度發達是中國古代歷史的一大特點。有觀點認為，中國古代社會就是一個官本位的社會。官僚制度強大到超越政府範疇，泛濫到其他領域，比如文化教育、經濟貿易、社會生活等。請問，你認同這樣的觀點嗎？

二、科舉制度是中國的發明。透過考試來選拔官員，這種方法被今天的公務員選拔制度所沿用。在古代，科舉制度在增加社會流動性的同時，也束縛了讀書人的出路、限制了讀書人的思考。請問，你如何看待考試選官制度？

公產私財：說說古代的國有經濟

　　自國家誕生以來，政府直接參與經濟活動，建立各種形式的國有企業，確有客觀需求。但這些國有企業官僚化、行政化、衙門化，在經營中既當裁判又當運動員，就不應該了。古代中國政府公權力就滲入經濟活動，建立一系列國有經濟形態。這套形態有理論基礎，有外化形態，歷史悠久，算得上是觀察中國古代史的一個切入點。

　　經濟國有思想在中國歷史悠久。受後人推崇的先秦「井田制」，人盡其能，各人耕種自己的一畝三分地，看似寬鬆富足，但他們只有土地使用權，沒有所有權。井田制本質上是土地國有、等額承包的制度。當時不僅是農田，凡是雙眼所及之處，都是國有的，所謂「普天之下，莫非王土」是也。當時的天子，「公私分明」，凡是使用權給臣民的土地收入，比如田租賦稅，歸入國庫；凡是禁止百姓使用的山林河流的收入，歸君主私人享受。在漢朝，前者收入歸大司農所管，以維持政府運轉，後者歸少府所管，政府無權支配。隨著人口的增加，人們漸漸侵入君主所有的山林、河流，又在農業基礎上發展出工商業。政府禁而不絕，就在交通要道和城郭處設置關卡，向工商業者徵收重稅，等於默認了私人工商業的存在，同時參與分配，從中分得很大一杯羹，算是行使自己的所有權。

　　需要指出的是，古代各朝各代對農民、對田地的使用權相當尊重，很少剝奪農民的權利，同時承認農民之間對田地的繼承、買賣關係。所以，古代農民對土地的使用權近似於所有權。但這種權利和所有權還是有差距的，起碼在觀念上，官府、社會和人們都承認土地國有的合理性。

　　秦朝是在法家思想指導下統一的國家。法家主張國家的統一、秩序和強盛，為此國家要力行集權，削弱社會力量，掌握足夠多的資源。國家對經濟的強制參與，也就順理成章了。同時，法家力求政權穩固，排斥社會流動性，視工商業為不穩定因素，主張「農本工商末」、「重本抑末」。重農抑商思想自秦朝產生後，被後世朝代奉為圭臬。

　　西漢初期信奉清淨無為，公權力自動退讓，中國社會擁有短暫的自由經濟時期。到漢武帝時期，工商業經過幾十年的發展，相當繁榮。吳王劉濞、大夫鄧通和少數大商人，富可敵國。商稅超過田租，少府收入勝過大司農，也就是漢武帝私人收入超過了西漢政府的收入。漢武帝屢次出擊匈奴，每次都是大手筆，向南又鎮撫蠻夷，朝廷入不敷出。漢武帝拿出少府的收入支持政府，還是不夠。他鼓勵富裕百姓，主要是鹽鐵商人，向朝廷捐款，結果應者寥寥。

　　「漢武帝不禁心想：你們的錢究竟由哪裡來的呢？豈不是都由我把山海池澤讓給你們經營，你們才能煮鹽冶鐵，發財賺錢。現在我把少府收入都捐獻給國家，而你們不響應，那麼我只好把全國的山海池澤一切非耕地收還，由我讓給政府來經營吧！這便是漢武帝時代有名的鹽鐵政策。」

　　「鹽鐵商是當時最大最易發財的兩種商業。……漢武帝不讓再商人們擅自經營了，把其所有權收回，讓政府派管理去自己燒鹽，自己冶鐵，其利息收入則全部歸給政府，於是鹽鐵就變成國營與官賣。這個制度直到清代，小節上的變化雖然有，而大體上總還遵循這個政策。這個制度，也不專限於鹽鐵兩項。又如酒，這是消耗著人生日用必需的米麥來做成的一種奢侈享樂品，因此也歸入官賣，不許民間自由釀造。」（錢穆《漢代經濟制度》）國有思想和法家思想相結合，在漢武帝時期內政外交的刺激下，定型成「經濟統制」政策。

　　鹽鐵政策，不單單是將煮鹽、冶鐵之類收歸國營，還包括政府壟斷鑄幣權，將與人們日常生活息息相關的一些行業，包括絲織業、釀酒業等收歸國營，國家統一規格、限定數額、壟斷經營。此外，漢武帝還壟斷大宗運輸業，定為「均輸」制度；在重要市場設置官員監視與平衡物價，定為「市易」制度。這是一整套、全方位的經濟統制政策。相對應的，西漢出現不少參與經濟活動的部門和官吏，產生規模不小的國有經濟。「國有企業」的雛形也出現了，比如「大漢酒業集團」、「長安絲織廠」、「國營無錫錫礦」等。

　　市場和國家的力量，各有長短和利弊。對經濟活動來說，絕對的國家參與和純粹的自由競爭，都是不可取的。解決之道，是在兩者的糅合之中，找到一個「標準」，一個國家和個人、官府與社會都能接受的標準，一個有利於經濟發展的標準。可西漢的「經濟統制」政策是在政府對自由經濟的否定之後推行的，帶著過度的國家色彩，短期內為西漢王朝增加巨額收入。這是建立在經濟活動品質下降上的。比如國家壟斷食鹽經營後，鹽價立刻上漲，品質卻下降了；國家壟斷經營鐵器後，負責鐵器生產的官吏傾向於生產利潤大、見效快、好看又有面子的大型器皿，而不是一般百姓需要的犁、鋤頭、小刀等小型鐵器。此外，國營機構的服務態度、對科技創新的熱情，都大打折扣，最後受傷害的是大多數人的利益。

　　信奉法家思想的漢武帝，依然在追逐短期效益。他進一步創造了「算緡」制度，也就是向私營工商業徵收運輸稅和資產稅，向營運車輛、船舶徵收一兩成的運輸稅。商人為了避稅，紛紛隱瞞名下的交通工具和財產。漢武帝又跟進推行「告緡」制度，鼓勵民間檢舉逃稅者，官府查封逃稅者的財產，檢舉者可以獲得查封財產總額一半的獎勵。經此一鬧，私營工商業頓時氣餒，完全不是國營經濟的對手了。

　　西漢明令禁止官吏私自經營工商業，此項政策也被後世王朝所繼承。士大夫階層是統治階層，怎麼能自降身分，去做社會末層的商人呢？所以士大夫階層是恥於從商的。

　　隋唐是之後王朝政治制度的奠基者。唐朝參與經濟活動的行政管理部門，分別是戶部和工部。戶部所屬四個司中，金部司直接管轄兩京市、宮市等交易之事，直接參與市場活動，算是「大唐兩京貿易集團」（下轄長安、洛陽兩大分公司）的上級主管單位。工部所屬四個司中，工部司管理土木工程，既直接參與建設活動，又負責城市規劃，既當管理者，又當裁判和運動員，將「大唐建設部」和「大唐建設集團」合二為一了；屯田司掌管天下屯田事務和官員的公田分配，負責全國的國有農場和公田，可謂是「大唐國有農田集團」；虞部司掌管苑囿和國有山林、沼澤、草木，負責全國的國有林場和山地，可謂是「大唐國有山林集團」；水部司（這個衙門名字好，中唐詩人張籍就在這個衙門當過員外郎）管理全國的航運、船隻、橋梁、漕運、漁業等，相當於「大唐船舶、水運和橋梁集團」。

　　戶部和工部的這些司，雖然直接參與市場經營，掌握龐大的國有經濟，但主要還是承擔行政管理工作。進士出身的郎中、員外郎們，主要精力放在行政管理上，不太願意參與經營，實在迫不得已要插手經營，也往往徵發勞役或「外包」。比如，水部員外郎張籍要去修繕某座橋梁，他就會行文當地官府，要求提供勞役，然後委託熟悉的老吏、工匠多用心。張籍本人最多會去造橋現場「視察」一、兩次，以示重視。我們似乎可以認為，唐朝政府直轄的國有經濟活動並不活躍。

　　更直接參與、更熱衷經濟活動的唐代衙門，還是屬於內廷的非行政機關，比如各寺、卿、監。

　　比如唐代有將作監，掌管宮室建築和宮廷各種需求器物的打造。將

作監集中數量可觀的熟練工匠，製造小到象牙雕刻，大到皇帝出巡的龍船等產品，至於漆器、兵械、碑刻等，更是他們的主要產品。將作監相當於「大唐宮廷物資集團」，最高長官也叫將作監，從三品，級別一下子從司局級上升為部級。其助手將作少監是從四品下，下轄官署的負責人，其級別則迅速下降為八、九品。總之，將作監沒有行政管理的職能，完全從事經濟活動（雖然主要客戶是皇室），市場活動活躍，級別也大為提升。

與之相似的，還有古老的少府監，工作內容與將作監相似，但更為精細，主要負責供應皇帝的私人器物、后妃們的服飾以及宗廟儀器等，相當於「大唐宮廷工藝集團」，主管少府監也是從三品，將整個衙門的級別提升為部級。少府監除設有中央各官署外，還兼管諸冶監、鑄錢監、互市監。諸冶監、鑄錢監建造在外地有礦山，尤其是有銅礦的地方，冶金鑄幣，可算是「大唐冶金工業集團」、「大唐鑄幣總公司」，因為負責人由所在地的都督、刺史兼任，所以級別不一，大體在部級和司局級之間。而掌管與藩屬國貿易的互市監，類似於「大唐進出口總公司」，因為負責人是從六品下，副手級別是從八品下，因此級別不高，略低於司局級——可見唐朝對外貿不重視。

此外，唐朝還有與水部工作內容相似的都水監，負責水道疏濬、渡口溝渠的監管，類似於水部的執行機構，但又是一個獨立的衙門，不歸水部管轄。都水監的級別在中央諸卿寺監中是最低的，長官是兩個並列的都水使者，只是正五品上的司級官員。機構也很小，主要是在各個渡口設置的令、丞，類似於後代的「某某管理處」，他們只是九品小官而已。

這樣看起來，似乎唐朝的國有經濟不太發達，其實不然，唐朝還有強大的「大唐鹽鐵轉運集團」，由鹽鐵轉運使負責。

　　鹽鐵轉運使由轉運使、鹽鐵使兩個職務合併而成。唐朝繼承鹽鐵專賣制度，壟斷食鹽、冶金和茶稅等，設置了專門的鹽鐵使；轉運使則負責漕運轉輸，主要任務是把東南地區的鹽利茶稅等運輸到關中地區。唐中期後，鹽鐵使、轉運使合併成一個職務。鹽鐵專賣利潤豐厚，是唐朝的主要收入。「通天下之財，而計其所人，總一千二百萬貫，而鹽利過半」（《舊唐書・食貨志下》）。可以說，單單「鹽鐵轉運集團」一家國有企業，支撐了大唐王朝的財政收支。

　　唐朝的這個框架，沿襲到宋朝之後。到明清時期，加強皇權專制，宰相為首的行政機關在萎縮，外朝和內廷的機構有合併的趨勢。都水監在明朝併入工部，將作監、少府監併入清朝的內務府。清朝的內務府，集合了大量內廷機構，內部各衙署直接參與經濟活動，滿足宮廷需求。

　　明清還派出大量差官、臨時機構，參加經濟活動，大大拓展國有企業的勢力範疇。其中值得一提的是：織造。明清在江寧（今南京）、蘇州、杭州等江南富庶地設局，織造各項衣料及帛、綵繒之類，兼及採辦物資，供應宮廷之用。這些都是明確的官營紡織企業，相當於「國營江寧紡織公司」、「國營蘇州紡織公司」、「國營杭州紡織公司」。它們既自己購買原料、設備，招募工人進行生產，也向當地工匠提供「訂單生意」、「來料加工」，或者乾脆從市場上購買宮廷需要的物資（有時是明搶，為此引起過群體性事件）。

　　在明朝，管理這些織造局的人是宮廷派遣的「提督織造太監」。清朝改用內務府奴才，稱織造。最有名的織造要算大文豪曹雪芹的祖先了。他的曾祖父曹璽從內務府營繕司郎中的職位上調任江寧織造，祖父曹寅以康熙侍衛的身分出任蘇州織造。郎中是正五品官員，皇帝侍衛中最低級的四等侍衛也是從五品官員，由此大致可知，織造為司局級。蘇州織造李煦（《紅樓夢》中賈母原型的哥哥）是從韶州知府位置上調來的。知

府是從四品。這也坐實了織造局的大致級別。

從曹寅在任時造成五十萬兩白銀虧空這一「罪行」來看，織造局業務發達，資金往來巨大。它們不僅圓滿完成了宮廷交辦的物資供應任務，還創造不錯的經濟效益。康熙四十五年（一七○六），曹寅加授通政司通政使銜，李煦加授大理寺卿銜。這兩個官銜都是正三品。李煦後來再次加授戶部右侍郎銜，榮升為正二品。如果機械地以負責人級別來判定國有企業級別，江寧、蘇州兩個織造局都升格為「副部級企業」了。

近代以後，洋務企業興起。這些企業與傳統的官營工商業不同，使用的是新式機器、僱傭了大量工人、按照西方工廠形式組織生產。這些新興企業依然受制於政府公權力，浸染深厚的官場習氣，非但沒有逃脫國有企業的窠臼，行政化、官僚化反而更加嚴重了。

洋務企業主要有兩類。第一類是純粹的「官辦企業」，比如江南織造局、輪船招商局、安慶軍械所等。官府直接任命官員為企業負責人，按照官府組織形式配置管理階層，根據官場的作息、習慣和標準來生產經營。比如「（江南）製造局積弊，再換一總辦，即添用心腹委員三四十名，陳陳相因，有增無減，故司員兩項，幾至二百，實屬冗濫」。第二類是「官督商辦」的企業，名義上「商辦」，實際經營管理大權依然操在官僚手中。官府委派一批官僚來企業「督辦」、「會辦」、「幫辦」。

西方人考察中國近代企業時，常常奇怪工廠裡有一些衣冠楚楚的人，在若無其事地閒坐、喝茶、聊天，此外還有更多的人為他們端茶倒水、聽候使喚。不用說，這些人就是衙門派人「監督」、「幫助」企業經營的官員。這些人除了偶爾訓斥工人外，從不過問企業經營，主要精力放在迎來送往和「跑衙門」上。他們所爭的，是企業的級別：到底是朝廷直轄的企業，還是省級創辦管理的，或是州府縣的小企業？似乎進入高一級的企業，就進入更高一級的衙門，有更好的「官途」。企業被當成

比較級別的機關、論資排輩的場所。

李宗仁年少時曾經去類似的企業——紡織習藝廠做過工，在晚年回憶錄中向我們描繪了官辦企業的內部情形：

「這時候，各省正在試辦「新政」，廣西省新設獎勵工商業的「勸業道」，並在桂林城內設立「省立公費紡織習藝廠」，招收兩百學徒，學習紡織。……這習藝廠是由桂林城內原有的「考棚」改建的。建廠的目的是訓練一班學徒，用新式方法來改良舊式的木機織布。這在當時算是新式的工廠，規模很大，廠長似由勸業道道臺自兼，訓練也還認真。我們的廠長既是一位大官兼的，廠內自然也有些官場應酬。我記得廠中當局有時在廠內請客，規模極大。我們學徒只可從遠處看去，那一派燈光人影、呼奴喚婢的場面，真是十分盛大。

我在這廠內一共學了半年關於紡織的初步技術——從下水漿紗，到上機織布，我都學到了。光緒三十三年（一九○七）春初，我十六歲時，學習告一段落，我便回家了。政府設廠的初意，原為改良農村手工業，增加農民副業生產，我回家之後，大家都歡喜，就買了一部新式木機，從事織布。才過半年，由於家人對織布一事，無太大興趣，也就算了。這時父親又已應徵到姑丈家教館，我便又跟著父親到姑丈家讀書，而姑丈對織布倒頗有興趣，他在桂林買了一部木機，要我教表姐們織布。誰知我在習藝廠所學的，僅是一些皮毛，故漿紗時，把紗漿焦了，一旦上機，隨織隨斷，弄得十分尷尬。後來我又曾應徵到別村李姓家裡教織布，可是均告失敗。」

為什麼國有企業在清朝末期爆發「衙門化」呢？

第一，清末出現的工商企業並不是在自然經濟基礎上產生的。它們資金需求量大、占地廣、事務繁重，包括引進外國技術、官吏和人才等，到處需要與官場打交道。公權力很輕易就侵入近代企業。

　　第二，此時中國社會已經被「官本位」思想徹底攻陷。有能力者，無不思得一官半職。官場冗員充斥，比如南京城裡「驢多、婊子多、候補道多」，都能填補全國的道臺職位了。衙門一旦發現洋務企業這塊新大陸，還不把它們視為安置冗員的出口、官員的蓄水池？江蘇是洋務企業的聚居地，往往一家企業有一名候補光祿卿、兩名候補按察使、四五名候補道臺和知府，至於候補的知縣、縣丞等，就要數以十計了。同樣，創辦企業者也不自覺地向衙門靠攏，看臉色，自動行政化了。

　　第三，在官本位思潮衝擊下，中國的私人工商業者不是將剩餘資金投入再生產，而是拿來「投資」官場。穩妥之人拿錢來置地，轉變為地主，然後花重金設置家塾，請最好的先生教導子弟，希望後代能夠科舉高中，踏入官場正途；急躁之人則拿賺來的錢捐官、買官，直接在有生之年過過官癮。總之，他們不是想著如何延續工商事業，而是急著和工商業洗刷關係，躋身社會「主流」。這也是為什麼清末的近代事業大多官辦，私人企業不強的重要原因。

　　官辦或「督辦」的近代企業，雖然不像傳統國有企業那樣兼具行政管理或強制壟斷的性質，但還是得到朝廷的諸多扶持，比如減稅、免稅、平價物資、注資貸款和某些程度的壟斷。比如輪船招商局從初創時，便享有從上海到天津的免稅優惠，還享有運輸漕糧的特權。在貸款方面，招商局得到大量官款，到一八七九年，清政府累計向它注資達一百九十二點八萬兩，而且李鴻章多次出面為該局請求緩息或免息。這種扶持，加深了公權力對企業的控制，企業也產生「等、靠、要」的思想，逐漸喪失自主經營的能力。許多企業內部官僚作風嚴重，管理混亂不堪，任人唯親、人員冗雜、扯皮推諉、營私舞弊等現象，與官場無異。如輪船招商局的分局、各船、各棧負責人，不是姓唐，就是姓徐，內部人員想做事，必須打通關節，而那些唐姓或徐姓的中階官員，又

「皆不在其事，但掛名分肥而已」。企業效益低下，毫無生氣，集歷代國有企業弊病於大成。

國有企業時而爆出匪夷所思的醜聞，國有資產流失，舉國譁然，最後也能按照官場的方式，大事化小，小事化無。開平煤礦集團是清朝最大的煤礦之一。主管的張翼原本在醇親王府飼馬，是兩代醇親王奕譞、載灃的親信奴才。八國聯軍侵華期間，北方局勢動盪，開平煤礦不穩，張翼憂心忡忡。英國人利用張翼不懂洋務，採取坑害拐騙的手法，騙得張翼將礦產以極低的價格賣給英國人，「得以保全」。輿論大譁。朝廷也逼張翼去倫敦訴訟，要求贖回開平煤礦。載灃監國後，張翼仗著載灃的信任，顛倒黑白，吹噓自己「中外合辦」煤礦的功勞，還進一步將開平附近地脈相接的礦產，以及秦皇島通商口岸附近土地，承平、建平等地金礦銀礦，都交給英國公司經營。河北士紳聯名反對，要求懲辦賣國賊張翼。載灃念舊，加上老福晉在一旁說張翼的好話，他非但沒有懲處張翼，還默認張翼的賣國行為。清朝自辦礦務以來，開平周邊礦產獲利最多，最後竟然被英國人侵吞，有識之士莫不扼腕嘆息。

以上談的都是國有企業，它們有級別，而私人工商企業從誕生到清朝末年，都沒有級別，沒有被官化。私人工商業者想要過過官癮，只能自掏腰包買官帽戴戴，他們的企業並不能因此獲得相應的級別。

清朝政府為了走出經濟困境，鼓勵私人企業發展。慈禧太后和大臣們認為最好的激勵方式就是「賜官」，根據企業的資金額來賞賜創辦者不同的頂戴。一九〇三年，清政府頒布《獎勵華商公司章程》，規定籌集資本五十萬元以上者，可獲任商部五等議員，加七品頂戴。資金越多，品級越高，資金五千萬元以上者「賞商部頭等顧問官，加頭品頂戴，特賜雙龍金牌，准其子孫世襲商部四等顧問官，至三代為止」。

朝廷的動作不可謂不大，可惜門檻太高了，誰能有五千萬以上的資

金啊？就是有五十萬的人也不多。何況當時賣官鬻爵大門已經洞開，官帽批發價持續走低，購買一個七品頂戴只要幾千兩銀子就可以了，四品道臺的標價也不到一萬兩。擁有數十萬巨額資產的私人，早就官帽在頭了，而且還多買了幾頂，給兒子、侄子、孫子預備用。所以，清政府的獎勵章程，姿態大於實際，覆蓋不到中小企業家，對大企業家又缺乏吸引力。

朝廷也許意識到這個問題，在一九〇七年修訂獎勵章程，大幅度降低門檻，全場「四折優惠」，如最低門檻由五十萬元降至二十萬元，最高獎勵由五千萬元降為兩千萬元。同時，清政府頒布《華商辦理農工商實業爵賞章程》，在「賜官」之外附帶「封爵」。規定中國人投資實業兩千萬元、一千八百萬元、一千六百萬元以上的分別賞一、二、三等子爵；投資一千四百萬元、一千兩百萬元、一千萬元以上分別賞一、二、三等男爵；投資七百萬元、五百萬元以上分別賞三品卿、四品卿。最低門檻降低到十萬元，凡達到者，都賞給五品銜。為了吸引中小資本家，農工商部又制定了「部門規章」，推出七品、八品、九品三種「獎牌」，分別授予出資一萬元至八萬元的私人。總之是一定規模的企業一律「收編」，企業家都戴上官帽。

晚清官府往往做什麼都挨罵，不過獎勵章程卻得到私人企業家的好評。要知道，他們昨天還被認為「四民之末」、「為富不仁」、「無商不奸」，今天卻被告知可以「加頭品頂戴」、「賜雙龍金牌」，不禁感慨：「今乃以子男等爵，獎創辦實業之商，一掃數千年賤商之習，斯誠稀世之創舉。」官帽對他們也有現實幫助，頭戴官帽，交際起來信心無端足了許多。縣城裡的那些芝麻小官，無端也不敢來找私人企業的麻煩了。所以，在理論和實踐中，企業家都歡迎獎勵章程──雖然他們的企業還是不能和國有企業相比。不過，古代企業走到這一步，算是徹底淪陷在官

本位的泥潭中。

一、有觀點認為，中國古代商業是自由發展的。官府「重農抑商」，對工商業並不在意，除了少數國有工商業作坊外，並沒有插入工商業。試問，古代工商業是否官化色彩濃厚？

二、政府公權力插入工商業，涉及國家能否與百姓爭利的道德問題。試問，政府公權力是否應該插手工商業活動？

千年科舉：鐵打的考試，流水的官

　　清朝某年，江蘇鄉試，有位拄著拐杖的老秀才應考，擠在入場的人群中蹣跚而行，引人注目。主考官仔細打量這名老秀才，大吃一驚：這不是當朝內閣學士兼禮部侍郎王鳴盛的父親王爾達嗎？他忙走上前勸王老秀才說：「老伯正當頤養天年，不必來吃這苦了。」王爾達正色說：「你錯了，大丈夫奮志科名，應當自己取得，如果藉著兒孫之福，自暴自棄，我深以為恥。」王爾達的這份執著在科舉時代贏得一片讚嘆聲。這片聲音的背後，隱藏著全社會對科舉功名的尊崇和追求。清朝名臣曾國藩二十八歲時以第三甲四十二名的成績考中進士，應該說年輕有為，很值得炫耀了。但曾國藩卻對此耿耿於懷，引為終生憾事。為什麼呢？他嫌自己的名次太低了。

　　中國古代，科舉引得無數讀書人競折腰，皓首窮經，孜孜以求，進而塑造了讀書人的言行操守。科舉不僅僅是讀書人入仕、當官的敲門磚，還滲入官員的來往進退、宦海沉浮；它不僅僅讓士大夫們沉溺其中無法自拔，還像是一張大網，包裹住社會的四面八方。

　　科舉制度涉及的政治內容是官員的選錄問題。

　　最初，中國的官位是世襲的。一個人的家庭出身，決定他的政治地位，王公卿士世代壟斷官職。平民子弟想要躋身官場，就必須付出極大的努力，建立功績。西漢之後，徵辟制興起，成為世襲制的補充。朝廷可以徵召地方賢才，官員可以薦舉孝子廉吏當官。徵辟制為官場選取部分德才出眾的官吏。

　　但這樣的作法，缺乏透明度，徵辟的標準操於權貴之手，得官的人

數也很少，對改變平民子弟的政治地位幫助不大。徵辟制到魏晉時代被九品中正制所代替，人才被分為上中下三等九個級別，分別授予官職。權貴家庭把持評定，相互攀附，出現了「上品無寒門，下品無世族」的局面，形成變相世襲的門閥政治。平民子弟的入仕途徑依然窄小，改變社會地位的可能性不大。權力壟斷官位分配，導致大批身體羸弱、不識五穀、畏馬如虎的世族子弟，二十歲就能登殿入閣，而普通人家子弟即使才能出眾，年過三十也僅可補為刀筆小吏，從底層做起。這是不公平的，也不利於政治體制本身的新陳代謝。

在這樣的背景下，隋唐科舉制的橫空出世，無疑是歷史的進步。科舉開放了政權，摒棄出身、地域、年齡等外在因素，只考量個人學識，允許所有人自由競爭。所有想當官的人，只要通過統一的考試，就能入仕；相反，即便是王侯子弟，考試不通過，也只能當一輩子平民百姓。這就排除了權力因素的干擾，限制了既得利益集團，在理論上實現了公平、公正。同時，考試剔除那些不學無術的紈褲子弟和碌碌無為的庸才，能為政治體制補充高品質的官吏。這對政治體制的高效運轉和長遠發展是有益的。所以，科舉制設計秉承的公平公正原則和擇才而用的做法，相對之前各項入仕制度，有著巨大進步。

「朝為田舍郎，暮登天子堂。將相本無種，男兒當自強。」

從誕生直到一九〇五年的一千五百年間，科舉制在中國雷打不動。隋唐以後，官員選拔的主要途徑是科舉考試。皇帝可以換，王朝可以變，甚至統治民族也在變，但開科取士的做法幾乎沒人變過。它以開放的姿態，高舉公平公正的旗幟，給所有人入仕的希望。希望在，夢想就在，就有大批人甘願困守其中，支持這項制度。

大規模科舉取士，興起於唐朝。唐朝的科舉考試由禮部負責，允許天下讀書人自由報考，州縣地方官員不得阻攔。相對於之後的層層考試

選拔，唐代科舉只考一次，最簡單、最直接，讀書人進入官場的形式、成本也最低。但是，唐朝的科舉考試與後世不同的是，通過科舉考試的進士，只是獲得了一個當官的資格，並不能成為正式的官員。要成為正式的官員，進士們還要通過吏部主持的官員錄用考試。只有考試合格了，才能上報皇帝批准，再由吏部授予他正式的官職。通過官員錄用考試，唐朝稱之為「中式」。一個人只有既通過科舉又中式，才能夠邁入官場的大門。

由於唐朝科舉考試處於草創階段，規章制度並不像後世那麼嚴格。比如唐朝科舉考試之初是不糊名的，試卷上寫有考生的姓名、年齡、籍貫等內容。考官在判卷的時候，不僅看考生答卷品質的高低，也會參考考生平時的文章、名聲，甚至會看這個人的家庭出身，主觀因素很大。武則天當政時，為了防止官員徇私舞弊，開始要求試卷糊名。但是吏部的錄用考試，則要進士去面試，申報自己的出身、家世，包括祖父、父親的身分、有無官職等內容。這樣，負責官員黑箱作業的可能性就很大。因此，讀書人在唐朝參加科舉和官員錄用考試，不僅要憑真才實學，還要到處拉名人和達官顯貴推薦自己。考生們紛紛奔走於公卿豪門，向他們投遞自己的代表作，稱為「投卷」。投卷在唐朝是公開允許的，考生向禮部投的叫官卷，向達官貴人投的叫行卷。社會名流、達官顯貴如果覺得這個考生真有才華，往往會對其極力稱讚、大為薦舉。

大詩人白居易到長安應試時，就向前輩詩人顧況投遞了自己的詩作〈離離原上草〉，受到後者的極力稱讚。據說，唐玄宗初期的狀元王維也是投卷的成功例子。王維未滿二十歲，就在文壇嶄露頭角，文章名震一時。當時，太平公主勢力很大，已經暗示當年科舉考試的主考官錄取某某人為第一名。王維晚到一步，就向唐玄宗李隆基的弟弟、岐王李範求情。李範有意抬舉王維，就帶他去見太平公主。王維年輕英俊、風姿優

美，太平公主驚為天人，問岐王：「這個人是誰啊？」岐王回答：「知音者也。」太平公主就請王維演奏流行曲子，王維一曲下來，聲調哀切，滿座之人為之動容。太平公主大為驚奇，岐王李範趁機說：「這個後生不但精通音律，在文學方面也是獨步天下，無人能出其右。」太平公主更高興了，問王維：「你有帶寫的文章來嗎？」王維早已準備好，把詩卷呈給太平公主。公主讀完，驚嘆道：「這些文章都是你寫的嗎？我們常說古人的佳作，原來都是你的作品啊！」於是，太平公主讓王維坐在自己的旁邊，之後又把今年科舉主考官叫來，授意他一定要錄取王維為狀元。於是，王維少年及第，一舉摘取科舉第一。

當然，像白居易、王維這樣行卷一次就大獲成功的人畢竟是少數，絕大多數唐朝的讀書人為了能當官，不得不低三下四，到處求人，到處去投遞自己的文稿，希望得到賞識和薦舉。長安城中，「天下之士，什什伍伍，戴舊帽，騎蹇驢，未到門百步輒下馬，奉幣刺再拜，以謁於典客者，投其所為之文，名之曰『求知己』。如是者而不問，則再如前所為者，名之曰『溫卷』。如是而又不問，則有執贄於馬前，自讚曰『某人上謁者』。」（《文獻通考·選舉二》）可稱得上是斯文掃地。

在眾多失敗的投卷者中，最典型的可能要數中唐大文學家韓愈。韓愈出身無名無姓的布衣百姓家庭，雖然從小奮發學習，但歷經三次挫折才考中進士，考中進士以後，連續四次參加吏部錄用考試都不合格，困居長安十年。他曾經哀嘆地說，我想當個九品芝麻小官都成了奢望，想獲得一畝之地的官舍都難以實現。所以說，唐朝讀書人當官雖然簡便、直接，但是普通人家子弟入仕還是相當困難。整個知識界和官場瀰漫著一股請託和攀附權富的風氣。等到韓愈當了大官，又成為文豪以後，他也成了讀書人行卷的對象。有一次，一個考中進士的讀書人來找韓愈，希望韓愈推薦自己。韓愈就出了一個主意，要他住在長安城裡的某個寺

廟裡，表示自己清貧廉潔，然後在某天早晨出門遊玩。這名進士一一照辦。到了那一天，韓愈請另一位侍郎，一起去拜訪這名進士，他已經遵照韓愈的囑託出門了，韓愈和那名侍郎大人當然就撲了個空。於是，韓愈提筆在廟門口上大書：「侍郎韓愈、侍郎某某，至此訪某某進士不遇。」由於這座廟在長安的繁華之地，人來人往，這條標語很快就傳遍整座京城。連兩位朝廷高官、當代文豪親自造訪都找不到的進士，自然是名聲大震，身價陡增。很快，他在吏部的錄用考試中，高中榜首。

唐朝的科舉考試也好，吏部錄用考試也好，主觀性因素實在太大。整個過程看起來很嚴密，但實際上是一個花架子。

到了宋朝，統治者採取一些措施，對科舉考試進行改革和完善。比如認真執行武則天時期就實行的糊名制度，在試卷上不准出現考生的任何個人資料；同時建立謄錄制度。考生用墨筆作答的考試原卷被稱為墨卷。為了防止考官辨認考生的筆跡，或考生和考官串通後在考卷上留下特定記號，有專門人員將糊名後的墨卷編號，交給抄寫人員用紅筆重新抄寫一份答卷，新卷子叫朱卷。朱卷抄寫完畢後，又有專門的校對人員將墨卷和朱卷進行校對，確認無誤後，分別封存。墨卷存入檔案，朱卷交給考官審閱。主考們選定高品質的朱卷後，再根據朱卷上的編號調出墨卷，拆開糊名的封口，查看考生的姓名、籍貫等。這個過程要當眾開封，當眾填寫姓名，當眾放榜公布。為了防止這個過程再有紕漏，放榜後，各地的試卷還要禮部複查，稱為磨勘。

宋朝科舉考試的主考官是由皇帝在考試之前臨時任命的。宋太宗任命翰林學士蘇易簡負責當年的科舉考試。蘇易簡接受任命後，為了避嫌，將自己關在貢院裡不肯回家，也謝絕與外人往來，以示自己的清白、廉潔、公正。從此，考官接到任命後，都要被鎖在貢院裡面，稱為鎖院制。這項制度也成為一項慣例。

　　唐朝由吏部主持的官員錄用考試，在宋朝也被取消了。讀書人只要通過科舉獲得進士身分，也就等同於獲得了官職。

　　宋朝對科舉考試的大幅度規範和嚴格要求，大大限制了官僚特權，從效果上來看，基本扭轉了唐朝讀書人行卷行賄、依附權貴的惡行。這就保證了有才幹的平民子弟進入仕途。在宋高宗紹興十八年中舉的三百三十名進士中，姓趙的皇氏宗親有二十五人，城市出身、但未必都是官僚子弟的進士有三十人，其餘將近三百人都是從農村鄉間來的普通地主子弟或完全是農民子弟。這就大大保證了科舉考試的開放和公正。宋朝的讀書人只要有意當官、能夠通過科舉考試，基本上都能夠當官。

　　明清時期是中國科舉制度高度完善的時期，程序完備、制度森嚴，在社會上影響深廣。現代人講科舉，一般以明清科舉制度為對象。我們來看看明清時期一個讀書人是如何一步一步走完科舉程序的。

　　讀書人在獲得功名之前，統一稱為童生。童生想獲得功名，就得「入學」，參加由政府組織的「童試」。童試每年考一次，因此也被稱為「歲試」。童試由縣裡組織，主要考一個讀書人的文字水準，以及他對四書五經的熟悉程度，難度比較低。通過童試的人，能夠獲得最初級的功名，被稱為生員，俗稱秀才。秀才是功名的起點。獲得秀才功名以後，讀書人就從百姓階層躍升到士大夫階層。凡是有功名的讀書人，可以遇官不拜，遇到訴訟或刑事案件時，官府不能逮捕秀才，只能傳喚他到庭應訴。如果有功名的讀書人的確涉及違法亂紀，地方政府要向本省學政申請，剝奪該讀書人的功名後，才能對他進行審訊並進入司法程序。所以秀才也可算是一個人鯉魚躍龍門的第一步。秀才又分為三種：成績最好的稱為廩生，有一定的名額，入學以後由政府發給一定的糧食；其次是增生，也有一定的名額；童試成績一般以及新「入學」的讀書人，被稱為附生。

　　縣裡的秀才為了能參加省裡的考試，要接受本省學政巡迴舉行的考核。成績優良的秀才才有資格去省裡參加更高級的考試。這級考試被稱為「科試」或「科考」。科試每三年舉行一次。

　　省級的考試在省會舉行，稱為「鄉試」，也是每三年一次，和科試期限相同。鄉試又稱為「大比」，由於在秋季舉行，俗稱「秋闈」。鄉試考核的內容比童試嚴格，除了考核寫作水準以外，還要考核對四書五經等儒家經典的理解程度。鄉試要連考三場，每場考兩天，對人的體力要求很高。考中鄉試的秀才被稱為舉人。第一名舉人被稱為解元。歷史上最著名的解元可能就是明朝時期的唐伯虎了。唐伯虎當初考中江蘇省的解元。舉人是科舉功名的第二個等級，獲得舉人資格後，讀書人就獲得當官的資格，可以參加官府舉辦的官員挑選。

　　鄉試結束後的第二年春天，一般是三月，由禮部在首都舉行「會試」。會試又稱「禮闈」，或稱「春闈」。參加會試的人是各省舉人。會試考的內容除了對四書五經的理解和一個人的寫作水準外，還涉及政策研究的內容，要求考生了解朝野關注的政策、時事，根據儒家經典提出相應的對策。通過會試的舉人一般稱為貢士。貢士的第一名稱為會元。貢士就相當於候補進士了。

　　再高一級的考試是「殿試」。殿試由皇帝親自主試，一般在會試的第二個月，也就是四月舉行。考試的內容主要是很現實的政策。參加殿試的貢生不被淘汰，所有人都能中進士。皇帝親自將殿試的貢士分為三甲錄取。第一甲賜進士及第，一般只有三個人：第一名俗稱狀元，第二名俗稱榜眼，第三名俗稱探花；如果一個人在鄉試、會試、殿試中，全都考中第一名，也就是連得解元、會元、狀元三個榮譽，他就可以被稱為「連中三元」。在古代，參加科舉的讀書人連中三元的情況極少。從隋唐時期一直到清朝末年，連中三元的讀書人據說只有十個左右。第二甲一

般錄取幾十個進士，他們被賜進士出身。第二甲的第一名俗稱傳臚。沒有進入第一甲和第二甲的貢士，全都被歸為第三甲進士，他們被賜同進士出身。

至此，考試還沒結束。為了真正獲得官職，讀書人還要參加最後一輪，也就是第六輪的考試。除了第一甲三人之外的其他進士，在清朝還要參加「朝考」。朝考本是清朝初期皇帝為了防止科舉考試作弊，對所有已經被錄取的進士，再次進行考核。後來逐漸成為慣例。朝考內容多有變化，一般包括兩方面：一方面是論、疏，主要是考一個人的政策研究能力和公文書寫能力；另一方面主要是考一個人的詩文，也就是文學、書法和文藝水準。朝考優秀的人可以進入翰林院，被稱為庶吉士。其餘進士則直接進入官場，被分別授予主事、知縣等職務（後期多為候補官）。其中成績最差的，則被分配到地方各省任知縣。

一個讀書人經過從童試、科試、鄉試、會試、殿試到朝考的六輪考試，如果每一輪都順利過關，就算是正式端上鐵飯碗，躋身於官僚階層了。

至於那些在之前各輪考試中被淘汰的讀書人，他們也有進入官場的機會。只要一個人獲得舉人功名，如果在會試中屢試不第，就可以直接到吏部註冊，申請獲得一定的官職，一般是地方州縣長官或輔助性官員。朝廷每一年分配給舉人的職位很少，大概是四十到一百個。直接去吏部申請官職的舉人要參加一輪考試，被稱為「大挑」或「揀選」。考試內容跟一個人的文字水準或政治能力無關，主要是看這個人的面貌，即此人長得有沒有官相、有沒有官員的架子、有沒有官員的氣場。一般情況是，如果一個人臉長得方方正正、身材修長、行為端莊穩重，即可通過「大挑」，直接獲得低級官職。在清朝，考中舉人的讀書人能進入官場的比例大約為一半，另一半人終生老於鄉間，做鄉紳。(《中國古代的士人生活》)

在沒有考中舉人的秀才當中，也有一定比例的秀才可以進入官場。明清時期，官府會挑選秀才當中成績或表現優異的人，進入京城的國子監讀書。國子監的學生被稱為「監生」，也被稱為「貢生」。貢生的意思是把人才貢獻給皇帝，相當於舉人的副榜。在實際操作中，各個地方通常過個兩、三年，就會推薦一批資格老、年紀大的秀才到國子監讀書，稱為歲貢。因為貢生一般都是按照資歷和年齡，依次升入國子監讀書，所以民間又將貢生稱為「挨貢」。清朝大文學家蒲松齡就是「挨貢」出身。他因為考中秀才後，長期考不中舉人，後來憑著年紀大，排隊挨上了貢生。地方上推薦的監生也好，貢生也好，其實並不需要真到首都國子監認真讀書，秀才們更多的是爭一個身分。因為貢生在理論上也可以當官，比如蒲松齡就得了一個虛銜「儒學訓導」。儒學訓導是什麼官職呢？科舉時代的官辦學校分好幾級，最高級的稱為國子監，地方上有府學、縣學。蒲松齡的儒學訓導，就是縣裡官辦學校的副長官。不管怎麼說，蒲松齡考了幾十年的科舉，總算也在年老的時候混得了一官半職。

通過進士、舉人和貢生資格進入仕途的，在科舉時代都被稱為正途。一個讀書人要按照一定的年限要求，通過以上的六層考試，並不是一件容易的事情。有很多讀書人考了一輩子，都沒有完成這六個程序。比如，晚唐時期，讀書人曹松一輩子熱衷於當官，遺憾的是，屢次參加科舉考試都沒有及第。唐昭宗天復元年（九○一），曹松七十一歲高齡還參加科舉。朝廷念其年老，故意放水讓他進士及第。當年和曹松一起上榜的，還有王希羽、劉象、柯崇、鄭希顏等四位年逾古稀的老人，社會上戲稱這一榜為「五老榜」。曹松中進士時已經是鬚髮雪白，滿面蕭然，風燭殘年了。這樣的老人雖然有了當官的資格，也僅僅被授予校書郎等虛職。兩年以後，曹松就病逝了。

宋神宗元豐年間，也有一個老書生，年年參加考試，年年落第，在

年過七旬時，被朝廷特別准許參加進士考試。這名老書生在考試時提筆只寫了一句話：「臣老矣，不能為文也，伏願陛下萬歲，萬歲，萬萬歲。」這一句肉麻的拍馬屁，竟然讓宋神宗大為感慨，特意下旨賞給此人官員身分，讓他食俸終身。

到清朝時期，參加科舉考試的人就更多了，其中的科場失敗者也更多。廣東順德人黃章，十四歲開始讀書，二十歲開始參加科舉考試，到四十多歲的時候，才通過最初的童試，獲取秀才功名。康熙三十八年（一六九九），他參加廣東省的鄉試，也就是第三級的考試，當時已經九十九歲了。進考場的時候，他請自己的曾孫提著寫有「百歲觀場」四個大字的燈籠，引導入場，轟動一時。在當年，黃章沒有考中舉人，而考中舉人之中年紀最小的，是廣州潮州的考生吳日炎，當年只有十四歲。道光五年（一八二五）廣東又一次鄉試，當年年紀最大的考生是廣州府三水縣的考生陸雲從，年紀已經一百零二歲了，再一次刷新參加鄉試的年齡紀錄。朝廷聞訊後，道光皇帝欽賜陸雲從舉人身分。第二年，陸雲從興高采烈地又趕到北京參加會試，轟動京城，人們紛紛前往觀看一百零三歲的舉人考生。道光帝認為此舉是天下吉祥的象徵，認為陸雲從是「人瑞」，特別恩准陸雲從可以免考，賜予他「國子監司業」的官職。

科舉考試的漫長過程和經濟方面的壓力，對讀書人來說還是外在的考驗。讀書和科舉本身的苦則是內在的考驗，尤其考驗一個人的毅力、能力乃至體力。其中包含著更大的苦。

白居易曾經訴說自己讀書的辛苦：「二十已來，晝課賦，夜課書，間又課詩，不遑寢息矣。以至於口舌成瘡，手肘成胝，既壯而膚革不豐盈，未老而齒髮早衰白，瞀瞀然如飛蠅垂珠在眸子中也，動以萬數。蓋以苦學力文所致，又自悲矣！」二十年來日夜讀書不得休息，頭昏腦脹、未老先衰，凡是苦讀過的人都知道這種疲勞過度、乃至懸梁刺股的艱辛。

　　對於科舉考試的苦，北宋的蘇洵曾經回憶自己應考的辛苦。「自思少年嘗舉茂才，中夜起坐，裹飯攜餅，待曉東華門外，逐隊而入，屈膝就席，俯首據案。其後每思至此，即為寒心。」蘇洵用了「寒心」二字，讓後來者讀來寒心。而對科舉考試描述最悲慘，也最詳細直接的，莫過於明朝末年江西人艾南英。他說：「考試一般都喜歡選在秋冬季節或初春的時候舉行。當時正是一年當中最冷的時候。考試都是在凌晨入場，到了考試那一天，雖然地上還結著冰，瓦上還掛著霜，天寒地凍，甚至寒風刺骨，參加考試的考生們都得早早準備好，在考場門口等著。開始入場的時候，考生們看到負責的官員穿大紅顏色的官袍，坐在堂上。廳堂裡燈燭輝煌，官員們圍著火爐烤著火，而各個考生不得不脫掉衣服、鞋子、襪子，接受兵丁的檢查。所有考生都得左手拿著筆硯，右手拿著脫下來的衣服，幾乎是赤身裸體地站在庭院裡等候接受檢查。如果運氣好，負責的人先喊到你的名字，你就可以先接受檢查，少挨一會兒凍。如果運氣不好，最後才叫到你名字，你站在露天中挨凍一兩個時辰都是有可能的。檢查的時候，兩名兵士負責一個考生。上自考生的頭髮，下至考生的腳趾，兵丁都會一一檢查過去，不會有任何遺漏。就算一個人再身強體壯，在秋冬季節這樣裸露在外面，走完整個程序也會牙齒打顫、渾身發抖，腰以下部位幾乎凍得沒有感覺了。」

　　「有時候，童試或者科試會遇到烈日炎炎的酷暑。省裡的學政和州縣負責的官員們，一般都穿著輕便的衣服坐在樹蔭底下納涼，喝著茶，旁邊還有人幫他們搧扇子。而應考的考生們則排著整齊的隊，擠在庭院裡，既不能帶扇子，又要穿戴整齊，坐在考場上答卷。因為應考的人很多，而考場是固定的，常常是幾百個人擠在一間酷熱的房子裡，一起揮汗如雨地答著卷。

　　整個房間瀰漫著汗臭味、腥味。為了照顧考生，考場也準備了飲用

水，也有專門負責倒水的差役，但是沒有一個考生敢去飲水。因為一旦有人離座去飲水，考官就會在他的考卷上做記號，懷疑他有作弊情形。那樣的話，考生即便答得再好、字寫得再工整，也會降一等錄用。所以，所有的考生寧願忍飢挨餓，冒著酷暑，也要正經八百地坐在那裡答卷。」

「考試正式開始。考官先公布題目，題目由一個教官在上面宣讀。為了照顧一些聽力或視力弱的考生，題目會寫在一塊牌上，由專人拿著到考場四周巡視一遍。即便如此，因為一天會出好幾道題目，同時這個牌子不可能巡視到所有地方，總是會有人聽不清題目或看不見題牌，但是又不敢問旁邊的考生——因為一旦和旁邊的考生交頭接耳，考官又會在你的試卷上做標記。考試開始後，考場四周都有負責的兵丁，所有的考生都不能仰視，更不能四處張目，也不能伸腰打哈欠，更不能靠在桌上或側著身子。有以上任何情形，都會被監考官懷疑作弊。結果常常是有些考生腰痠背痛，或者憋著尿，甚至手腳都麻了，也不敢動一下身子。考生們坐的蓆子是官府採購的，經辦人員常常侵貪採購經費，買來的蓆子又薄又窄小，品質差。身材稍微胖一點的考生都不夠坐，坐久了身體也很不舒服。一排考生坐一條長蓆，只要有一個人動，所有的考生都會感覺得到。考試所用的硯臺，也是由官府負責採購的。同樣，採購來的硯臺，品質差，做工粗劣，常常磨不出墨來，有些考生把大量時間都花在磨墨上，手都磨痠了，也磨不出好墨。如果一個人非常不幸坐在屋簷下，又偏偏遇到下雨，他就只能用自己的衣服小心地遮住試卷，快速寫完，快速交卷了事。」所以艾南英感嘆，科舉考試「蓋受困於胥吏之不謹者又如此」。

「等到閱卷的時候，主考官和從考官每人要看幾千份考卷，每個人寫的文章有平奇虛實、繁簡濃淡，而考官又有自己的偏愛喜好，並沒有固

定的、統一的、讓所有人都信服的評卷標準（評判帶有很大的偶然性和不確定性），即使一些飽學之士，也不一定能被錄取。被錄取的人常常要感謝上天的恩惠。」對於落第試卷，考官一般要附上批條，扼要說明淘汰的理由。批條總是籠統地寫兩三個字敷衍，比如「欠妥」、「欠穩」之類。有一個士子領到落第試卷，發現批條為「欠利」二字，於是題詩：「已去本洋三十元，利錢還要欠三年。」他將批條上的「利」曲解為「利息」，大概他為本科考試借貸了三十塊銀元，需要還上三年的本息了。還有一個落第考生的批條只有「粗」一個字，他題道：「自憐拙作同嫪毒，一入卿房便覺粗。」大概他覺得文章粗糙與細膩與否，與閱卷考官的品味息息相關。而一張試卷竟然貼著「豬肉一斤，雞蛋三十枚」的批條！原來，批條都不是考官自己親自動手貼上去的，而是命僕人代勞。僕人或者不識字，或者隨手黏之，誤將考官要採辦的物品清單，當作批條貼上去了！

「等試卷評定以後，主考官端坐堂上，地方政府相關官員站立一旁。所有的考生都要低頭哈腰走到考官面前，跪地接受考官的教誨，不敢發出聲音。得到自己的名次、接受教誨以後，各個考生從角門出去，等回到家裡，早已是面目全非，說不出話來了。」

艾南英所說的考試還僅僅是初級考試，到了鄉試、會試的時候，考場的環境更差，搜查防弊更嚴格。清代鄉試的考場檢查極嚴，考試之前、考試之後、場內、場外，都有嚴格的規定。對考生夾帶字條的防範尤其嚴格，考生進場的時候，要全身進行嚴格的搜查。為防止夾帶，還規定考生必須穿可以拆縫的衣服，鞋和襪必須是單層的，皮衣不能有面，氈毯不能有裡；禁止攜帶木櫃木盒、雙層板凳；被縟裡面不能裝棉，硯臺不許過厚，筆管須鏤空，蠟臺須空心通底，糕餅饅頭都要切開；嚴禁交通囑託，賄賣關節，嚴禁士子與員役協同作弊，違禁者嚴處。

　　商衍鎏在《清代科舉考試述錄》中描述順天（北京）貢院的內部情形：大門前有一座「天開文運」的牌坊，其他與各省貢院基本相同。各省貢院均建於省城東南，貢院大門上正中懸「貢院」墨字匾額，大門東、西建立兩坊，分別書「明經取士」和「為國求賢」。貢院大門外為東、西兩座轅門，進大門後為龍門，龍門直進為至公堂，是監臨和外簾官的辦公處所。在龍門和至公堂中間，有一樓高聳，名曰明遠樓，居高臨下，全闈內外形勢一覽無餘。監臨等官員可登樓眺望，稽查士子有無私相往來、執役人員有無代為傳遞之弊。龍門、明遠樓兩側是士子考試的號舍，號舍自南而北若干排，每排數十間乃至近百間，順天和某些大省貢院的號舍總數可達萬餘間，中小省也有數千間（號舍是三面圍牆，一面敞開，僅有一肩寬；上下有兩塊活動木板，考生將下面的木板後挪，權當座椅，將上面的木板前挪，伏在上面答卷。考試期間，考生終日禁錮其中，寫作、飲食、休息都在狹小的空間內完成。號舍不僅狹小，還有「光線昏暗」、「漏風漏雨」、「夏熱冬寒」等特點，遠比童試、科試時的席地答卷辛苦）。貢院四面圍牆遍插荊棘，四角各有一樓，以為瞭望。考試期間，貢院四周派軍隊分段駐守巡邏。

　　考生們要蓬頭垢面地參加幾天幾場的考試，其中的艱苦更是難以訴說。多數時候，考生在答卷時遇到天災人禍、身體不支時，就只能自己承受了。更糟糕的是，考場就是戰場，考生和考生之間的傾軋、鉤心鬥角，讓人更是心力俱疲。

　　來看些極端的考場悲劇：光緒二十八年（一九○二）福建鄉試時，由於天氣酷熱，考生中暑生病，頭場就有四個人死在考場，第二場又有三個考生還沒有考完就病死在號舍中。有的考生則發瘋了，咸豐年間某次浙江鄉試，一名山陰考生突然發瘋。他不答題，只在試卷上題了兩首絕句，其中一首是：「黃土叢深白骨眠，淒涼情事渺秋嫻。何須更作登

科記，修到鴛鴦便是仙。」署名是「山陰胡細娘」。「胡細娘」回到寓所便死了。光緒十一年（一八八五）浙江鄉試第二場即將開始的黎明，一個考生用小刀在自己的腹部上猛劃十幾下，被抬出貢院。有的考生不堪忍受考場的巨大壓力，直接在考場中自殺。光緒壬寅科（一九〇二）浙江鄉試，「場中考生死者三人。一死於蛇，一以燭籤自刺，一自碎其睪丸」。那得是多麼巨大的苦楚和壓力，才讓後兩位考生選擇那般痛苦的死法啊！

對平民子弟來說，科舉考試幾乎是實現人生跨越、進入官場的唯一管道。對絕大多數希望在官場有所作為的人來說，科舉考試是唯一正途。所有人都對科舉考試傾注過度的關注。蒲松齡在《聊齋志異·王子安》中向我們講述了科舉考試結束後、發榜前，考生們的緊張和滑稽情形：

「秀才入闈考試有七似焉：初入時，白足提籃，似丐；點名時，官呵隸罵，似囚；其歸號舍，孔孔伸頭，房房露腳，似秋末之冷蜂；其出場也，神情惝恍，天地異色，似出籠之病鳥。迨望報也，是草木皆驚，夢想亦幻。」一想到自己能高中，就彷彿頃刻間出現了海市蜃樓、榮華富貴撲面而來；一想到自己會落榜，就則瞬間身體冰涼、靈魂出竅。真的是坐立難安，似乎被蜜蜂叮咬了一樣。忽然，有差役快馬過來傳送喜報，考生們的神經一下子緊繃到極限。如果沒有自己的喜報，考生神色猝變，嗒然若死，就像中了毒的蠅蟲，打他都沒有感覺。落榜的考生，最初心灰意冷，大罵考官瞎了眼睛，筆墨無靈，發誓要將案頭的書本、文具都燒了；燒了還無法解恨，還要把灰燼碎踏成泥；踩踏了還無法解恨，更要將灰燼倒到陰溝裡去。他們往往還發誓，從此要披髮入山，面向石壁，當一名隱者或苦行僧。誰膽敢再和自己談八股文，一定操戈逐之。過了幾天後，落榜者的怒氣漸漸消退，又對科舉考試心癢，又開始

像破卵之鳥銜木重新營巢，再次投入科舉鏖戰之中。每次科舉放榜的時候，此情此景都一再重現，當局者痛哭欲死，旁觀者看來卻非常可笑。

落榜者如此反響，正是因為科舉高中能帶來巨大的榮耀和現實利益。它的吸引力太大了，大到能改變考生的命運。一個人一旦科舉成功，馬上門庭若市，全家風光。同鄉、同學，乃至七大姑、八大姨都來了，有來祝賀的，有來請吃飯的，有來乞討舊衣、舊筆、舊書的，有來求新詩的，有來求你寫對聯的，甚至有書商找你，要把往常做的文章、寫的詩句，結集出版的。如果是未婚的少年才俊，上門提親的媒婆會蜂擁而至，女方的條件一個比一個出色。女方家庭也不再考量什麼門當戶對、財力婚房等硬性條件了，只要是新科舉人、進士，哪怕出身佃農家庭，地主也願意將女兒嫁過去。

考中進士後，進士名錄會向全國發布，名列其中者會全國知名。康熙八年（一六六九）的冬天，浙江德清的舉人蔡啟僔到北京趕考，路過江蘇山陽縣（今江蘇淮安）時，知道該縣縣令是同鄉，於是就前往拜訪。他把自己的名片遞進去以後，縣令卻在上面批道「查明回報」，還以為蔡啟僔是前來打秋風、揩油的人。蔡啟僔受到這種侮辱，當即掉頭、拂袖而去。第二年朝廷公布了本年科舉高中的金榜，榜發到山陽縣，縣令赫然看到狀元正是同鄉蔡啟僔，馬上後悔不已，重金謝過。一次考試、一張金榜就這麼改變了蔡啟僔的命運。這就是科舉考試對一個人「登龍門」般的作用。

洪州（今南昌）人施肩吾在唐憲宗元和十年（八一五）考中進士，衣錦還鄉途中寫了〈及第後過揚子江〉，用考試前後心態的對比，真實地反映出科舉對讀書人「登龍門」的作用：憶昔將貢年，抱愁此江邊。魚龍互閃爍，黑浪高於天。今日步春草，復來經此道，江神也世情，為我風色好。

　　為了鼓勵天下讀書人安心讀書，為了鼓勵天下的士子都迷戀科舉考試，政府刻意營造科舉高中的隆重和尊貴，朝廷用各種方式來顯示科舉的榮耀。比如皇帝會親自召見所有進士，依照科舉名次唱名傳呼，叫做「傳臚」。對讀書人來說，皇帝金口玉言叫你的名字，是人生莫大的榮耀。到了清朝，「傳臚」發展成盛大的典禮，在紫禁城的正殿太和殿舉行。除了有新科進士全體亮相以外，王公百官也要整齊排列，在鼓樂和鞭炮聲中注視著新科進士接受皇帝的恩賜和檢閱。第一名進士，也就是狀元，最為光彩奪目。他的名字先被皇帝叫出來；聽到名字後，狀元要向前站到太和殿丹陛下的中間處。此處的巨石上雕刻著飛龍，是只有御駕才能經過的地方。狀元站在御駕所經的地方，左右兩邊交叉披著兩條紅綢帶，帽子上插著兩支用薄銅葉製成的金花，美其名曰「十字披紅雙插花」。在皇帝的打量和眾人的羨慕中，狀元的獨享殊榮可想而知。

　　「傳臚」之後，還有大規模的慶賀宴會。唐朝進士的曲江唱和，本質就是慶祝宴會。從宋朝以後，進士的慶祝宴會被稱為恩榮宴，由政府出資舉辦。赴宴的除了新科進士，還有此次科舉考試的所有負責官員以及禮部尚書、侍郎等眾多官員。皇帝會派皇親國戚來賜進士酒宴、衣物、果品，在恩榮宴上，進士們會吃到御膳、喝到御酒。一甲的三位進士，用的是金碗，隨其量盡醉無算。從唐代開始，新科進士一般在曲江宴會之後，會到雁塔題名。宋朝以後，題名改為立碑。國子監會立下每一屆進士的碑。到清朝，工部撥出專門的建碑銀兩，交國子監為進士及第者刻碑留名，給天下讀書人做垂範。北京城的熱鬧還沒有結束，在進士的故鄉，喜報早已傳到家鄉。相關部門會豎起彩旗，敲鑼打鼓、轟轟烈烈地把捷報送到進士的家裡。於是，世態炎涼、人情冷暖都可以從科舉考試中得到展現。

　　對高中者來說，之前的所有付出都是值得的，都得到了回報。那麼

那些科舉落第的失敗者呢？他們怎麼辦？

落榜考生們不僅面臨從頭再來的問題，還會受到社會的鄙視。比如忠厚無用的好人范進，考到五十多歲還不曾進學，當時已經是面黃肌瘦、花白鬍子了，戴著一頂破氈帽，穿著一件破舊的麻布直裰，在十二月的寒風裡凍得打哆嗦，一副失意潦倒的可憐樣。同鄉們都去慶祝考中的人，沒有人知道五十多歲、不名一文的老范進，是如何跟跟蹌蹌、蹣跚地回到自己的茅草屋裡去的。這不是《儒林外史》的虛構，現實情形的確如此，而且有過之無不及。

清朝嘉慶年間舉人李貽德，年過五旬，屢次會考不中。有一年，他的一個在同年中舉、之後同樣屢試屢敗的朋友死在北京。李貽德寫詩哀悼：「故鬼未還新鬼續，憐人猶自戀長安。」道盡了科場辛酸。不久，李貽德也病死京城。

唐朝元和十年（八一五），舉子廖有方落第之後前往四川旅遊散心。他走到寶雞西邊的時候，住在一個旅館裡，突然聽到有呻吟之聲。他循聲找去，在一個陰暗的角落，發現一個貧病交加的年輕人。廖有方問他的來去。那年輕人回答：「我在長安趕考數年，至今未遇知音。」彌留之際，那人掙扎著向廖有方磕了一個頭，請託廖有方在他死後一定要為他收屍安葬。說完，該年輕人就死了。廖有方感慨自己與他同命相憐，把鞍馬、行李全都賤賣給村民，備了一口薄木棺，安葬此人。廖有方臨行時不勝悲涼，既不知道這位死者的名字，也不知他家在何處，只能作一首詩留念：「嗟君歿世委空囊，幾度勞心翰墨場。半面為君申一慟，不知何處是家鄉。」

以上兩個例子都是因多年科舉不第而死的例子。還有一些考生因為屢次科舉不第而精神恍惚，乃至精神失常。唐朝趙璘在《因話錄》中記載一個例子：當時有個讀書人叫陳存，寫了一手好古文，可惜就是不擅

長考試。也許是心理壓力過大、過於緊張，每一次考試來臨時，陳存都會有「突發狀況」，要麼身體不適，要麼發揮失常，老是考不中。禮部尚書許孟容知道陳存有真才實學，在他主持科舉考試時，決定多方為陳存提供方便，一定要讓陳存考中進士。陳存知道後千恩萬謝。臨試的前一夜，陳存的心情依然萬分緊張，同伴就為他準備食物，安慰他舒緩情緒，抓緊休息。第二天五更天了，陳存還沒有起床去參加考試，同伴就進來叫他，叫不應，仔細一看，陳存已經中風癱瘓了。南唐時期，有讀書人考中進士，得知喜訊後，騎馬在街上走，走著走著，突然大笑不止，從馬上摔了下來。旁人將他扶起，許久才把他救活過來。

浙江省貢院門口有一副對聯，是清代著名學者阮元在擔任浙江巡撫時寫的。這副對聯的上聯是：「下筆千言，正桂子香時，槐花黃後」；下聯是「出門一笑，看西湖月滿，東浙來潮」。它用文學的語言表現出考生的自信，突出科舉考試陽光的一面。只要考生有本事，大可笑傲考場。然而，科舉考試的成功與否，並不是取決於一個考生的真才實學，其中有很多偶然性的因素。考試就是緊張、激烈的競爭。自有據可考的唐高祖武德五年（六二二）的第一位狀元孫伏伽開始，到清光緒三十年（一九〇四）最後一位狀元劉春霖為止，在一千兩百八十三年間，中國只產生五百零四名狀元。而參加考試的考生，數以百萬、甚至可能千萬計。並不是所有人都能在科場成功，絕大多數注定會像范進那樣窮愁潦倒，或者像陳存那樣過於緊張而精神失常，甚至得了精神病後，不治身亡。當然也有少數人像黃巢那樣，看破科舉，走到政權的對立面。

科舉前期，考試文章允許自由發揮，並沒有固定要求。這就使得評判考生文章的優劣難度很大。考生的觀點、體例、行文習慣不同，考官們的標準也不同，總達不到人人滿意的結果。

總的來說，文辭華麗、行文流暢，又有家學奠基的文章，比較受歡

迎。這種百家爭鳴、沒有統一標準的局面，到明太祖朱元璋時期得到逆轉。朱元璋是從社會最底層打拚上來的草根皇帝，講究實用且帶有較濃厚的平等思想。據說他主持科舉考試和聽取大臣匯報時，總覺得儒生出身的大臣們，寫的文章華而不實、言之無物，堆砌的文辭和接連的典故，讓他抓不到重點。於是朱元璋萌發了統一文章體例格式的念頭。也有說法是，之前的科舉考試有利權貴富裕人家的子弟出頭（他們往往熟悉政治話語、家學基礎良好），而不利於文筆樸素、不事雕琢的貧寒人家子弟。朱元璋從平等的角度出發，規定大家必須寫同樣規格、同樣內容的文章，盡可能地去除家庭基礎對考生的影響。朱元璋規定的標準文章，就是「八股文」。

八股文有很多硬性要求。比如，文章的題目只能出自四書五經，選取其中的句子或段落為題。考生們也必須根據四書五經的精神作答。朱元璋原本想冒認南宋理學大師朱熹為祖先（他自己的祖先不夠資格），大臣們趕緊勸諫，說朱熹的年代離得太近，不適宜當王朝的祖先。認祖不行，朱元璋就捧出朱熹對四書五經的解釋，作為全國讀書人學習和考試的教科書。

朱熹那些並不成熟或者零散的隻言片語，搖身一變，成為金科玉律。舉子們只能運用朱熹之說，連繫題義、闡述道理。文章的格式也被限制得很死。全文分幾個部分，每個部分該怎麼寫、用什麼句式，哪句話亮出觀點，哪句話是引用，都有規定。文章的主要部分分為起股、中股、後股、束股四個段落，每個段落要各寫兩段，因此得名八股文。這八個段落的句法、字數都有限制，每一股的內容必須要有一正一反、一虛一實、一淺一深的對比。如此一來，考官的工作量大為降低，一眼就把考卷看得清清楚楚。但如此千篇一律的應試文章，能反映出考生的真才實學嗎？

　　朱元璋的出發點是好的，但他高度規範的文章要求，遇到現實趨利的中國人後，就變了樣。八股文很快墮落為死板、保守的牢籠。讀書人聚精會神地研究八股文的格式、句法，將四書五經和朱熹文章從頭背到尾，什麼秦歌、漢賦、什麼唐詩、宋詞，都拋在腦後，更遑論民心國情了。每次考試結束，高中者的文章便被蒐集、彙編起來，出版售賣。讀書人奉之如寶，逐字逐句研究。因為四書五經中可出的試題有限，有錢人更是在考前聘請八股高手猜題、寫文章，並開「輔導班」、「加強班」，專門背誦這些猜題文章應考，竟然屢屢有得手、考中的。

　　清朝名人王士禎說過一則沉重的笑話：有個後輩書生在讀《史記》，本鄉一位前輩進士過來問他：「你在讀什麼書？」書生說：『《史記》。」進士問：「誰寫的？」書生回答：「司馬遷。」「司馬遷是哪年的進士啊？」「司馬遷是西漢太史令，沒有功名。」進士不悅，說：「原來沒有功名啊！那我拿他的書來看看。」他拿起《史記》翻了幾頁，丟在一旁說：「此書與科舉無益，看它做什麼？」由此可想而知，八股取士選擇的大多是死背少數幾本書，只會寫八股文的書呆子。明清筆記留下許多生活了無情趣、更無動手辦事能力的八股高手形象。朱元璋爭取平等和提拔務實人才的本意，算是徹底落空了。

　　徐大椿對八股高手有形象的描述：「讀書人，最不濟。讀時文，爛如泥。國家本為求才計，誰知道變作了欺人技。三句承題，兩句破題，擺尾搖頭，便道是聖門高弟。可知道『三通』、『四史』，是何等文章？漢祖、唐宗，是哪一朝皇帝？案頭放高頭講章，店裡買新科利器。讀得來肩背高低，口角噓唏，甘蔗渣兒嚼了又嚼，有何滋味！辜負光陰，白白昏迷一世。就教騙得富貴，也算是百姓朝廷的晦氣！」顧炎武曾憤慨地說：「八股盛而《六經》微，十八房興而二十一史廢。」「愚以為八股之害，甚於焚書。」焚書坑儒活埋的只有數百人，而八股取士禁錮的，是

數百年讀書人的智商和精神。

發展到最後，連皇帝本人也看不下去了。光緒皇帝有一次親閱進士考卷，發現大多數考卷雷同，毫無用處，不禁感嘆：「以這種方式錄用人才，也難怪學非所用。」（《清稗類鈔》）

除了八股文外，還有其他技術性規定，與擇才而用的本意背道而馳。比如清朝中期後規定科舉文章的字數以七百字為限，不能超過；又比如科舉考試閱卷時偏愛卷面整潔、筆跡工整的卷子，帶動讀書人花大力氣去練習楷書和行文布局。清朝中期後，歷屆高中者無不寫一手工整規矩的楷書。尤其不應該的是，道光朝後對文字筆畫吹毛求疵，一豎沒寫直、彎鉤沒提好等細枝末節，都能成為落榜的理由。至此，考試淪落為書法遊戲，與考生的思想見解無關了。

除了技術性規定外，權力因素逐漸攻占科舉的各個層面，埋葬公正、公平原則。

科舉興起，權力因素在理論上被排除在外，但在實踐中，卻始終虎視眈眈，一有機會就滲透進來。考量到科舉關係到國家權力要交給何人掌握；關係到王朝的長治久安，歷朝歷代都將科舉制度視為天下政務的「根本」，領導者重視、制度嚴密、獎懲鮮明。犯案者奪名、殺頭、抄家、全家罰為奴僕。可犯案者依舊前赴後繼，科場舞弊治而不絕，從未斷過。

明清科舉徹底被權力因素所攻陷。《清稗類鈔》向我們展示了清朝科舉的實際情況：每科五六月間，是確定正副考官、同考官的時候。北京城和各省省城，有權有勢者開始預作準備，晉謁或賄賂已經、或可能成為考官的官員。考生入場時，正副考官自己屬意要錄取的門生親友、監考官員暗中答應錄取的考生，再加上達官貴人們塞條子、打招呼要求錄取的考生，如麻如粟，占走大部分名額。考官們與其是在閱卷，不如

說是在權衡各方關係。關係人很多，錄取名額有限，考官們必須反覆推敲，這比真正按照真才實學來評定高下更辛苦。他們先依打招呼者的官爵高低來錄取囑託的關係人，如果官爵一樣高，那就先錄取升官潛力大、黨羽多的那方；其次是按照賄賂的多少來錄取，如果考生給的錢一樣多，那就兼顧一下名聲的高低、答卷的優劣。最後的錄取名單，寫上那些必須錄取的考生之後，就沒有幾個名額了，再挑選幾個有真才實學的孤寒考生，列名其上，以塞人口。順天府的科舉，因為地處京師，弊端最深。順天府科舉的正副考官和同考官們，一般是京城裡的高官顯貴，不用皇帝公布名單，人們也能猜個八九不離十。有能力者，早早就有針對性地做這些人的工作，「輦金載寶，輻輳都下」，「按圖而索」，「萬不失一」。

科舉的第三個大問題，是助長了讀書人的利祿之心，只知有舉業功名，不知有天下和百姓；只知有官爵品級，不知有人格和善惡，進而連累全社會瀰漫濃郁的官本位思想。功名惡化為評判人生價值的唯一標準，腐蝕社會的道德良知。一部《儒林外史》匯集了許多活生生的例子，書中滿是觸目驚心的話：「有操守的，到底要從甲科出身。」「如果有學問，為什麼不中了去？」「只是有本事進了學，中了舉人、進士，即刻榮宗耀祖……人生世上，除了這件事，就沒有第二件可以出頭。」

先秦時代的讀書人就有很功利的利祿思想，將學問和能力視為追求富貴的工具，所謂「學成文武藝，貨與帝王家」。有這樣的想法，無可厚非，只要它沒有充斥整個腦袋，沒有成為言行的主流就沒關係。政府也很早就用高官厚祿來吸引士人。只是，科舉制強化了這種做法，放大了讀書人的利祿之心。它把科舉入仕捧為官場正途，視其他途徑都是異途，給有功名的讀書人極大的實利和虛名，讓社會錯誤地在「榮華富貴」、「科舉功名」和「讀書應試」三者之間畫上等號。宋朝皇帝宋真宗

趙恆就是宣傳這個思想的急先鋒。他寫了一首流傳甚廣、宣傳效果很不錯的〈勸讀詩〉：「富家不用買良田，書中自有千鍾粟。安居不用架高樓，書中自有黃金屋。娶妻莫恨無良媒，書中有女顏如玉。出門莫恨無人隨，書中車馬多如簇。男兒欲遂平生志，六經勤向窗前讀。」有了皇帝的提倡，有了金錢車馬、良田美眷的現實誘惑，讀書人一頭栽進「學而優則仕」的追求中去。

清代暢銷書《儒林外史》第十三回，透過一個讀書人之口，講述了對科舉事業（舉業）的態度：「『舉業』二字，是從古及今，人人必要做的。就如孔子生在春秋時候，那時用『言揚行舉』做官，故孔子只講得個『言寡尤，行寡悔，祿在其中』；這便是孔子的舉業。到漢朝，用賢良方正開科，所以公孫弘、董仲舒舉賢良方正；這便是漢人的舉業。到唐朝，用詩賦取士；他們若講孔孟的話，就沒有官做了；所以唐人都會做幾句詩；這便是唐人的舉業。到宋朝，又好了，都用的是些理學的人做官，所以程朱就講理學；這便是宋人的舉業。到本朝（明朝），用文章取士，這是極好的法則。就是夫子（孔夫子）在而今，也要念文章，做舉業，斷不講那『言寡尤，行寡悔』的話。何也？就日日講究『言寡尤，行寡悔』，哪個給你官做？孔子的道，也就不行了。」這位讀書人把整個知識分子和官場的關係都用「舉業」兩字串起來，什麼選拔標準，在他看來都是「舉業」，讀書人要不斷適應變化的標準，只為求得一官半職，彷彿當官就是讀書人的使命。話雖然直白，倒也坦誠，把明清社會的逐利之心、讀書人的求祿之舉，暴露無遺。

幾百年來，科舉制度飽受詬病。但探本究源，科舉的立意和出發點是無可指摘的。科舉的三宗罪（程序誤人、權力舞弊和助推官本位思潮），絕非它的本意。

在中國的環境中，又有哪項制度能擺脫這些問題呢？任何制度都無

法保證後生的技術規定不會脫離制度核心；權力始終是飄蕩在任何制度頭上的一道陰影。而官本位思潮早於科舉而生，科舉助長錯誤思潮的確不應該，可它和其他制度一樣，也是這股思潮的受害者。對官位的追逐、權力泛濫和人情世故，是中國歷史發展的頑疾，病因肯定不是科舉制。相反，如果科舉能夠擺脫這些濡染，真正貫徹開放、公平、公正的理念，量才而用，那必能吸納天下賢才，讓寒士開顏、世家子弟奮發。

它畢竟是古代中國人經過幾千年的挑選，試驗了多種選才制度後，設計出來的成果。在看到科舉流弊的同時，我們也應該發現它提升了社會流動性，選拔出不少有真才實學的人物。許多人才並沒有被科舉的問題打倒，而是走出科舉的羈絆，在這套制度中獲得了實現價值的舞臺。

一、如果你是一個古代讀書人，你會參加科舉考試嗎？或說，你願意參加哪一個朝代的科舉考試？

二、試問，除了科舉考試的出路外，古代普通人家的子弟還有其他出路嗎？

衛青家族：一個草根家族的崛起與覆滅

　　一戶社會最底層的人家，要躍升到上流社會，困難可以想像。古代，奴隸出身的家族，透過自身努力成為高官顯貴，把持國家大權超過半個世紀，不能說完全不可能，但也是極罕見的現象。在西漢時期，就有一戶貴族的家奴，奮鬥成為帝國最榮耀的政治世家，創造了一個草根神話。從衛青、衛子夫開始，到有親緣關係的霍光，衛青家族盤踞西漢王朝權力核心六十多年。

　　遺憾的是，這個神話來得艱難，維護得曲折，破滅得卻極其迅速。其中有數不清的明槍暗箭，更有兩次血流成河的大屠殺。整個家族最終灰飛煙滅。有人將他們的失敗，歸結為對子弟教育的忽視，歸結為子孫的不成器。更多人認為霍家的失敗是權力鬥爭的必然。要知道，無論是漢武帝也好，還是漢宣帝也好，既可以扶持一個底層家族，讓你烜赫一時，也可以消滅你於股掌之間。說到底，衛青家族的發跡與覆滅，是一部皇權鬥爭的歷史。

　　漢武帝時，平陽侯曹家有一個女僕。這個女僕沒有姓氏，因為曾嫁給一個姓衛的男子，大家都喚她為衛媼。

　　貴族家的僕人，其實和奴隸差不多，做的是牛馬活，不僅沒有絲毫收入，還沒有人身自由，是整個社會最底層的人群。而衛媼的日子，過得比一般家奴還要艱苦，因為她要一個人拉拔一男三女，共四個子女。他們分別是長子衛長君，長女衛君孺，次女衛少兒，三女衛子夫。即便這樣，衛媼還不安分，在平陽侯家與在府中辦事的縣吏鄭季私通，生下一個私生子，取名鄭青。當然，也有人考證說，衛媼長得很漂亮，很有

可能是鄭季仗勢「逼歡」的。不管父母如何相識，鄭青和同母異父、同樣是私生子的弟弟衛步的地位，無形中又比一般家奴子女還低。衛媼一個人拉拔六個子女，已經夠不容易了，偏偏二女兒衛少兒又重複了母親的悲劇，和同樣在平陽侯家辦事的縣吏霍仲孺私通，生下一個兒子，取名霍去病。從衛媼母女兩代人的不幸，我們也可以發現，西漢時期私通和非婚生子現象的泛濫。這些私生子是不會被有身分的父親家族接受的，命運注定很可憐。

衛媼一個人拉拔六個子女，再加剛出生的外孫，餵飽一家老少八張嘴，實在是沒有這個能力。眼看一家人就要餓死了，衛媼想來想去，只能忍受屈辱、硬著頭皮，把二兒子鄭青送到他的親生父親鄭季家裡，乞求鄭家人看在鄭青有一半鄭家血液的分上，撫養這個孩子。鄭季良心未泯，把鄭青留了下來。

鄭青在鄭家受到鄭季夫人和族人的排斥，日子很不好過。鄭家讓年幼的鄭青整天在山上放羊，讓他自生自滅。鄭家的幾個兄弟，毫不顧忌手足之情，對鄭青隨意責罵。鄭青就是在這樣惡劣的環境中，頑強地成長，且養成謹慎小心、善於忍耐的個性。他很清楚自己的地位，很有自知之明，而且學會保護自己，讓那些時刻找麻煩的鄭家人抓不到責罵他的把柄。日後，這樣的性格對鄭青的政治發展造成很大的幫助。

鄭青慢慢長大了。鄭家越來越不能接受成年的鄭青，鄭青也知道家奴的兒子世代都是家奴，加上不願再受鄭家奴役，就毅然回到母親衛媼身邊。因為和鄭家沒有一點感情，鄭青決定冒姓為衛，改名衛青，與鄭家斷絕關係。

衛媼幫兒子找了一份「工作」——在平陽侯曹家當家奴。衛青這個人很奇怪，儘管常年忍飢挨餓，卻長得高高大大、相貌堂堂，於是就做了主人家的騎奴。漢景帝的女兒、漢武帝的姐姐平陽公主嫁到曹家，衛

青被分配給公主當差，工作的主要內容是在公主出行時，騎馬在後面跟著，充當眾多雜役兼保鑣中的一個。有一次，衛青去漢武帝的離宮甘泉宮工作，一位囚徒端詳衛青後斷言他面相大貴，將來肯定能拜將封侯。衛青哈哈一笑，說我身為家奴，不受主人鞭打責罵就萬幸了，哪裡談得上拜將封侯啊！周圍的奴隸、囚徒們也都哈哈大笑，把它視為調節苦難生活的小笑話。

客觀地說，衛青當上騎奴，身分待遇有了很大的提升。加上衛青這個年輕人，頭腦聰明，長期跟著主人家見識到上流社會的活動，默默記下許多不屬於自己階層的知識。衛青的三姐衛子夫也和弟弟一樣，沒有被常年的飢餓折磨到面黃肌瘦，反而出落得美豔動人，被主人家選中，當了舞女。主人家有客人時，衛子夫就在廳堂裡伴舞陪笑，弟弟衛青則在堂下隨時聽候使喚。

我們前面說過，平陽公主嫁到曹家。這個平陽公主不是一般人物，她對西漢王朝朝堂之上的政治鬥爭很關注。她知道弟弟、漢武帝劉徹和弟媳陳阿嬌表面和睦，其實感情並不好。當初劉徹是為了得到陳阿嬌的母親館陶長公主的支持，才娶陳阿嬌，上演了「金屋藏嬌」的把戲。結婚多年，陳阿嬌個性蠻悍、獨霸後宮，又沒有生育，劉徹早就厭惡她了。平陽公主腦子很靈活，覺得自己可以從中牟利，於是就挑選鄰近大戶人家的女子，在家中培養，準備讓弟弟來選妃。恰好有一天，漢武帝去灞上祭掃，路過曹家。平陽公主就開始實行自己的計畫。可惜，漢武帝對那些盛裝打扮的大家閨秀都不滿意，卻對伴舞的舞女衛子夫一見鍾情。隨後，漢武帝以「更衣」為名，找個房間「臨幸」了衛子夫。事後，漢武帝安排衛子夫入宮。平陽公主的如意算盤眼看就要成功了，很高興，趕忙安排衛子夫進宮。臨行前，平陽公主還囑咐衛子夫：進宮後就全靠妳自己了，日後富貴，別忘了我這個舊主人啊！

　　誰料到，衛子夫進宮後就杳無音信，下落不明。有人說，漢武帝回宮後很快就忘了衛子夫；還有人說，那時因為後宮佳麗三千，衛子夫並不出眾；多數人則認為，衛子夫突然入宮，引起皇后陳阿嬌和館陶長公主的妒忌和排斥，被貶為宮婢。衛子夫在冷宮中做最苦最累的工作，飽受折磨。日子久了，漢武帝也就淡忘她了，更別說寵幸了。

　　說到這裡，衛子夫的命可真是苦啊！冷宮的日子還不如平陽侯家的家奴歲月呢！

　　將近兩年後，後宮要釋放一批沒用的宮女，衛子夫也在名單中。定期釋放宮女是朝廷的一項「德政」，但好色的皇帝還要對宮女一一過目，免得有些平時沒有注意到的美女被不小心放了出去。結果，衛子夫重新站在漢武帝面前，劉徹又一次被衛子夫吸引，擁她入懷。有人說，劉徹再次被衛子夫的美貌所吸引，想起了前番的恩愛，截留下衛子夫。也有人反對，說兩年的勞役，多多少少消磨了衛子夫的美貌，衛子夫吸引劉徹的注意，是因為她急於出宮，面對出宮前的刁難和挑選，哭哭啼啼，很不配合，反而引起劉徹的注意。不管怎麼說，這一回，衛子夫兩年的委屈都得到了劉徹的補償。在原本要出宮的日子裡，衛子夫的命運發生了奇蹟，被完全逆轉了。

　　沒多久，衛子夫就懷孕了。劉徹喜出望外，選衛子夫的二弟衛青入宮，在建章宮辦事。衛青的命運也由此順帶得到了逆轉。

　　衛家姐弟的崛起，引起皇后陳阿嬌的仇視和恐慌。丈夫劉徹已經移情別戀，喜歡上衛子夫，現在衛子夫又懷孕了，如果生下皇子，陳阿嬌怕自己的皇后地位不保。皇后的母親館陶長公主也很生氣，怕衛子夫和衛家人取代自己母女的地位。母女倆咬牙切齒，很快就制定了報復計畫。衛子夫深受劉徹喜愛，而且懷著龍種，動她不得；衛青就不一樣了，家奴出身，初入宮廷，就像水上的浮萍一樣，脆弱得很。館陶長公

主和陳皇后決定好好「修理」衛青，出口惡氣。她們指使捉住衛青，準備囚禁起來，好好折磨。衛青的好朋友、騎郎公孫敖看到了，招呼幾名同伴奮力營救，竟然中途將衛青救了出來。

衛家姐弟倆終於知道了宮廷鬥爭的險惡。衛子夫很憤慨，也很無奈，只能向漢武帝哭訴。劉徹一聽，這還得了，他早就看不慣館陶長公主母女倆作威作福了，現在她們竟然對愛妃姐弟下黑手，太過分了。是可忍，孰不可忍！劉徹原本就喜歡衛青這個相貌堂堂、英武沉穩的小舅子，現在乾脆公開召見衛青，升他為侍中兼建章宮總管。衛青平地一聲雷，幾天之間，坐著直升機，從家奴成為近侍重臣，讓人目瞪口呆，就是館陶長公主和陳皇后也拿他沒辦法了。不久，衛子夫生下一個女兒，漢武帝封她做地位僅次於皇后的夫人。衛青水漲船高，升任太中大夫。

衛子夫受到劉徹的熱寵，衛青成為政壇新星，徹底改變衛家的地位和處境。高官們紛紛和衛青攀親，公孫賀迎娶衛家的大姐衛君孺；世襲貴族、開國元勛陳平的曾孫陳掌，迎娶了拖著私生子霍去病的二姐衛少兒。以前對衛媼祖孫三代惡語相向的人，無不笑臉相迎，恭敬有加。所謂「麻雀變鳳凰」、「鯉魚躍龍門」，發生在衛青家族身上。

有人說，衛家不就因為僥倖出了一個衛子夫，讓一家靠著裙帶關係，雞犬升天了嗎？的確，衛青是典型的「裙帶官員」。在世襲制盛行、社會上下層之間缺乏流動性的西漢時期，底層百姓要躍升政治高層，依靠裙帶關係是最常見、最有效的方法，也幾乎是唯一方法。問題的關鍵，不是指責衛青一家人依靠這種方法提升社會地位，而是要看他們身居高位之後的所作所為。

衛青也知道自己沒有尺寸之功，僅靠姐姐受寵得來的地位是不穩的。好在衛青是一個能力出眾的國舅，又遇到劉徹這個雄才大略的皇帝，不怕沒有建功立業的機會。當時，北方匈奴人經常殺入長城，搶劫

漢朝的人口和財富，甚至一度逼近西漢首都長安，構成西漢王朝的最大威脅。劉徹自繼位後就籌備反擊匈奴，挑選能人幹將，準備大幹一場。衛青恰巧進入劉徹的視線。

匈奴人在西元前一二九年又一次大規模侵略、搶劫西漢州縣。這一回，劉徹決定不再忍讓，要堅決反擊殘暴的匈奴人。他挑選四位將軍，分別是已經升任車騎將軍的衛青、騎兵侍從公孫敖、輕車將軍公孫賀和三朝名將、驍騎將軍李廣，給他們每人一萬騎兵，讓他們兵分四路迎擊匈奴。衛青第一次帶兵出征，就直搗匈奴祭掃天地祖先的龍城，雖然殺敵有限，但政治意義巨大，勝利凱旋。而另外三位將軍兩路失敗，一路無功而返，更襯托出衛青的能幹。漢武帝劉徹非常高興，加封衛青為關內侯。此後在西元前一二八年、西元前一二七年，漢武帝多次派衛青帶兵反擊南下的匈奴大軍。衛青不負厚望，奮勇作戰，每次都打得匈奴大敗而逃。在西元前一二七年的戰鬥中，衛青率軍收復秦朝末年之後就被匈奴人占領的黃河河套地區。河套地區水草肥美，形勢險要，漢朝收復後，在此設置朔方郡、五原郡，從內地遷徙十萬人到那裡定居，還修復了秦時蒙恬所築的防禦工事。從此，長安解決了匈奴的威脅，漢朝和匈奴的戰爭局勢得到逆轉。衛青立下大功，被封為長平侯，食邑三千八百戶。

此後，衛青活躍在漢匈戰爭前線。劉徹越來越信任他，調撥給衛青越來越多的軍隊，賦予他越來越大的指揮權。西元前一二四年春，漢武帝命衛青指揮漢朝大軍十幾萬人進攻匈奴。衛青急行軍六七百里，在夜幕中包圍匈奴右賢王的營帳，俘虜匈奴王爺十餘人，男女一萬五千餘口和數百萬頭牲畜。漢武帝接到捷報，喜出望外，派特使捧著印信在軍中升衛青為漢朝的最高軍職——大將軍，指揮前線所有部隊和將領，加封食邑八千七百戶。衛青的三個兒子都還在襁褓之中，也被漢武帝封為列

侯。其中衛伉為宜春侯，衛不疑為陰安侯，衛登為發干侯。指揮全線部隊、父子四人封侯，這在西漢王朝歷史上還是首例。衛家創造了這樣的殊榮。

那一邊，匈奴人被打得傷了元氣，可依然猖獗。西元前一二三年，劉徹命令大將軍衛青統帥六路大軍，尋找匈奴主力決戰，希望徹底解決邊患。

衛青的外甥霍去病當年十八歲了，因為家族的榮耀，正擔任侍中。霍去病善騎射，死纏著舅舅要從軍出征。衛青就任命霍去病為驃姚校尉，調撥給他八百名騎兵。霍去病初生之犢不畏虎，竟然率領本部八百人，甩開衛青率領的大軍，深入敵後數百里、急風暴雨般掃蕩匈奴後方，殲滅包括匈奴相國和單于祖父輩貴族等要人在內的上萬人，俘虜單于叔父羅姑比等人，一戰成名！漢武帝封霍去病為冠軍侯，食邑兩千五百戶。衛家又多了一位侯爵！

到現在為止，衛青的地位相當穩固了。雖然這一回，他率領朝廷大軍，耗費大量軍需物資，沒有獲得實質性的進展，但是因為霍去病的狂飆猛進，本回軍事行動還不算失敗。衛青沒有受到指責，也沒有得到封賞。其實，衛青也不需要這一次的封賞和地位的提升。他的家族權勢已經如日中天了。衛青和霍去病兩人掌握著帝國的軍隊，聲望顯赫；衛子夫已經生下皇長子劉據，取代了陳阿嬌的皇后地位，成為國母，掌管後宮，是他們的堅強後盾。他們三人是衛家主要的權勢人物，也是家族權勢的主要來源。衛家還透過聯姻等方式，以自己為中心，聚集一批顯貴的親戚朋友，儼然是西漢王朝無人可及的政治家族了。

衛家顯赫後，長安城中有歌謠說：「生男無喜，生女無怨，獨不見衛子夫霸天下。」言下之意是說衛家的顯貴全靠衛子夫。

的確，兩漢時期多數左右朝政的外戚都是靠裙帶關係盤踞高位的，

但衛家的情況不同。衛家的興起有兩大支柱。一個是外戚的身分，一個是衛青和霍去病建立的軍功。如果一家人僅靠女兒嫁給皇帝，突然顯貴，權力的基礎總不是那麼堅固。而衛家則用外戚的身分作為建功立業的基礎。和漢武帝劉徹的親密關係為衛青、霍去病提供便捷的舞臺，可以比較沒有拘束地施展拳腳。等他們建立曠世奇功後，外戚的身分就不那麼重要了。就算只看在衛青、霍去病舅甥兩人浴血奮戰、殺敵無數的分上，衛家也應該獲得那麼高的地位。戰功比皇親國戚的身分更有用，姐妹再受皇帝的寵愛，也有失寵的一天，但戰功是實實在在擺在那裡，不會失去的。

這就好像一個巨人有兩條腿走路，一條腿是外戚身分（衛子夫受寵），一條腿是軍功（衛青、霍去病前線統兵殺敵）。兩條腿都很健壯，這個巨人走起路來就安安穩穩的。這就是衛家為什麼能夠超越之前歷史上的外戚家族，驚羨天下的原因。

可能還有人對衛家不滿，認為衛青只是運氣比較好，英勇善戰而已。誰處在衛青的角色，上有皇帝姐夫的信任，內有漢朝五十多年的物資儲備，都能建立一番功業。這樣的觀點，把衛青這個人物看得太簡單了。衛青絕對不是一個只知軍事、不懂權謀的人。

在霍去病嶄露頭角的那次征戰中，右將軍蘇建和前將軍趙信的主力部隊，被匈奴大軍打得死傷慘重。趙信本來就是匈奴的降將，戰敗後投降匈奴；蘇建殺出重圍，隻身一人逃回來向衛青請罪。面對慘敗，有人要求追究蘇建的責任，認為他「棄軍而逃」；有人建議將蘇建斬首示眾，整肅軍紀；也有人認為蘇建盡力後才戰敗的，不應斬首。如果把蘇建殺了，不就是逼著戰敗的將領有家不敢回，反過來投降匈奴嗎？大家爭來爭去，需要衛青拍板定奪。衛青有權力處斬部將，但他沒有殺蘇建。殺蘇建的壞處很明顯，會傷一部分將士的心，而且容易給人專橫的感覺，

得罪一批人。但是蘇建的確對戰敗負有責任，於是衛青把蘇建用囚車送回長安，交由劉徹處理。結果，劉徹非常滿意衛青有權不專權的舉動，同時赦免了蘇建的死罪，要蘇家用錢幫蘇建贖罪。蘇建被貶為平民百姓，但對衛青感激不盡。

衛青對蘇建的處置，表現出成熟政治家的風範。衛青發達了，一直保持著謙虛穩重、行事謹慎的作風。當漢武帝要分封他那三個年幼的兒子為侯時，衛青堅決推辭：「我的功勞是全體將士拚死奮戰的結果。我的兒子年紀尚幼，毫無功勞，陛下卻要分割土地、封他們為侯，我們父子怎麼敢接受封賞？還是請陛下分賞眾位將士，激勵大家好好殺敵吧！」漢武帝知道了，封賞衛青部將公孫敖、公孫賀等人，犒賞將士，同時堅持封其子衛伉等三人為侯爵。結果，大家皆大歡喜。

由此可見，衛青能夠在短短幾年中威震四海，位極人臣，是有道理的。

有一天，衛青的好朋友甯乘來訪，提醒衛青：「大將軍之所以食邑萬戶，三個兒子都封侯，主要還是靠皇后的功勞。」接著，甯乘慢慢說來：「任何事情都物極必反。沒有一個家族能夠永遠保持富貴，就好像月亮不會永遠圓滿，海水不會永遠停留在浪頭一樣，衛家遲早也會走向衰落。」

衛青在權力巔峰時，保持清醒的頭腦。他隱約感覺到，自家人名揚四海，部將親屬遍布朝野，如此輝煌之下，總有哪裡不太對勁。現在，甯乘幫他點破了：「要防止皇上猜忌啊！」衛青恍然大悟，忙討教該如何應對。

甯乘說：「現在內宮之中，王夫人是皇上的新寵。但是王夫人出身卑微，她的家人依然生活在貧苦之中，希望大將軍能夠向王家贈送重金，聯絡感情。」衛青依計而行。

原來，隨著歲月的推移，衛子夫美貌不再。越來越多的美女進入劉

徹的床榻。在眾多新進的美女中，劉徹最喜歡趙國王夫人。王夫人為劉徹生下後來的齊王劉閎。這個王夫人和衛子夫一樣出身卑微，可她不像衛子夫一樣有弟弟衛青和外甥霍去病，王夫人找不到一、兩個有能耐的親戚。她的親戚實在不成器，劉徹就是想提拔王家，都找不到合適的提拔對象，所以王家依然生活在窮困之中。現在，王家突然收到大將軍、長平侯衛青送來的五百斤黃金，驚喜若狂，忙告訴王夫人。

王夫人高興得心花怒放，興沖沖地告訴劉徹。

劉徹卻陷入了沉思。

衛青為什麼這麼做？他完全沒有必要這麼做。劉徹了解衛青，知道衛青個性耿直，不會主動巴結、賄賂他人。劉徹找了一個機會，當面問衛青送黃金的事情。衛青一五一十地將來龍去脈告訴劉徹。聽了衛青轉述的甯乘的提醒，劉徹明白，衛青這麼做，是自降身分，展現要繼續謙虛、團結他人的姿態。劉徹鬆了一口氣，也高興了起來。一來，衛青替自己照顧了新寵王家；二來，衛青厚道正直，對皇權敬畏如初，不敢專權跋扈，看來是不會威脅到自己的權威。劉徹對第二點尤其感到高興，對衛青和衛家的防範之心放鬆許多。那個提醒衛青的甯乘，被劉徹任命當了東海都尉。

第二年（元狩元年，西元前一二二年）四月，劉徹正式冊立衛子夫所生的皇長子、年僅七歲的劉據為太子。

衛家出了一位太子！未來的皇帝將會是衛青的外甥，是霍去病的表弟，衛家的權勢更上一層樓。如今，誰還敢來找衛家的麻煩？誰敢來找衛家的麻煩，就是自找麻煩。

事情發展到這裡，衛家的權勢還能再進一步嗎？

當時，平陽公主已經守寡多年，想要再嫁。她召集家臣、門客商議到底嫁給哪個王公顯貴比較好。大家想都沒想，異口同聲地說：「衛

青！」平陽公主一聽，心中產生了顧慮。衛家之前是平陽侯家的家奴，現在要平陽公主反過來嫁給衛青，平陽公主的心裡一時接受不了。而且，平陽公主也怕這樁婚事招來非議。

家臣、門客們開導公主：「衛青是大將軍、萬戶侯，他姐姐是皇后，外甥是太子，另一個外甥是冠軍侯。衛青是有三個兒子，但那也是三位侯爺啊？如果不算公孫家、陳家等衛家的親戚，衛家現在是軍權在握、一門五侯。這樣的人不嫁，公主您還有誰值得嫁呢？」

平陽公主覺得很有道理，就羞答答地將這個想法告訴衛子夫，要她轉告漢武帝劉徹，希望弟弟為自己和衛青賜婚。當年衛子夫入宮時，平陽公主囑託她顯貴之後不要相忘，衛子夫果然沒有忘記，也很願意幫這個忙，轉告給劉徹。劉徹心想，好嘛！我娶了衛青的姐姐，現在衛青要娶我的姐姐，親上加親，是好事。皇帝認可這門親事後，衛青和平陽公主兩人舉辦盛大豪華的婚禮。同時，平陽公主還讓自己和前夫生的兒子平陽侯曹襄娶衛子夫和劉徹生的女兒衛長公主，死心塌地地要和衛家綁在一起。

大臣迎娶昔日的主人、當今皇上的姐姐，漢朝開國以來，從來沒有一個家族獲得如此尊榮。讓我們一起來盤點一下衛家的權貴系統：戶主衛青的姐夫是皇帝，姐姐是皇后，外甥是太子，老婆是公主，繼子是駙馬，親戚不是世襲貴族，就是實權將領。當時衛青上、下朝，公卿大臣遠遠看見，就得下車讓路，立在道旁相迎相送。衛家的富貴榮華算是達到了頂點。

把姐姐嫁給衛青後，漢武帝劉徹內心更加不安了。

劉徹是個雄才大略的皇帝。一般雄才大略的人，權力慾就強，疑心病也重。劉徹繼位後，對威脅自身權威的人和事，非常敏感。他創辦了內朝，開始把權力集中到宮廷，就是對朝堂袞袞諸公的不信任。衛青一

家的勢力遍布朝野、手握兵權，自然也受到劉徹的猜忌。之前，衛青採納甯乘的低姿態，讓劉徹多少放了一點心。這也是劉徹同意姐姐改嫁衛青的原因之一。姐姐嫁入衛家後，衛青的權勢熏天了，彷彿是「天下第二人」，劉徹的猜忌心理重新泛起，開始不信任衛家了。他想，即使衛青沒有不臣謀逆的心理，也保不齊被野心家利用啊！

劉徹開始疏遠衛青，主要採取兩種方法：第一是讓衛青離開前線軍隊，招到長安來居住議政，等於是將衛青高高掛起；第二是重用霍去病，讓霍去病牽制衛青。第二招很毒辣，等於是分化衛青家人，「拉攏一派，打擊一派」。霍去病雖然是衛青的外甥，畢竟不姓衛，和衛家人的關係沒那麼密切。劉徹更看中的，是霍去病的頭腦相對簡單。

霍去病「為人少言不洩，有氣敢往」，只知道行軍作戰，消滅匈奴，在政治上很幼稚。劉徹曾經勸霍去病學點吳起、孫子的兵法，霍去病回答說行軍打仗不拘泥於古代兵法，學那些玩意沒有用。劉徹發自內心地，同時也是有目的地，更加寵愛霍去病這個年輕人了，著意培養，委以軍事重用。一次，劉徹御駕親臨霍去病的府邸，見到霍家凌亂，就要霍去病多留心點家裡。霍去病慷慨回答：「匈奴不滅，無以家為也。」這句話迅速傳開，成為千古名言。霍去病的聲望隨之節節攀升。

而對衛青來說，甯乘提醒的「物極必反」危險，終於到來了。

漢朝和匈奴的戰爭在繼續，但衛青失去了對前線部隊的直接指揮權，主要是發揮名義主帥的作用。相反，霍去病上場表現的機會更多。

元狩二年（前一二一）春天，霍去病升任驃騎將軍，率一萬騎兵出隴西，飛奔上千里，殲敵近萬人。霍去病因功被加封兩千戶食邑。同年夏，漢武帝命令霍去病與公孫敖兵分兩路攻打匈奴。霍去病率軍深入，越過居延澤，到達祁連山，一舉斬殺三萬多匈奴人，捕獲匈奴王族和大臣、貴族上百人。這場大敗，摧毀了匈奴人的自信心，他們悲傷地唱道：

「亡我祁連山，使我六畜不蕃息；失我焉支山，使我婦女無顏色。」相反，劉徹非常高興，又為霍去病增加五千戶食邑。

當年秋天，匈奴內訌，引出一樁突發事件。匈奴的渾邪王和休屠王派人來到邊境，約期投降。敵情不明，西漢朝野不知道匈奴人是不是真心投降。如果不去，人家又是真心投降的話，就白白錯過機會；如果去了，匈奴大軍可能埋伏在那裡以逸待勞，漢軍很可能自取滅亡。左右為難之際，漢武帝把「迎降」的高難度任務交給霍去病。霍去病領兵，朝約定地進發。漢朝軍隊還沒到，休屠王反悔，不願投降，已經被渾邪王殺了。可渾邪王的部將看到漢軍到來，許多人也開始反悔，不想投降了，紛紛逃遁。局勢有失控的危險。關鍵時刻，霍去病飛馬跑進匈奴軍營，與渾邪王相見，斬殺正在逃散的士兵數千人，穩定局面。接著，他派部分軍隊先護送渾邪王去面見武帝，又親率部隊督促數萬投降的匈奴大軍，緩緩向內地前進，返回長安。此次，霍去病刀不血刃，迫降匈奴近十萬軍民，肅清了河西走廊，打通了東西交通，被加封食邑一萬零七百戶。

當時霍去病只有二十歲，就立下了並不比舅舅衛青遜色的功績。他每戰必勝，固然有藝高膽大，擅長長途奔襲、敵後作戰的原因，更重要的是，漢武帝劉徹的支持。霍去病部隊的軍官、士兵、武器裝備和馬匹，戰前精挑細選，都是一流的，遠遠好於其他將領的部隊。朝廷把最好的家當都撥付給霍去病，如果沒有劉徹的允許，怎麼辦得到？

到了西元前一一九年春，朝廷為了徹底擊潰匈奴主力，集中全國財力、物力，大舉征討匈奴時，劉徹乾脆將衛青名義上的主帥也撤掉了。他命令大將軍衛青、驃騎將軍霍去病，分別率領五萬精騎，兵分東西兩路，遠征漠北。雙方互不節制，分頭行動。

衛青的運氣也實在不好。匈奴大軍將衛青的部隊當成主要防範對

象。衛青的大軍翻越大沙漠，奔波上千里之後，遭遇以逸待勞、嚴陣以待的匈奴軍隊主力。雙方的騎兵在草原上激戰，殺得天昏地暗。一直打到黃昏，草原上突然颳起沙塵暴，飛沙走石，遮蔽天日，雙方根本就看不清敵我。衛青畢竟是個久經沙場的將軍，派遣預備隊從兩翼迂迴到匈奴軍隊的背後，包圍單于的大營。這一招妙棋，使戰場的局勢朝有利於漢軍的方向發展了。匈奴單于首先喪失信心，跨馬突圍逃跑。衛青率大軍乘夜突擊，向北一直打到現在的蒙古首都烏蘭巴托地區，燒毀匈奴輜重，勝利班師。

另外一邊的霍去病，因為有舅舅纏住了匈奴軍隊的主力，進展非常順利。他一路高歌猛進兩千多里地，殲滅匈奴七萬多人，俘虜匈奴王爺、將軍等近百人，立下了比舅舅大得多的功勞。匈奴人一蹶不振，開始向西北遷徙。歷史記載之後「漠南無王庭」。

天下終於太平了。沒有了外部敵人，漢武帝和朝廷還需要聲望超群、領兵馳騁的衛青、霍去病嗎？現在軍功不可能再有了，只剩下皇帝的猜忌和防範。所謂「飛鳥盡，良弓藏；狡兔死，走狗烹」，說的就是如此微妙的時刻。

劉徹繼續捧霍去病壓衛青，防止衛青家族團結一致，威脅皇權。衛青、霍去病勝利凱旋，衛青是大將軍，霍去病是驃騎將軍，又是萬戶侯，沒辦法再提拔他們了。劉徹很有創意，新增了「大司馬」的官職，讓衛青、霍去病並列為大司馬。衛青是大司馬兼大將軍，霍去病是大司馬兼驃騎將軍，待遇相同。劉徹把霍去病置於和衛青同等的地位。

這是一個很明顯的訊號。那些牆頭草和勢利小人，紛紛拍霍去病馬屁，有事沒事就往霍去病家裡跑，套近乎。其中就有很多原本經常在衛青家裡出現的面孔。衛青家門口一下子冷清起來，好在衛青是個厚道恬靜的人，看開了。他家人有時也會感嘆世態炎涼，但衛青不以為意，認

為這是人之常情，一聲不響地過著恬淡平靜的「寓公」生活，毫無怨言，和平陽公主相敬如賓，對劉徹畢恭畢敬。

衛青有個一以貫之的優點，就是為人謙讓仁和，在權勢最顯赫時也不以勢壓人，更不結黨干預政事。因此，雖然衛青已經沒有實權，威勢不如以往，但人緣還不算差。起碼劉徹還很給這個小舅子面子，表面上應該照顧到的地方，都有照顧到。

霍去病的人緣就沒有舅舅那麼好了。霍去病很早就在宮廷中當官，富貴來得容易，帶著貴族公子哥的味道，給人的感覺不太好。出征打仗的時候，劉徹照顧他，派人送數十車的好東西，霍去病看上了車，卻把車裡的糧食和肉扔了。要知道，許多從軍的士兵，平時吃不飽飯。霍去病卻從來不注意官兵們缺衣少糧的情況，自顧自地穿戴整齊華麗。這種人有皇帝的垂青，但在下面的人緣卻好不到哪裡去。不過話又說回來，皇帝喜歡的，就是霍去病這種只知道打仗、頭腦簡單、人緣差的功臣。

可惜，霍去病大勝歸來沒幾年，就在元狩六年（前一一七）英年早逝，只活了二十四歲。劉徹很傷心，把霍去病的葬禮辦得風風光光，病把他的墳墓修建在自己陵寢茂陵旁邊，造得像祁連山一樣，紀念他的戰功。

劉徹很著急，不知道之後該怎麼壓制衛青的勢力。他寧願許多軍事行動起用別人，也不願起用衛青重掌軍權。衛青很聰明，乾脆請病假，之後不怎麼上朝了，進一步地韜光養晦。劉徹不怎麼放心，在第二年（元鼎元年，西元前一一六年），以衛青的兒子宜春侯衛伉犯法為名，削去衛伉的爵位。幾年後，衛青的另外兩個兒子陰安侯衛不疑、發干侯衛登，因為獻給朝廷的助祭金不足或成色不夠，被漢武帝削去爵位。至此，衛家「一門五侯」只剩下衛青孤零零的一個長平侯了。衛青的「病情」隨之越來越重，不怎麼過問家門之外的事情。

　　元封五年（前一○六），一代名將衛青去世。漢武帝也為衛青舉辦風光隆重的葬禮，命人在茂陵東邊為衛青修建一座像廬山（匈奴境內的一座山）的墳墓，提供和霍去病同樣的待遇。

　　衛青死後，長子衛伉繼承了長平侯的爵位，但衛家的權勢已無法與十多年前相提並論了。但衛家依然是西漢王朝權勢最旺的大家族，因為這個家族崛起的另一大支柱：皇后衛子夫和太子劉據的地位巋然不動。衛家在後宮的地位也是衛家的地位。更值得一提的是，衛青的姐夫公孫賀出任了丞相。這就為衛家的權勢增添不少光芒。

　　劉據是衛青的外甥。衛青、霍去病死後，劉據就是衛家最重要的權勢人物了，更是衛家的大希望。只要劉據登基，衛家的權勢起碼能繼續幾十年。漢武帝劉徹二十九歲時好不容易才有了第一個皇子，也就是劉據。他特別珍惜劉據，努力將劉據培養成合格的接班人。劉據沒有辜負父親的期望，學習認真，能力出眾，表現出接班人的特質。

　　劉據一天天長大，情況卻發生了變化。劉據的政治行情「看漲」，就意味著衛家的政治行情「看漲」。劉徹終生致力於鞏固皇權，對外戚家族與太子的緊密關聯，打從心底沒有好感。所以，他對於是否要傳位給劉據，心中有了一絲陰影。

　　有人說，兒子總比外甥親。劉據會向著劉家，不會向著衛家。漢武帝劉徹也這麼想，可他漸漸發現劉據這個兒子並不怎麼向著自己，反而在許多問題上和自己唱反調。這讓做父親的很生氣。劉徹獨尊儒術，他為兒子找的老師都是儒生，教的也是儒家思想，結果認真學習的劉據精通儒家知識，性格仁恕溫和。但劉徹只是表面推崇儒學，內心是將儒家作為統治工具。劉徹真正崇尚的，是絕對的權威和強權，儒學有用時，拿來裝點門面；沒用時，毅然棄之不用。小劉據沒能真正體會老父親的苦心，嚴格按照儒家理論辦事，父子倆在政治理念上產生了無法調和的

矛盾。漢武帝連年用兵、對外征戰，運用強權削藩罷侯，徵收繁重的賦稅。劉據在這些問題上都不贊同父皇的做法。漢武帝慢慢老了，覺得兒子不像自己，更擔心兒子沒有駕馭天下的能力。

皇后衛子夫看著兒子和丈夫之間的隔閡，心裡著急。衛子夫能夠當三十八年皇后，除了和衛青一樣謹小慎微、恭謹謙和外，還在於她遇事有主見，能夠向他人施加影響，來實現自己的目的。比如，衛子夫知道衛青的幾個兒子不成才，怕他們風頭太盛會出問題，多次請求丈夫劉徹不要封賞衛青的兒子，以退為進，實際上是保護自己的侄子。現在，衛子夫看到兒子老是違背丈夫的意思，就經常勸誡兒子：「身為太子，你要經常揣摩父皇的心思，理解父皇的意圖，按照父皇的要求去做，不能擅自做主，做一些與父皇想法不一致的事，比如平反冤獄。這本是你父皇製造的冤獄，你卻給予平反，不是否定你的父皇嘛！」可惜，劉據沉溺儒家學說太深，聽不進去母親的忠告。

劉徹對劉據基本上是滿意的，但對劉據在很多問題上頂撞自己深感不快。他曾語重心長地對劉據說：「我做的很多事情，你都不贊同。但我這麼做，是為了你將來能安享太平！」可惜劉據「身陷」儒學，中毒太深，依然在若干問題上與父皇唱反調。

衛青死後，劉據失去重要的外朝屏障。劉徹對劉據很無奈，但根本沒有想過要撤換太子。然而，劉徹和劉據這對父子之間，最後還是爆發了兵戎相見的血腥政變，血染長安城，史稱「巫蠱之禍」。

所謂巫蠱，就是利用扎木偶、下咒語等迷信手法，陷害他人。漢朝法律嚴厲禁止巫蠱，劉徹本人對巫蠱深惡痛絕，進入晚年後，身體越來越不好，對巫蠱更加敏感。他住在長安的時間越來越少，長年累月逗留在離宮甘泉宮中。父子見面的時間越來越少，本來心理就有小疙瘩，現在因為疏遠，惡化成心理隔閡。

劉據得罪的那些貪官酷吏、權謀小人，在劉徹面前搬弄是非，離間父子關係。酷吏江充，出身卑微，依靠不斷檢舉他人、刑訊逼供，一步一步爬上來。太子劉據很討厭他。江充怕太子繼位後會懲辦自己，就勾結太監蘇文等人，要扳倒劉據。衛家的女婿、丞相公孫賀不巧因為巫蠱被牽連下獄。江充等人就用力把「巫蠱」的髒水往衛家和太子身上潑。

父子隔閡、交流不暢、對權臣家族的猜忌，現在加上「巫蠱」嫌疑，漢武帝劉徹隨即授權江充清查太子與「巫蠱」的關係。於是，事情惡化為劉徹、劉據父子倆指揮各自的軍隊，在長安城裡混戰了幾天幾夜，殺得鮮血淹沒了街道，都匯聚成赤紅的河流。

混戰的結果是，劉據一幫人寡不敵眾，遭到血腥鎮壓。劉據懸梁自盡，他的四個子女同時遇害。政變平息後，震怒的劉徹派人收繳皇后的璽綬，要廢掉衛子夫。衛子夫在宮中自殺。太監找了口薄棺材，將衛子夫草草埋葬在長安城南的桐柏。文獻說至此「衛氏悉滅」。

衛家是漢武帝時期的一個傳奇。衛子夫從歌女到皇后、衛青從騎奴到大將軍，家族相關人等在朝野盤根錯節，締造神話。儘管權勢熏天，這個家族安分守己，並沒有什麼「負面新聞」。衛家的主要人物還對西漢王朝做出了突出貢獻。但他們遇到一個強權君主，一個晚年多疑的劉徹，頃刻之間就被連根拔起，滿門抄斬，令人惋惜感慨。

政治崇尚叢林法則，兩強相遇，必有一傷。強盛的權力家族和強權的專制君主，在同個時間內，只能存在一個，不可能和睦相處、分享權力。這就是衛青家族無法在漢武帝時代永保富貴的大道理。

政治人物的思想特別奇怪，當外部條件發生變化之後，他們對一些事物的基本看法都會發生翻天覆地的轉變。衛家在的時候，劉徹如鯁在喉，感到很不舒服；現在衛家的人被殺得乾乾淨淨了，劉徹又渾身不舒服，想念起衛家的好處和優點來了。

　　前太子劉據的平反昭雪成為衛家名聲好轉的轉折點。老百姓對死去的劉據很有好感，對他的死很同情，都相信劉據不會用木偶人詛咒皇上。隨著時間的推移，江充等人陷害太子的證據也漸漸敗露出來，民間的輿論開始朝有利於劉據的方向發展。劉徹冷靜下來後，也開始相信兒子劉據起兵主要是被逼自衛，並沒有謀害自己的意思。關鍵時刻，負責守護西漢開國皇帝陵墓的小官、高寢郎田千秋上書為劉據犯顏直諫，扭轉了整個局勢。他寫道：「兒子對著父親舞刀弄槍，應該受到鞭笞。如果皇帝過失殺死太子，那又應該做何處理呢？」劉徹對田千秋的上書非常感慨。之後，巫蠱動亂的處置完全顛倒過來。劉徹在兒子遇害地修建思子臺和宮殿，追念劉據，追悔莫及。衛家的名譽也很快得到恢復。

　　冤案得到撥亂反正，漢武帝劉徹的壽命也快走到盡頭。他叫畫工畫了一幅周公抱著周成王接受諸侯朝見的圖畫，賜給霍光。後元二年（前八七）春天，漢武帝劉徹又一次病重，霍光流著淚問道：「皇上萬一歸天，誰可繼承皇位？」劉徹說：「你難道不明白我賜畫的意思嗎？我讓幼子繼位，你來當周公。」漢武帝定最小的兒子劉弗陵為新太子，選中謹慎可靠又出身霍家的霍光來當輔政大臣。

　　霍光是霍去病同父異母的弟弟，是霍仲孺名副其實生下的孩子。霍去病成人之後，才知道自己的身世，一次征討匈奴路過霍仲孺的家鄉，認了霍仲孺這個父親。霍去病認父後，把弟弟霍光帶走了。當時霍光年紀十歲出頭，因為霍家的蔭庇，擔任了郎官，伺候在漢武帝劉徹身邊。霍光的性格和霍去病完全不同，埋頭做事，小心謹慎，在服侍漢武帝的二十多年時間裡，竟然連一丁點的小錯都沒有犯過。

　　劉徹死後，劉弗陵繼位，就是漢昭帝。漢昭帝劉弗陵年僅八歲，按照武帝遺詔，封霍光為博陸侯，將國家大事全都交給霍光處理。衛霍家族邁出了復興的扎實步伐。

　　霍光自受漢武帝遺詔輔弼漢昭帝以來，歷經四代皇帝，主持朝廷政務二十年。其中還主持廢黜劉賀，力排眾議擁立了流落民間的皇子劉詢，權勢更在衛青之上，成為前所未有的大權臣。劉詢就是漢宣帝，雖然貴為皇帝，但每次祭祀，都要和霍光同車。坐在同一輛車上，劉詢竟然有芒刺在背的感覺。

　　霍光功績、勢力和聲望都超過了身為皇帝的劉詢。在皇權至上的時代，霍光家族嚴重侵犯皇權。霍光攀登到權力巔峰後，之前謹小慎微的言行淡化了，開始戀棧攬權，也沒有與劉詢保持良好的關係和溝通。霍光迫使劉詢迎娶自己的女兒霍成君為皇后。這個霍成君又密謀殺死了漢宣帝的髮妻許氏，霍光知道女兒的罪行後，竟然幫忙掩飾。霍光活著的時候，劉詢有心除掉他，卻忌憚他的權勢，只是暗中謀劃。霍光一死，劉詢就有步驟地去除霍家的權勢。霍家子弟不滿，竟然圖謀政變換皇帝。事情敗露後，霍家子弟自殺的自殺，其餘的被腰斬棄市。劉詢以政變案為理由，大規模清理霍氏黨羽，因此案受到株連、被滅門的有數千家之多。皇后霍成君被勒令自殺。霍家又重複一遍親戚衛家的權勢往事。

　　中國古代政治史，從某個角度來說，是皇權和大臣權力之爭。鬥爭的結果，皇權勝多敗少。其中的原因很複雜，我們單單在兩千多年後再來看衛氏家族的起伏，不得不承認帝王殺戮太過，同時也感嘆權臣避禍的艱難。

　　其實在西漢的君臣關係史中，有很多可以借鑑的先例。漢初名相蕭何韜光養晦，保全自身及後裔。他權勢最大時，卻在窮鄉僻壤置辦家業，一來為子孫留棲身之地，二來也因為土地偏僻貧瘠，希望不被後代豪強覬覦。漢武帝時的丞相田蚡自恃是皇帝的舅舅，「權移主上」，受到武帝警告後始有收斂，得以全身而終。而開國元勛周勃之子、平定七國之亂的大功臣周亞夫，僅僅因為被景帝視為「此怏怏非少主之臣」，就被

以謀反罪下獄，死在獄中。類似的故事，在其他朝代不斷重演。不論是圓滿的結局，還是慘重的血腥故事，無不圍繞著「君權──權臣」的矛盾展開。

一、西漢衛家是古代少數從最底層上升到最高層的家族之一，但不是唯一的一戶，你還能列舉出其他從最底層上升到最高層的古代家族嗎？

二、俗話說「富不過三代」，財富如此，權力也如此。古代有不少衛家這樣的權力家族，卻沒有一家能權勢永存。這是為什麼呢？

琅邪王氏：從政壇向書壇的退卻

　　東晉末年，當權的太尉郗鑒要為掌上明珠挑選一名如意郎君。他相中了建康城中秦淮河畔烏衣巷中的王家，向王家的掌門人王導說親。王導說：「我們王家人才濟濟，不知道你挑中哪個後生？」郗家就派門生到烏衣巷挑女婿。門生回來後，郗鑒問有什麼好人選。門生回答：「王氏子弟都一表人才，精心打扮接受挑選，只有一個年輕人除外。那人躺在東廂房的床上，袒胸露腹，旁若無人地啃東西吃呢！」郗鑒說：「就是他了，我就選那個袒胸露腹的年輕人。」這個特立獨行的年輕人，名叫王羲之。雖然郗鑒很看好王羲之，但當時多數人卻不以為意，覺得郗老太尉看走了眼。

　　這就是「東床快婿」典故的出處。郗太尉為什麼會挑中王家？他為什麼又會選中王羲之，到底有沒有看走眼呢？

　　烏衣巷中的王家，不是一般的王姓人家，而是琅邪王氏。

　　琅邪王氏是東晉南朝首屈一指的門閥世族，也是「舊時王謝堂前燕」的王家。後人提到中國歷史上的門閥世家，腦海中最先浮現的，多半是這個琅邪王氏。這個家族的命運，和魏晉南北朝的政治緊密相連在一起，隨著政局的變動而沉浮。他們的作為，也影響著歷史的發展。解讀這個家族的命運，不僅可以了解魏晉南北朝的歷史，還可以透視中國歷史上政治世家的發展規律。

　　琅邪王氏是從東漢末期就開始發跡的政治世家，西晉後期開始顯赫。先是王家的王衍擔任太尉，成為掌權人物，再是王澄出任荊州刺史，王敦出任青州刺史。當時，王衍不無得意地說：「荊州有江、漢之

固，青州有負海之險，卿二人在外，而吾留此，足以為三窟矣。」但王家富貴真正的奠基者，還是後來居上的王導。王導和後來的晉元帝、當時的琅邪王司馬睿關係密切。中原大亂，他推動司馬睿去東南地區獨當一面。兩人瞄準機會，拉上人馬，在西元三〇九年搬到建鄴（今南京），帶動了「元嘉南渡」的浪潮。

初到江東，王導就遇到了奮鬥史（或者說是琅邪王氏發家史）上的第一道檻：立足不穩。

當地人對司馬睿及王導等南渡世族很冷淡。江東的世族大姓輕蔑地稱司馬睿、王導等人為「傖父」。人心不附，威脅著新政權的穩定。於是，王導在秦淮河邊導演了一幕，讓司馬睿站穩了腳跟：司馬睿坐在奢華的肩輿之上，在皇家儀仗的簇擁下，緩緩而來。王導等北方世族和名流，都恭恭敬敬地騎馬跟隨其後。整個隊伍威嚴肅穆又不失豪華熱鬧，將西晉王朝的泱泱皇室風範，展現給江南世人。江東大族受到極大震撼，紛紛前來拜見。史載：「由是吳會風靡，百姓歸心焉。」

東晉建立前夕，王導是司馬睿政權的支柱力量。司馬睿對王導的輔助和擁立之功深深感激，稱他「仲父」，把他比作自己的蕭何，登基之日竟然拍拍龍椅的空處，招呼王導「升御床共坐」。王導再三辭讓，司馬睿這才作罷。至此，琅邪王氏達到了權勢的高峰，除了王導擔任丞相、王敦控制長江中游，兵強馬壯，四分之三的朝野官員是王家或與王家相關的人。另外，王家在東晉南朝時期出了八位皇后。民間生動地形容為：「王與馬，共天下。」

王導掌權的鮮明特點是「清淨為政」。身逢亂世，衝突叢生，東晉王朝的統治很脆弱，可以說在北方南渡世族和南方土著世族的平衡之間走鋼索。王導善於調劑雙方的矛盾。他禮遇南方土著，對他們很客氣，阻止南渡的世族侵犯土著世族的利益。同時，王導又盡力滿足南渡世族的

利益要求，在南方世族勢力較弱的地區，設立僑州、僑郡、僑縣，幫助南渡世族恢復元氣。為了維護世族大家的利益，王導強化門第出身與政治權力的關係。出身決定地位，豪門壟斷利益。出身豪門大族的子弟，就算是塊木頭，也能平步青雲；出身寒門地主的子弟，就算是文曲星下凡，也只能位列下僚，終身埋首案牘，沒有出頭之日。豪門大家占盡膏腴之地，奴婢成群，竟享有種種特權。王導對東晉南朝世族勢力的惡性擴張，是要負責任的。

可在東晉之初，史載王導「鎮之以靜，群情自安」，贏得各方讚許，尤其是得到世族大家們的支持。琅邪王氏得益於王導的成功作為，迅速壯大，從西晉的一個二流家族後來居上，成為東晉的一等豪族。

不過，王導的「清淨為政」類似「無政」，各方都不得罪，把矛盾遮蓋起來。但矛盾，總是會爆發的。王導很快遇到了第二道檻：皇帝猜忌、兄弟叛亂。

俗話說，月滿則虧，盛極則衰。沒有皇帝會允許他人染指皇權，分享皇權的力量與威嚴。司馬睿對王導家族的尊崇，是立足不穩、羽翼不豐時候的權宜之計。坐穩龍椅後，他就對「王與馬，共天下」的傳言，產生了酸酸的感覺。首當其衝的問題是，如何打壓那些不可一世的世族大家，尤其是琅邪王氏。

司馬睿開始暗中限制、削弱王家的勢力。性格張揚又手握重兵的王敦，就成了出頭鳥。司馬睿提升、重用劉隗、刁協等寒族人士。劉刁二人對尊馬抑王一事不遺餘力，不斷打壓王家。王導在權力場中被疏遠了。講求「清淨」的王導忍得了，放蕩不羈、跋扈的堂兄弟王敦忍不了。他憤慨難平，對司馬睿多有怨言。鑑於王敦控制著長江中游各州的政權和軍隊，司馬睿派劉刁二人出任地方刺史，企圖箝制王敦的勢力。這一下，王敦直接造反，招呼兄長王含等人帶著大軍，順江而下，衝向建

康，找司馬睿等人算帳。

劉隗和刁協抓住把柄，勸司馬睿誅殺王導和王家的所有成員。王導趕緊帶著王邃、王彬、王侃等在朝廷任職的王氏宗族二十多人，每天跪在宮門外候罪。司馬睿意識到，沒有王家支持，自己無法坐穩龍椅，司馬睿和王家的命運是一榮俱榮、一損俱損的。赦免王導等人是最現實的選擇。於是，等王導等人在宮門外跪地痛哭了幾天後，司馬睿被「感動」了，光著腳走出來，扶起王導，拍拍他的手，寬慰一番。事情就這麼過去了？是的，本應株連九族的造反大罪，就這麼被赦免了。

王家的危機解決了，不料王敦的軍隊攻占了建康。王敦把持朝政，官員進退，操於其手。他逼司馬睿下詔大赦，赦免叛亂諸人的罪過，並封王敦為大將軍。王家表面上實權在握，實際上是被王敦推到了風口浪頭之上！

好在王敦擅長破壞，不擅長建設，抓住皇帝，卻還沒有自己當皇帝的想法。王導也阻止王敦稱帝，始終暗中支持司馬睿。不久，王敦就退兵長江中游，司馬睿隨後鬱悶而死，局勢降溫。王導等人擁立太子司馬紹繼位。司馬紹是個強硬分子，一心要剷除王敦，局勢驟然緊張起來。王敦身體也不爭氣，越來越差，在周邊宵小的蠱惑下，第二次發兵進攻建康。他想在自己死前，徹底解決對王家的威脅，擺出了傾覆朝廷的架勢。王導再次堅決站在皇帝這邊，主動掛帥，提兵與王敦叛軍作戰。一場惡戰，王敦隨即病死，兄長王含、繼子王應被殺，叛亂徹底消除。王導對策得當，讓琅邪王家非但沒有受牽連，還因討伐王敦有功，得到加官晉爵。王導從司徒進位太保，兄弟分任刺史、尚書。王家跨過這道檻，保持了天下第一望族的地位。

司馬紹當了三年皇帝，也死了。王導等人又擁戴五歲的皇太子司馬衍繼位。已經是「三朝元老」的王導，遭遇了第三道檻：外戚爭權。

司馬紹考量到繼承人年幼，留下遺詔，由王導和小舅子、中書令庾亮一同輔政。司馬衍繼位，司馬紹的皇后庾氏以皇太后身分臨朝稱制。庾亮仗著庾太后的勢力，很快就把實權集中到庾家手中。儘管王導榮光依舊，連皇帝對他下詔書都是用敬語，但王導離實權越來越遠了。見慣榮辱浮沉的王導，淡然處之。

有人曾經向王導進讒，說庾亮可能舉兵擅權，對王導不利，勸王導多加防備。王導說：「他若逼我，我就一身布衣服，回家養老去，有什麼可怕呢？」庾亮倒沒想要剷除王導，可他是個雄心勃勃又有很多想法的年輕人，屢屢指點江山，東晉政壇上出現了多次政治變動。王導秉承「清淨為政」的理念，以不變應萬變。朝廷一有動靜，政治一有裂縫，他就上前當和事佬。

大臣們為晚年的王導取了一個綽號：「糊塗宰相」。原因是王導每年考察官員，都流於形式，考察的結果是大家都好。有人有意見，王導就說，害國之魚我們都能容忍，何必每年糾纏那些小魚小蝦呢？的確，王導的一生，對威脅王朝利益的大問題，都採取拖延、打太極的對策，讓時間去消化，根本就沒必要在每年的官員考核上較真。他晚年常說：「現在說我糊塗，只怕將來有人還會懷念我的糊塗呢！」

西元三三九年，王導病逝，終年六十四歲。王導是琅邪王氏繁衍昌盛的奠基者。在後半生的三十年間，王導經歷了無數明爭暗鬥、甚至血雨腥風，能在混亂中為家族留下一份家業，殊為不易。同時，他見慣了權力場的爭鬥和殘酷，多少也將所見所聞、所思所想，作為遺產，留給了族人。

據說琅邪王氏南遷後信奉道教，為子弟取名，都帶個「之」字。比如王導等人，替子侄輩取名王羲之、王胡之、王彪之、王晏之、王允之等，孫輩取名王徽之、王獻之、王恢之等。這似乎是辨認琅邪王氏子弟

的一大特徵。王導這一輩之後，琅邪王氏名聲最大的，當數書聖王羲之。

王羲之，王導之侄、王曠之子（王曠當過淮南太守，曾勸司馬睿南遷）。雖說是書聖，王羲之小時候一點都不聰明，還很笨，連話都說不好。雖然名士周顗曾摸著十三歲王羲之的腦袋，說孺子可教，前途不可限量，但一般人還是把這視為是周顗判斷失誤。

事實上，王羲之是那種大智若愚，大器晚成型的孩子。一些小時候聰慧異常的孩子，長大後往往平庸無奇；而小時候沉默低調的孩子，比如王羲之，長大後常常是一鳴驚人的。王羲之進入仕途後，表現出不俗的政治素養。王導之後，東晉王朝高層政治紛爭不斷。總有那麼幾個人鼓動北伐，想借著北伐，讓自己貼金。殷浩北伐時，王羲之明確寫信反對，勸阻他。擔任地方官時，王羲之開倉賑災，奏請朝廷減免苛捐雜稅，很有父母官的樣子。

王羲之憑藉家族勢力，擔任過江州刺史的要職。在刺史任上政績顯著，朝廷屢次要提升他當京官，王羲之就是不去。有人寫信勸他，說他傻。王羲之回信表白：「我沒有廟廊之志。」其他人這麼說，大概不是虛偽的表演，就是待價而沽。王羲之則不然，他真的不想攀爬權力的金字塔。他追求的是人生的品質，追求理想的修為。聽說安徽宣城的風景不錯，王羲之向朝廷請求，希望能去宣城當太守。朝廷原本是想把王羲之提拔到更高的崗位，沒料到王羲之要求官越當越小，要去一個小郡當太守，朝廷當然無法理解。朝堂上的世族大家們更無法理解：你王羲之可是天下第一望族的子弟，去當什麼宣城太守，不怕身分地位降低，我們這些同類才覺得掉價呢！於是，也不徵詢王羲之本人的意見，朝廷宣布升他為右軍將軍、會稽內史。會稽（今浙江紹興）是東南大郡，是江東世族和南渡大族的聚居地，地位突出。會稽內史的地位自然重要。這一回，王羲之高興地接受了提拔自己的任命——因為他早就聽說會稽山水

秀美，人文典雅。於是，他打點行裝來到了顧愷之形容為「千岩競秀，萬壑爭流，草木覆蓋其上，彷彿雲蒸霞蔚」的會稽。千年之後，我們會發現王羲之的這個選擇，是中國文化的大幸。

追求平淡生活的王羲之，與清麗秀美的會稽相會後，工作是次要的，生活是主要的。當時的會稽人文薈萃，有和王羲之伯父王導認識、正隱居在東山、離「東山再起」還有段日子的謝安；有達官貴人都以得到他撰寫的墓碑為榮的文人孫綽；有豫遊江南、提出「色即為空」大論的名僧支遁；有隱居山林、大談玄學和山水詩的隱士許詢等人。王羲之很快就和這些人打成一片，還組織一個叫「蘭亭之會」的聚會，把他們一網打盡。

永和九年（三五三）暮春之初的三月三日，是一年一度的修禊節。

這一天，王羲之、謝安、孫綽等四十多人齊聚會稽山陰城外的蘭亭，洗洗身子，喝喝酒水，清談閒聊。他們不知道，永和九年暮春的蘭亭，將會成為中國文化史上的一座豐碑。

根據王羲之的記載，當日的蘭亭「天朗氣清，惠風和暢，群賢畢至，少長咸集」。此地的風景也相當對得起觀眾，「此地有崇山峻嶺，茂林修竹，又有清流激湍，映帶左右，引以為流觴曲水，列坐其次」。因此雖然聚會上沒有絲竹管弦、歌舞助興，但聚會的文人雅士們一觴一詠，大到宇宙，小到具體的花草品類，暢敘幽情。恍惚之間，王羲之感嘆上天公平地給予每個人一個生命，每個人都會走完一生，有的人飛黃騰達，有的人感悟良多，有的人放浪形骸，殊途同歸而已。行走之人，不知老之將至，常常是剛剛欣賞的東西，轉眼就成為陳跡。「每覽昔人興感之由，若合一契，未嘗不臨文嗟悼，不能喻之於懷」。王羲之的結論是：固知一死生為虛誕，齊彭殤為妄作。若干年後的我們審視今天，就像今天的我們審視昨天一樣。和王羲之相同，參會者紛紛提筆寫文，抒

發感想。這些文章，多少帶有當時玄學為了玄，專門寫得讓人看不懂的意思，但更多的是抒發對人生、對宇宙的看法。

會後，眾人把文章收集起來，集成一本小集子，委託王羲之作序。王羲之當時已經微醉，也不推辭，提筆立刻寫了一篇序文。這篇因為編輯需要，被定名為「蘭亭集序」的文章，一氣呵成，初正楷、後小草，莊中有變，變中有雅，令人賞心悅目，是書法和文章的雙重瑰寶。後人有好事者，認真察看了文章，發現王羲之在裡面沒有寫兩個完全相同的「之」字。據說，王羲之事後對原稿不甚滿意，想重寫一份，超越原稿。他聚精會神認真重寫了幾份，感覺都不如醉酒的時候寫得好。索性，王羲之不寫了，就將寫於蘭亭、帶有修改痕跡的原稿定為作品。

〈蘭亭集序〉之所以成為書法極品，一大原因是王羲之將書法提高了一個新境界。之前人們是為了寫字而寫字，王羲之是為了欣賞而寫字，為了表達而寫字，為了內在的修養而寫字、練字、賞字。書法開始在王羲之的手中，從實務超脫成為藝術。這是王羲之的書法境界，也成為中國書法的入門知識。王羲之是琅邪王氏最優秀的書法家，卻不是唯一的。官宦世家同時也是文化世家，家人文化素養高於常人。琅邪王氏的前輩王衍、王戎等人，都是書法家。二人擅長草書，輕便沒有拘束，很符合玄學大家的氣質。之後，王敦、王導、王虞、王曠等王羲之的父輩，也都寫了一手好字。與王家來往的謝家、庾家，也出了多位書法大家，王羲之的岳母郗夫人，就是有「女中仙筆」美譽的大書法家。王羲之在這樣的環境中，沾染了習書練字的風氣，更得益於大家族的雄厚物質基礎和優越生活，將書法從其他事情中獨立出來，當成一門藝術來對待。也只有琅邪王氏這樣的門閥世家，才能培養出新藝術門類的大師。

王羲之在書法的世界中越走越遠，後人用八個字形容他的作品：「飄若浮雲，矯若驚龍」。他的作品被後世奉為神品。比如〈蘭亭集序〉的真

跡，人們普遍相信被唐太宗帶入了墳墓，今人看到的都是摹刻本。

永和十一年（三五五）初，厭倦官場的王羲之棄官而去，在會稽金庭定居下來。晚年的他種地蓋院子，教導子弟書畫，也去河邊放鵝釣魚，悠然自得。

王羲之的身上完全沒有父輩輾轉奔波、指點江山的氣度。同樣褪去政治光芒和雄心的，還有同輩的王胡之等人。王胡之是王廙的兒子，他們父子倆都是老莊之說的信徒。王胡之的經歷和王羲之近似，在山水優美的吳興當一個生活優裕的太守，心情很好，不管朝廷怎麼調動他的職位，就是在吳興太守任上賴著不走。朝廷拿這樣的「釘子戶」無計可施。王胡之和謝安的關係也很不錯，兩人常有詩歌唱和。王胡之曾向謝安寫道：「巢由坦步，稷契王佐。太公奇拔，首陽空餓。各乘其道，兩無貳過。願弘玄契，廢疾高臥。」在他看來，功成名就的姜子牙也好，不食周粟餓死的伯夷、叔齊也好，每個人都有自己的生活狀態，他王胡之的理想就是高臥山林，聽聽風聲，撫摩泉水。

琅邪王氏在王導、王敦一代人之後，就看淡了呼風喚雨的權勢。家族第二代的多數人，把注意力從政治上轉移走了，但是王家的聲望依然存在。東晉王朝建立在世族大家支持之上，制定了一整套保障世族大家利益的制度，王羲之這一代人，不需要創業干政就能保持權位。如果王家還像王導、王敦那樣掌權、掌軍，反而會觸動清淨無為的東晉王朝的敏感神經。既然大環境不希望你在政治上有所作為，本也不願積極干政的王羲之他們，何樂而不從政壇轉身而去，醉情於藝術與山水？

那麼，王家還有沒有人留在朝堂中央呢？有。他就是王彪之。東晉王朝一直將琅邪王氏視為朝廷的依靠。是依靠，就得有人在權力中央，領取朝廷的官爵利益，也把家族的支持傳達給中央。而王彪之就是溝通朝廷和王家的新一代橋樑。

　　王彪之是王導的侄子、王彬的兒子，是個「少白頭」，剛過二十歲就鬚髮皆白，人稱「王白鬚」。鬚髮皆白的重要原因是他讀書太用功了，尤其對歷代規章制度研究很深，舉凡周禮儒學、歷朝歷代典章制度、文物典故等，都刻苦鑽研。王彪之還有蒐集文獻的習慣，把相關的學習資料都收藏在一個青箱之中，後來又把自己的著作和文章也收入箱子裡，讓後人世代相傳。王彪之的這個習慣成就了一門學問：王氏青箱學。

　　早年，王彪之也任過會稽內史。他嚴於執法，六親不認。當地橫行鄉里的中小世族大家，對王彪之恨得牙癢，但鬥不過琅邪王氏，不得不收斂氣焰。三萬多戶被世族大家逼得遠走他鄉的百姓先後回遷了。朝廷考量到王彪之的實際情況，任命他為太常。太常在秦漢是九卿之一，地位很高，在東晉的地位大大削弱，因為太常主管朝廷的典章制度，可算是朝廷中專業性最高的崗位。王彪之學問深厚，為人嚴謹莊重，很適合這個崗位。

　　王彪之出仕之時，新世族桓家的勢力蒸蒸日上，與琅邪王氏、陳郡謝氏平分秋色。大將軍桓溫試圖控制朝廷，許多世家子弟爭相向桓家靠攏，派親信向桓溫表達忠心。王彪之是極少數拒絕向桓溫獻媚的人之一。桓溫對他懷恨在心，將王彪之罷官，還將他逮捕入獄。好在琅邪王氏餘溫尚在，借大赦讓王彪之先降職後調任回京，還升任尚書僕射（相當於副丞相）。王彪之和謝安、王坦之（名字很像琅邪王氏子弟，卻是太原王家的人）三個人一起聯合起來，對付桓溫日益擴大的野心。

　　當時的皇帝是十一歲的司馬曜，皇太后打算請桓溫攝政。王彪之、謝安、王坦之三個人都不同意，聯合阻擋桓溫上位。桓溫和王敦一樣，身體不好，遇到挫折就一病不起。臨終時，桓溫決心最後一搏，向朝廷要求「九錫」（天子賜給權臣的禮器，後來演變成奸臣篡逆的先兆），還要袁宏草擬〈九錫文〉。袁宏把〈九錫文〉拿給王彪之看，王彪之諷刺

他說：「你這樣的大才，怎麼寫這種文章？」袁宏碰壁後，去找謝安。謝安的政治技巧很高，不說同意不同意，而是笑著要袁宏反覆修改。袁宏修改一遍又一遍，謝安都笑說不滿意，只好又去請教王彪之。王彪之知道謝安的用意，說：「謝安的用意，你還不明白嗎？桓溫病情一天比一天重，馬上要死了，你著什麼急啊？」袁宏恍然大悟，對〈九錫文〉也不再熱心了。沒多久，桓溫逝世，〈九錫文〉的事情不了了之。

桓溫死後，朝廷由謝安、桓沖、王彪之三人輔政。桓家勢力大降，謝家勢力上升，政令大多出自謝安之手。琅邪王氏和陳郡謝氏的關係不錯，王彪之和謝安的私交也不錯。但王彪之對謝安不合禮制的做法，也會毫不留情地批評抵制。謝安痛打落水狗，要把桓沖排擠出朝，表面上恭請皇太后臨朝，深層意思是方便謝家操縱實權。王彪之引經據典，認為謝安這麼做不合制度，堅決反對。謝安藝術細胞比較多，講排場，對修宮殿等「藝術工程」有濃厚的興趣。王彪之堅決反對大興土木而擾民。王彪之立論嚴謹、義正詞嚴，謝安反駁不了，在王彪之在世時，都無法放開手腳進行「藝術工程」。

太元二年（三七七），王彪之去世。他的一生，基本上繼承了王導、王敦等父輩的衣缽，安分地扮演好王朝支柱的角色，不越位、不退縮。一個政治世家要常保富貴，離不開這樣的人物。

王羲之、王彪之之後，琅邪王氏子弟的興趣，普遍從政治上移開。

王羲之一共有七子一女，這八個子女都在書法上小有成就。王羲之唯一的女兒，名字不詳，只知她嫁給了浙江餘姚的劉暢。她和劉暢有個孫女，嫁入陳郡謝氏家，生了一個曾外孫，取名謝靈運。

七個兒子中，最有名的是王獻之。王獻之曾擔任過吳興太守，官職終於中書令，但他最大的成就是在書法方面。書史上把他與父親王羲之並稱為「二王」。王家的書法成就斐然，得益於家庭提供的優越物質，

但更在於他們刻苦練習的結果。王羲之練習書法時，吃飯、走路都不放過，人們常常看到他用手指在身上畫來畫去，因此王羲之的衣服換得特別勤。教科書中經常舉兩個王羲之練字的例子，鼓勵現在的孩子以他為榜樣。第一個例子，是某次王羲之在書房練字，忘了吃飯，家人把饅頭送入書房，王羲之太投入了，拿起一個饅頭，就蘸墨吃了起來。家人進來收拾時，看到滿嘴黑墨的王羲之還在啃「墨水饅頭」呢！另一個例子，是王羲之洗硯而把一池水都給洗黑了。人們把這樣的水池稱為「墨池」，現在中國紹興、永嘉、廬山等地都搶著說王羲之的「墨池」在自己的轄區內。王獻之開始練字時，問父親王羲之書法的祕訣是什麼。王羲之指著院子中滿滿的十八口大水缸，說那就是祕訣。王獻之練字研磨，把那麼多水都用完了，果真大長書法水準。王獻之的書法，繼承了父親的風格，又更加無拘無束，中國書法史上的「一筆書」，就是王獻之的創舉。

王獻之的婚姻生活很不幸。他先是娶二舅郗曇之女為妻，小倆口感情很深，但被迫與愛妻離婚，當了新安公主的駙馬。王獻之和新安公主生有一女，後來當上皇后——東晉南朝的皇帝熱衷與世族大家聯姻。

王羲之諸子中，經歷最傳奇的是王徽之。王徽之也擅長書法，但成就遜於父親和弟弟王獻之。他的官也小，只當過參軍和黃門侍郎之類的中級官員，心思根本不在官場上，平日不修邊幅，工作時蓬首散帶，根本不過問職責內的事情。某次桓溫問他：「王先生現在是什麼職務啊？」王徽之撓頭，看到衙門口馬匹進進出出，說可能是個管馬的衙門（實際上是軍府）。桓溫又問：「最近衙門裡死了幾匹馬啊？」王徽之冷冷地說：「我連衙門裡有幾匹活馬都不知道，哪裡知道有幾匹死馬？」這麼不負責任的回答，竟然讓王徽之獲得玄學界的一致好評。上司知道這段奇聞後，覺得很沒面子，找王徽之談話，要求他工作要嚴肅，要好好上班。王徽之盯著天花板，一副愛理不理的模樣。談話結束後，王徽之乾脆棄官而去。

相比官場，王徽之更喜歡山陰的鄉間生活。一夜，山陰大雪，王徽之半夜醒來，發現大地白茫茫的一片，自飲自酌起來。徬徨間，王徽之想起了居住在剡縣的好友戴逵，連夜叫人備船要去造訪。當夜，皎月當空，一葉小舟穿行在浙東的水系之間。王徽之邊飲酒、邊吟詩，等天邊露出魚肚白時，終於到達戴逵府前。奇怪，王徽之卻叫船夫掉頭回山陰。船夫問其故，王徽之答：「吾本乘興而行，興盡而返，何必見戴？」他要的就是造訪的過程和期待的感覺。王徽之的後半生與竹子為伴。浙東丘陵的竹子挺拔茂盛，成林後氣象萬千，王徽之自評生活不可一日無竹，最後終老竹林之中。

丞相謝安想和王家聯姻，原先挑中的人選，就是王徽之。聽說王徽之「雪夜訪戴」一事後，謝安反悔了，將侄女轉嫁給王徽之的哥哥王凝之。

王凝之的成績不如兄弟，活得也不夠瀟灑。他擔任會稽內史，掌管地方軍政大權，正趕上海匪孫恩起義。起義軍圍攻會稽。部下建議備戰，王凝之卻相信道家神祖能夠保佑會稽無恙，只是終日閉門祈禱。部下催得急了，王凝之就說：「吾已請大道，許鬼兵相助，賊自破矣。」結果起義軍長驅直入，殺入會稽。王凝之和子女一同遇害。

後世喜歡用王凝之的例子，來證明王家勢力的衰敗，進而論證整個門閥世族勢力在南朝的逐漸沒落。這有一定的道理，但東晉南朝的政治背景是清淨無為，不喜歡多事。後人想當然的奮發、進取的政治姿態，並不利於世族勢力的維持與發展，反而只會讓他們與王朝政治格格不入，帶來危險。既然制度保障世族的利益，所以世族子弟們選擇清淨，漫天神聊。王家選擇從政壇走向書法和玄學，也是一種必然的選擇。起碼在整個東晉南朝，琅邪王氏都保持南朝第一家的地位。王家子孫興趣轉移到別處，是情理之中的。

琅邪王氏家族的存在，是特殊的政治現象。東晉南朝建立在亂世之中，始終內憂外患不斷，艱難地平衡在豪門世族的勢力之上。

豪門世族和各朝皇帝們相互依靠。晉室南渡時，北方南下的世族，紛紛支持司馬睿建立東晉，是為了保障世襲特權。之後南朝歷代禪讓，世族大家們都很務實地承認勝利者，主動支持新的王朝，對新皇帝表示效忠，目的也是保障世襲特權。皇帝們也需要世族大家的支持，因為各大家族壟斷了政治和經濟利益，勢力異常強大。新皇帝們不能、也不敢取消世族的特權。但另一方面，世族勢力強大到威脅皇權的程度，皇帝們不得不出面對世族進行抑制。皇權和世族權力的鬥爭，潛伏在南朝政權發展的終始。

皇帝們在政治上與世族勢力鬥爭的主要手法，就是扶持寒門地主勢力。世族子弟們都擁擠在那些清貴顯要、升遷快速的官職上，逐漸不屑於處理實際政務，導致許多負責實際事務的重要崗位，落入寒門子弟手中。普通人掌握實權，是南朝政治發展的一大趨勢。

但是，以琅邪王氏為代表的豪門世族們，對此視而不見，依然沉醉在世襲和壟斷帶來的榮華富貴之中。對世襲和壟斷的根源——血統，世族大家們異常重視。肥水不落外人田，他們很快形成封閉的小圈子，世族子女互相婚嫁，各個家族編輯、修撰家譜（發展出專門的學問：譜學），嚴格防止普通人混入世族隊伍。世族和寒門之間的界線涇渭分明。荒唐的是，世族人家最後竟然發展到不和普通人來往，甚至想方設法地侮辱主動示好的普通人。

宋武帝時，寒門出身的國舅路瓊之，錦衣繡服鄭重其事地拜訪王僧達。王僧達出身琅邪王氏，雖無一官半職，但門第高貴。路瓊之來後，王僧達冷淡地客套幾句，突然打斷路瓊之的話，問：「過去我家有一個馬夫叫路慶之，不知是你的什麼人啊？」路瓊之大為尷尬，隨即起身

告辭。王僧達也不挽留，當即命令僕人將路瓊之剛剛坐過的床榻拿去燒掉。路瓊之回去後，找路太后哭訴，路太后大怒，向宋武帝哭訴：「我還活著，路家就這麼被人欺辱，我死了，路家人還不沿街乞食啊！」宋武帝劉裕是一代梟雄，殺人無數，但對這事一點辦法都沒有，說了一句：「瓊之年少，沒事去拜訪王僧達做什麼！活該他受人欺辱。王僧達那樣的貴公子，豈可以加罪乎？」

在溫柔富貴鄉中浸泡久了，世襲和壟斷反過來侵蝕了世族子弟。反正不用認真讀書、勤奮工作，就能坐享其成，為什麼還要認真和勤奮呢？久而久之，世族子弟越來越不成器。南朝中期後，大多數世族子弟不學無術。民諺云：「上車不落則著作，體中何如則祕書。」南梁時，世族人士都褒衣博帶、大冠高履、塗脂抹粉，出則車輿，人則扶持，找不到會騎馬的人。別人送給世族人士周弘正一匹矮小得只能在果樹下走的馬當禮物，周弘正學會了騎這匹小馬，常常騎出去，就被人評為「放達」。周弘正運氣好，有尚書郎敢騎馬，就被世族子弟彈劾。建康令王復有一回看到馬又跳又叫，大驚失色，顫顫巍巍地對人說：「這分明是老虎，怎麼叫做馬呢？」侯景叛亂時，世族子弟們膚脆骨柔，不堪步行，體羸氣弱，不耐寒暑，只能坐著等死。叛亂平定後，有人發現大宅門之中，竟然有世族子弟懷抱著金銀珠寶，活活餓死。

叛亂期間，侯景進入建康後，幾乎殺絕了王謝二家，其他世族也慘遭殘酷殺戮。同時，侯景之亂造成南方極大破壞，「千里煙絕，人跡罕見，白骨成聚，如丘隴焉」，世族勢力一蹶不振，面目全非。南朝滅亡，隋朝統一，歷史翻開新的一頁。皮之不存，毛將焉附。南方所有的世族，不論南渡的，還是土著的，都隨著南方政權一起灰飛煙滅了。「舊時王謝堂前燕，飛入尋常百姓家」。殘存的世族子弟不得不自尋出路，有的淪落為農夫商販。

如今，後人提起琅邪王氏，記得王導、王敦的少了，反倒是王羲之和〈蘭亭集序〉成了他們家族的名片。

一、世族門閥這四個字，專門用來形容東晉南北朝時期的大家族。這些大家族世代壟斷中央和地方政權，壟斷經濟實力。你能列舉出世族門閥的其他特點嗎？為什麼用「閥」字來形容他們？

二、後人論述世族門閥的衰落，認為其中一大原因是優裕的生活消磨了世家子弟的鬥志和精神。世家子弟不學無術，悠遊揮霍，能力素養大降，最終無力掌握政權。你認為「死於安樂」的論述放在世族門閥身上合適嗎？

萬國來朝：朝貢體系的虛榮與務實

　　古代中國的外交是什麼樣子的？中國又扮演了什麼樣的「世界角色」？

　　在古代，中國人沒有「世界」的概念，只有「天下」觀念。

　　所謂天圓地方，整個天下是以中國為中心展開的，其他國家都是「化外之國」、「蠻荒之地」（這是從文化角度說的），或者是可有可無的「蕞爾小國」（這是從實力角度說的），圍繞在中國周圍。其實，中國人觀念中的「天下」，主要局限在現在的東亞地區，兼及中亞草原和南亞印度半島的部分國家。從地理上說，這塊地區的確以中國為中心。中央王朝占據著最肥沃和廣闊的領土，北邊是西伯利亞，西邊是茫茫草原戈壁，東部和南部是大海，此外還有青藏高原和喜馬拉雅山脈阻隔，其他國家散布在中央王朝四周。不論是在地理上，還是在實力、文化上，中國都是這塊地區當之無愧的中心，按照現今的話，就是唯一的超級大國——不過「超級」的程度更高，實力對比更懸殊。

　　古代中國在自己的「天下」裡，維持了幾千年的「超級」大國地位。中國歷史上的官修史書，也一概將周邊各國、各民族與中央王朝的友好往來事例，記作「朝貢」。顧名思義，就是其他國家和民族都來朝拜中央王朝，向中央王朝貢獻方物。歷代統治階層都希望看到萬國來朝的景象。籠罩這個「天下」之上的國際體系，也被冠名為「朝貢體系」。朝貢體系伴隨了古代東亞數千年，深刻影響了人們的世界觀，最終被西方主導的國際體系所取代。

　　在朝貢體系中，與中國關係最密切的首推朝鮮。

　　朝鮮和中國王朝維持關係的時間長達兩千多年，態度恭順，朝貢不絕。中國對朝鮮半島的影響也極深。這從現在的《大長今》等韓劇中，還能看到蹤跡。為了抗日援朝，明朝曾兩次傾盡全力出兵朝鮮半島。明亡清興後，朝鮮仍舊奉行明朝年號幾十年，統治者們還暗中祭奠崇禎皇帝。

　　僅次於朝鮮，與中國關係密切，在朝貢體系中非常活躍的，就是不太為人所知的琉球。琉球，被日本吞併，國土大致相當於現今的日本沖繩縣全部和鹿兒島的部分。明洪武五年（一三七二），明太祖遣使攜帶對外通聘詔書前往琉球。琉球中山王察度、北山王攀安知先後受其詔，奉表稱臣。從此，中國與琉球開始了長達五百多年的友好來往。中國稱讚琉球國「其虔事天朝，為外藩之最」，對它「恪盡藩守」，「恭順可嘉」的誇獎不絕於詔。我們可以以琉球為例子，觀察朝貢的基本內容：

　　朝貢體系有著鮮明的政治色彩，朝貢關係首先是一種政治關係。其他國家進入朝貢體系，必須接受中國的政治規則：第一，中國朝廷的冊封，是琉球國王統治合法性的來源。每逢琉球王薨，新王在沒有得到中國冊封前，不能稱王，而稱世子。從明朝永樂年間開始，琉球國世子就遣使請求襲封。因為中國和琉球海途波折，來往需要不少時間，有幾位在位時間太短的琉球君主，因為沒有得到中國的冊封，終身都只是「世子」。第二，琉球要使用中國年號，奉行中國正朔。中國象徵性地向琉球頒發中國曆法，教諭皇帝年號。琉球對內統治，以及與朝鮮、日本及南海諸國頻繁來往時，都奉中國正朔，以中文為通商交流語言。第三，履行對中國皇帝的「臣子義務」。比如在中國皇帝生日、娶妻、誕子……時，琉球君王都要上表慶祝問候。在重大政治問題、外交事務上，琉球更要唯中國馬首是瞻。

　　從順治六年到光緒五年的兩百三十年間，琉球共向清朝派遣了

三百四十七個來華使團。其中的一個重要原因，就是表示歸順。那麼，周邊國家為什麼自願、積極地加入朝貢體系呢？從政治方面考量，主要有兩種思路。「各國進貢中國時多言：一些恃強凌弱的國家知道小國『乃聲教所被，輸貢之地，庶不敢欺凌』。顯然，各國請求中國的冊封，是把中國當成它們的政治保護傘，同時，在穩定各國政局中，也能發揮決定性的作用。」簡單地說，一為御外，一為安內。

順治三年（一六四六），琉球向剛剛入主中原的清朝稱藩。順治十一年（一六五四），琉球上繳了明朝敕印，朝廷遣使張學禮前往，封琉球國世子尚質為中山王。琉球正式轉為清朝藩屬。康熙十三年（一六七四），靖南王耿精忠反清。康熙十五年（一六七六），他遣游擊陳應昌來琉球國招降。琉球對此加以拒絕，卻在第二年派遣正議大夫蔡國器探問大清朝廷安危。康熙帝大喜，賞賜有加。

其次，朝貢關係是一種朝貢往來。除了政治往來外，清朝最重視的就是接待琉球的進貢。清朝規定琉球兩年向中國進貢一次，進貢人數不得超過兩百人，進貢船隻三艘。琉球國常以耳目官、正議大夫充正副使。琉球貢品原本龐雜，有象牙、香料等本國不產之物。康熙年間定例為：硫黃一萬兩千六百斤（福建省留用）、紅銅三千斤、白剛錫一千斤（後兩者押送進京，入內務府）。琉球使團入京，由福建官府遴選文武官員兩、三名全程陪同往返。琉球正副使臣及隨員（二十人）一行由鼓樂導行。

使團官員乘轎，從者乘馬、乘車，投宿公館；沿途各省地方官均派官員負責其境內的迎接、護送及交接，一切費用由中方負責。其住宿之地，中國官兵晝夜守護。琉球來華朝貢，中方也派人去琉球冊封或者宣慰——有人因此認為朝貢關係不如說是「朝貢——冊封關係」更準確。中方使團在琉球也會展開一系列的活動。這其中的禮節問題以及在朝貢

幌子下的貿易往來，極其複雜，後面有專門章節論述。

中琉關係的第三項重要內容是文化交流。琉球曾經先後十六次派人來華學習中國語言、文化、制度和技術。明清政府對琉球學生教育一視同仁，生活尤為體恤。「照都通事例，日廩甚優，四時給袍褂、襯褲、鞋帽、被褥咸備，從人皆有賜，又月給紙、筆銀一兩五錢，特設教習一人，另博士一員督課。」乾隆年間，留學生要早起沐浴、正冠衣，赴講堂聽講「小學」、《近思錄》等。午餐後，聽講經書，然後臨帖寫字。晚上則在燈下聽講四六古文、詩，要求翌日背誦。逢三日作詩一首，逢八日作四六古文或序文一篇。同時還有月考、季考、歲考，以查勤惰。同期，衣食住行卻待遇優厚。以食物為例：每人每天給白米兩升，雞一隻，肉兩斤，茶葉五錢，豆腐一斤，花椒五分，清醬油四兩，香油四錢，醬四兩，黃酒一瓶，菜一斤，鹽一兩，燈油兩兩。同時有專用廚房；各官生從人另有衣食住行的安排。

琉球留學生一般在華生活四載有餘，感慕華風，對中華文化向心力極強，在維護朝貢體系中，發揮中堅作用。一八七九年，日本在琉球廢藩置縣，原官生林世功來華進京，長跪乞師求援。翌年，日本拋出分割琉球國條約，林在華自刎而死。

除官派外，一些琉球人不遠萬里，自費前來福州、北京等地求學、求藝。這些人被稱為「勤學」或「勤學人」，名垂史冊的蔡溫、程順則即其優秀代表。程順則於康熙年間留學、出使來華，自費引進會稽儒生范鋐注釋的《六諭衍義》。他將之進呈琉球王尚貞，建議作為國民修身和學習官話（中文）的課本。《六諭衍義》在普及文化、改進風化方面，產生重要作用，且由程順則介紹到日本。

琉球人少國弱，文化相對落後。明朝時，中國皇帝曾賜閩人三十六姓，也就是移民了一批閩南人到琉球居住，提高琉球的教育程度。這批

琉球華人，居於那霸附近的久米村，領受俸糧，世世不絕。他們制禮法，通音樂，影響日益擴大。子孫承擔了政治、外交等重大職責和幾乎所有的文教職事。琉球來華使節幾乎都由華裔充任，登堂入相者也不在少數。第二尚氏王朝歷史上舉足輕重的鄭迵，堅決對日主戰。明萬曆三十二年（一六〇四）五月，王城首里被薩摩藩攻破，琉球王被擄往日本，鄭迵被投入油鼎慘死。漢人居住琉球，在很大程度上推動了漢語、漢文化在當地的傳播。

琉球主動引進中國先進文化和技術，掀起興學漢文化的風氣。康熙十一年（一六七二）琉球國王正式在那霸久米村泉崎橋頭建孔廟，照搬中國儒家禮節，實行春秋二祭，鮮明地樹起尊儒、學儒的旗幟。琉球國內則漸設文廟、明倫堂等，在全國設立國學、鄉學體系，傳播中華文化。琉球國通文理者也興辦私學。嘉慶七年（一八〇二），有眾多華裔居住的那霸港，官民集資興建了四所鄉學，以滿足當地青少年學習漢字、漢語的需求。學校的課程設計、教學內容和考察制度均照搬中國，並開始一定程度上的開科取士。日本派遣人員來琉球學習儒學、醫學和先進的工藝。琉球學者魏士哲等名傳日本。

鑑於琉球的恭順，清政府對琉球賞賜尤多。日本那霸重修的首里城公園入口處，是一座中國式牌坊，懸掛有康熙賜之「守禮之邦」漢字匾額，稱「守禮門」。沖繩人敬之為「國寶」。琉球地區至今還遺留許多漢文化的痕跡，包括廟宇、匾額、風俗等。朝貢體系中的文化來往，塑造了今人所稱的「東亞儒家文化圈」，越來越受到後人的重視。

中國北京故宮前的中山公園有一座「習禮亭」，亭子很小，卻是赤紅色亭身、雕龍琉璃黃瓦，十分引人注目。這亭子便是朝貢體系的遺物，是當年貢使入宮覲見皇帝前，學習天朝禮節之地。

朝貢禮儀煩瑣，虛禮甚多。禮多，是因為朝廷重視。中華帝國將

「禮」提升到國際來往行為準則的高度，目的有二：一來維護自身中央大國的地位，核心是為營造和維護皇帝至高無上的形象與地位。二來透過禮節強調朝貢關係，重視雙方的權利與義務。中華帝國對朝貢體系中的禮儀高度重視、絕不馬虎。明朝官員初次接觸葡萄牙人時，「以其人不知禮，令於光孝寺習儀三日，而後引見」。清康熙年間，朝廷以俄羅斯使臣「不知禮」，將之驅逐出境。不遵守中國的禮節，其他一切免談。

中國與周邊國家的朝貢往來中，最重要的為冊封與朝貢之禮。還是以琉球國為例，說說其中的煩瑣內容。

藩屬國君主的更替，需要中國王朝的核准。老君主去世，需要稟告中國，中國再頒發詔書冊封新的君主。新君主在得到正式冊封前，不能稱王，暫稱「世子」。清朝，琉球老君主去世後，世子服喪期滿都會遣使赴中國請求冊封。只要不是弒君自立或臭名昭著，或者對中國態度傲慢、不遵守藩屬禮節，中國政府都會承認，頒布冊封的詔書。

接到琉球世子的請求後，清朝會派遣冊封正、副使各一人（一般由給事中擔任正使，行人任副使）前往琉球。冊封使一行從北京出發，首先到達福建待命，等待冊封使用的「御冠船」竣工和物資的齊備，同時也尋找適當的氣候條件。中國古代船隊的遠航能力有限，季風在中琉兩國的航運，就扮演了極其重要的角色。中國船隊之所以不沿著緯度從浙江東行到琉球，而是南下福州再走海路折向東北方向，就是要利用夏季的南風漂行到琉球。返程則需要等待秋冬季的北風。這一等，通常要一年有餘，甚至更長。隨後，福建官員即在福州城南門舉行餞行儀式，既拜天又有祭典。一切準備妥當後，使團一行五百餘人揚帆出海，向琉球進發。使團從福州出海，經花瓶、彭佳、釣魚各島北側，從赤尾嶼到達久米島，就算進入琉球國境內了。航行時間長短不同，視天氣情況而定，一般需要十數日。

登陸後，正副使手拿詔敕，前往「迎恩亭」；琉球三品以上文武官員數十人要等在迎恩亭拜迎。正使將詔敕放在龍亭（裝有冊封詔書等文書的轎子）中，眾官行五拜三叩之禮。禮畢，一行人恭送冊封使團前往距港口約五里、準備停當的「天使館」歇息。天使館專門為接待中國冊封使而設：內設負責館內諸事的館務司、管理館內用品的承應司、負責肉食供應的掌牲司、負責與冊封使隨從們貿易的評價司、供應食物的供應司、負責安排宴席的理宴司和處理文書工作的書簡司，稱為支應七司。每司有紅帕秀才一人，雜役多人。

二十餘日之後，琉球世子、大臣陪同使團一行前往先王廟諭祭先君，宣讀祭文，然後將祭文副本投入惜字爐焚燒。琉球君臣行三跪九叩之禮，諭祭之禮乃成。

諭祭之後，擇吉日舉行冊封之儀。冊封儀式在王城首里城的正殿前舉行。當日，天使館通往首里城的路上，彩旗飄揚；冊封使攜帶龍亭和放置賞賜五品的彩亭前往首里城。首里城的大門撤下平日的「首里」二字匾，懸掛「守禮之邦」的牌匾；琉球世子要在大門口跪迎。

冊封使直入王宮，將龍亭置於闕庭之上。禮樂齊鳴，世子登上闕庭，焚香伏拜，隨即下臺與群臣對著龍亭行三跪九叩之禮，稱為拜詔禮。禮成，宣讀官宣讀冊封詔書，君臣人等伏聽。

宣讀完畢，世子再行三跪九叩之禮，稱為謝封禮。接著，冊封使呈上中國皇帝的賞賜。琉球世子獲得郡王級別的賜品，包括郡王衣冠、皮服、彩幣等物。世子接過禮物，轉交三司官安放桌上，再三跪九叩，稱為謝賜禮。世子朗聲問道：「聖躬萬福乎？」冊封使答：「聖躬萬福！」琉球世子再次三跪九叩，稱為問安禮。隨後，世子接受冊封之詔，最後一次三跪九叩，稱為謝恩禮。場面肅穆。冊封儀式就此結束。有時，中國政府還會頒布給王妃諭旨和賜品。王妃便在琉球王受封後，伏跪聽

旨，三拜九叩，再由琉球王轉為收受賜物。從使團入住天使館起，冊封儀式為期一百餘日。

一直到秋天，冊封使才揚帆返國。其間，使節遍訪琉球山河，考察文物制度，結識琉球通文墨者，留下許多原始資料：琉球君臣對使團恭敬如故，琉球王每三天派遣大臣到天使館問候。使團在琉球逗留期間，琉球國王會設七次宴會款待，分別是迎風宴、事竣宴、中秋宴、重陽宴、冬至宴、餞別宴和登舟宴。宴會不是簡單的吃飯喝酒，都有樂隊、歌、舞、戲等助興。每次宴請使臣，琉球國王都饋贈重金。使團返國時，琉球國王通常還會率大臣跪送。

天使館使用少、閒置多，修葺費用高昂。要用的時候，天使館又是不可缺少的。琉球世子都會等館舍修繕完畢，才向清朝請求冊封，而不會實時遣使求封。服喪期的存在、福建船隊的修造、館舍的修繕，通常使冊封儀式在世子繼位數年、甚至十數年之後舉行。歷史上就有數位琉球世子，由於在位時間短，尚未接受冊封或冊封後不久就與世長辭了，如尚忠王、尚思達王、尚成王等。

冊封是中國派人去藩屬，藩屬使團到中國來就是朝貢。清政府相應有一整套接待貢使的禮制。為了展現禮儀之邦、泱泱大國的形象，清朝不惜催發官吏，耗用重資，徵動民力。

琉球朝貢使團以耳目官、正議大夫充正、副使，另有通事（翻譯）等官吏和隨從、水手等，乘坐多艘貢船來到福建。經過申報、停泊、檢查、封艙、會盤、驗看、勘合等程序，福建地方政府將使團一行迎入專門的驛館（琉球館，又名柔遠驛）歇息。這琉球館不僅接待琉球貢使、通事等官員，也是琉球商人、船員、難民等在福州的食宿館驛，成為琉球人在中國的主要活動據點。琉球人在琉球館中經商訪客，研讀經書，吟詩作對，甚至聘師學藝。隨著中琉來往日增，琉球館接待之人日眾，

館舍自康熙朝後多有增建、修繕。

中方的接待工作在琉球館中就展開了，本著「厚來薄往」的原則，高標準接待。福州官府按一百五十人的規模，無償供應琉球館物資，其中琉球官員月給米五升，日給菜金銀五分；餘者月給米一點五升、一升不等，日給菜金銀五釐。另外每人每天給柴火費一釐銀子。對於貢使，地方官少不了招待殷勤，接風、餞行的宴席及饋贈，自然是難免的。

琉球使團的最終目的是入京朝覲天子，進獻貢品。但他們不能私自進京，需要等候中國皇帝的聖旨。接到使團後，福建巡撫就向朝廷申報琉球入貢消息。皇帝允准使團觀見，回旨發到福州。福建巡撫按舊例，將硫黃貢品收儲在藩庫（琉球的貢品主要是硫黃，朝廷讓福建就地接納），幫琉球使臣辦好進京的公文，一般委派五品上下的文官，一路護送貢使和其他貢品進京。使團走陸地，路程大致是福州──清湖──杭州──蘇州──揚州──淮安──張家灣──京師。

進京的只是琉球使團的主要官員，大部分琉球人留在福建。他們攜帶為數不少的貨物，來和中國人貿易。這些人一般要做兩個多月的買賣，也不等進京的同伴返回，就攜帶從中國購買的物品、會合留華的其他琉球同胞，乘坐來時的船隻，先行回國了。

清政府規定：「外藩遣使進貢入關後，即飭該使臣趕緊起程，並飭伴送官沿途照料，妥速行走，務於十二月二十日以前到京以符定制。」限定這個日期的目的，是為了讓貢使在元旦之日參加「隨班朝會」的盛典，讓他們能親自朝觀皇上，以睹「龍顏」；同時出席皇帝的盛大招待宴會，這既是清政府對藩屬使者的一種高規格接待，也反映出清政府對藩屬的友好態度。若琉球貢使未能依限抵京，護送的福建官員將受到查處。就有多名官員因為護送延期，而受到降級等處分。

琉球貢使到京，入住會同館。會同館是使團在京的主要活動場所，

清朝設置大使、提督等官負責接待。《大清會典》為我們勾勒出琉球使團在北京的朝貢經過：

　　使團入住，會同館即著手協調，安頓使團在北京的日常事宜。貢使主要由禮部承擔接待，戶部、兵部、工部、內務府等部衙分別配合承擔財務報銷、安全保衛、館舍修繕、後勤保障等工作。會同館大使根據福建督撫的報文，查點核實使團人數，由提督官具文呈報禮部。提督在第二天率貢使到禮部，拜會禮部的堂官，貢使遞送琉球國表文章奏。琉球使節拜會禮部，要遵守一套禮節。使臣具表文、方物，來到禮部。「侍郎一人出立案左，儀制司官二人分立左右楹。館卿先升，立左楹西。通事、序班各二人，引貢使等升階跪。正使舉表，館卿祇受，以授侍郎，陳案上，復位。使臣等行三跪九叩禮，興。退，館卿率之出。禮部官送表內閣俟命，貢物納所司。」

　　確認琉球使團進京後，禮部儀制清吏司向皇帝具題報告進表的日期、程序、禮節和儀式，等候皇帝旨意。此時，貢使緊張的外交活動展開了：納貢、習禮、觀見、領賞、筵宴。其中的重頭戲為觀見皇帝。「屆日帝御殿，禮部尚書引貢使入，通事隨行，至丹墀西行禮畢，升自西階，通事復從之。及殿門外跪，帝慰問，尚書承傳，通事轉諭，貢使對辭，通事譯言，尚書代奏。畢，乃退。如示優異，則丹墀行禮畢，即引入殿右門，立右翼大臣末，通事立少後。賜坐、賜茶，均隨大臣跪叩，飲畢，慰問傳答如初。出朝所，賜尚方飲食，退。翼日赴午門外謝恩。」

　　禮部要奏請皇帝賞賜琉球國王和貢使，皇帝照例准許，賞賜物品。「所司陳賜物午門道左，館卿率貢使等東面立，侍郎西面立，有司咸序。貢使詣西墀三跪九叩，主客司官頒賜物授貢使，貢使跪受。以次頒賜貢使暨從官從人，咸跪受。贊『興，叩』如儀。退，賜宴禮部。」

　　賞賜之後，清朝允許琉球使團在會同館開市貿易，沒有日期限制。

正、副貢使通常還會被皇帝詔對，赴國子監瞻孔等。觀見皇帝、參加朝賀典禮以及接受皇帝頒賞的物品等活動，使團均由提督官負責導引。貿易結束，琉球使團收拾行囊準備返程。兵部頒給使團關防。會同館將「採買銷算」等一切「支銷事宜」鈐蓋「禮部會同館監督關防」，「造冊送主客清吏司咨戶部核銷」。

使團返程，經過省會城市，該省官府都要出面宴請，由司道級別的官員主持，也是高規格接待。此時已是第二年，琉球國派出接貢船。通常，接貢隊伍由級別較低的都通事領銜，保持在八十人左右。使團和接貢船會合後，等到七、八月，留一位存留通事和幾個隨從看守驛館，其餘人等都上接貢船回國。來華留學、旅遊訪友和貿易的琉球人，想搭船回國的，也可以同行。

一來一往的禮節，甚是煩瑣。一方是反覆宣講，一方是一路叩拜，就在這一講一拜中，朝貢體系背後的思想內涵得到了鞏固。這一套禮儀，牽連著中國的政治文明，貢使在習禮亭學的不僅是對中華帝國的敬服，多少深入了文明的內涵。

乾隆二十七年（一七六二），琉球國王派遣耳目官馬國器、正議大夫梁煌為正副使，向中國朝貢。當年十二月初六，使臣乘坐貢船兩艘，統領官伴水手一百九十九名，攜帶硫黃一萬兩千六百斤、紅銅三千斤、白剛錫一千斤，從琉球開船，二十九日到達福建。一行人於乾隆第二年正月初八被帶進內灣。正月十五日，福建布政使派人驗明使團身分、檢查攜帶的物品後，把一行人安頓在館驛休息。一次朝貢活動，就此展開了。

為了展示中華泱泱大國的雄厚實力，也為了懷柔遠人，清朝對琉球使團的接待標準相當高，成本高昂。康熙二十七年（一七六二）議定「琉球國入貢，正、副使，每日供給羊一斤、豬肉三斤、牛乳一鏃、各鵝一、鳩一、魚一、寂乳兩斤、酒六瓶、清醬、醬各六兩、燈油兩兩、

茶一兩、鹽一兩、麵兩斤、菜三斤、醬瓜四兩、醋十兩、香油一兩、椒一錢、每五日蘋果、梨共五十枚、花紅七十五枚、葡萄、棗各五斤；使者、都通事，每日各雞一、豬肉兩斤、麵一斤、菜一斤、酒一瓶、寂乳一斤、清醬兩兩、醬四兩、香油四錢、燈油兩兩、茶五錢、椒五分、鹽一兩；從人，各日給豬肉一斤八兩、菜各兩兩、鹽一兩、共給酒六瓶、燈油十二兩；王舅下通事（謹案該國入貢，多以王舅充使），日給豬肉三斤、寂乳一斤、椒五分、鹽一兩；通事、護送官，各日給豬肉一斤；從役，各日給鹽五錢。」「正副使、書狀官，白米；以下人員均給好米」。雍正時期又規定，每年從六月十五日至七月十五日止，「外國使臣每日各送香瓜一擔」。使臣一個人一天能吃掉一擔瓜、一頭羊、三斤豬肉、一隻鵝、一隻雞嗎？更不用說同樣超大量的主食、酒水、水果、點心了。

琉球使團除貢品外，還攜帶大量商品到中國來做買賣。在正月二十三日福建官府上奏請求照例對琉球貢船免稅的清單中，琉球貨物有：牛皮兩百張，豆醬一萬兩百斤，豆油一千斤，鮑魚一萬八千四百五十斤，鮭醬八千八百斤，魚翅四千九百斤，海帶菜十一萬四千五百斤，螺殼八千七百四十斤；此外還有木耳、海參、雞腳菜、石鮔、燒酒、銅罐、刀石等共二十一件。一共奏請免稅款兩百二十六兩四錢五分五釐七毫五絲。雖說是朝覲乾隆，但琉球使團在之後的大半年，都在福建展開貿易。直到七月，福建巡撫才幫馬國器等二十人辦完手續，並派人護送貢使及貢物進京。而兩艘貢船和使團的大多數人，留在福建繼續做生意，兩個月後交易完成，才在乾隆二十八年（一七六三）九月底乘船返回琉球。他們隨船購買了大量中國商品，福建海關給他們免稅銀兩百九十七兩零餘。

那一邊，馬國器等人在當年年底到達北京，清朝政府自然對琉球使團優待有加，殷勤款待，學習中國禮儀，覲見乾隆皇帝。乾隆照例賞賜

琉球國王：錦八匹、織金緞八匹、織金紗八匹、織金羅八匹、紗十二匹、緞十二匹、羅十二匹；正副使臣：織金羅各三匹、緞各八匹、羅各五匹、絹各五匹、綢各兩匹、布各一匹；都通事：緞五匹、羅五匹、絹三匹；從人：絹各一匹、布各八匹；留邊人員彭緞袍各一件。事實上，官方舞臺上的活動可能並非使團的主要活動，更讓他們在意的，還是做生意。朝貢之後，中方允許外國使團在下榻的館驛「開市」，而且「不拘期日」。琉球使團就能銷售隨身攜帶的本國商品，以及販運來的福建商品，同時也購入北京的商品。當年，戶部就專門匯報「琉球國王奏請購買生絲事」。乾隆恩准琉球每年可以購買生絲五千斤、二蠶湖絲三千斤。

當時就讀北京國子監的琉球官派留學生有四個人，其中兩人先後不幸病逝，中國官府出銀兩百兩安葬在通州張家灣，並各給家屬撫卹金兩百兩。剩下的鄭孝德、蔡世昌兩人學成歸國。清朝以都通事的級別賞給大綵緞各兩匹，毛青布各六匹；兩人的跟班也賞給毛青布各六匹。禮部還出面宴請兩位留學生一次。之後，兩人隨貢使一同南歸回國。乾隆二十九年（一七六四）正月，禮部派人護送琉球使團回閩。當月，琉球國也派出接貢船，二月初到達福建。接人的人反而有八十多人，比要接的人還多，而且也攜帶貨物。貿易之後，兩撥人在七月初秉風長行回國。至此，一次完整的朝貢才算結束。

不用說，「貿易」兩字在整個朝貢活動中扮演了重要角色。我們能從上述朝貢活動裡，取出三條貿易途徑來。首先，中國一直對朝貢採取「薄來厚往」的原則，以示恩惠懷遠。對方進貢後，中國一般按照貢品市場價格的八倍到十倍給予賞賜，等於是花八倍到十倍的錢來「購買」貢品。而貢品為該國土產，本低於中國市價，之間獲利極豐。因此，琉球等國「朝貢」的熱情很高，常常不按定例，以各種名義來貢。如琉球國官生在國子監學習肄業歸國後，琉球國要附進謝恩貢；皇帝恩賜匾額

（甚至「福」字），琉球也進謝恩貢。清朝則希望「照章辦事」，雍正年間規定謝恩不遣專使。但是，琉球使團仍會額外到來，清朝便將物品抵作下屆正貢。如乾隆二十一年（一七五六）貢使攜物至，清朝令延為下一次正貢；但兩年後（乾隆二十三年），貢使又捧著貢物來了，清朝只好再次把它順延為兩年後的貢物。

　　除了吃貢品和賞賜的差價外，在朝貢幌子下，有兩條免稅的正規貿易管道。一條是琉球使團中的大多數人並不參與朝貢，而是留在福建貿易。他們銷售貢船攜帶的貨物，並收購中國特產回國。蘇門答臘胡椒在產地每斤十文，在中國市價為每斤三貫；而琉球船隊所運之胡椒，在中國售價每斤三十貫，利潤高達三千倍。暹羅盛產蘇木，琉球中轉蘇木的市價是暹羅商人販運蘇木的兩倍。琉球使團有時攜銀不下十萬兩，利潤可想而知。使團攜帶歸國的貨物規模也相當驚人。以乾隆三十二年（一七六七）為例，計有：中綢兩千兩百七十四匹，土絲七百二十斤，斜紋布五百零一匹，粗冬布一千六百零二匹，粗夏布一千八百三十七匹，粗藥材三萬零四百二十斤，冰糖五千五百斤，胡椒四千八百五十斤，毛邊紙三萬三千一百二十張，連史紙七千七百二十張，色紙三千六百張，壽山石九百斤，油傘兩千兩百五十二把，茶葉兩萬一千七百四十四斤，細瓷器兩千八百三十七斤，粗扇三萬三千兩百五十把，白紙扇九百五十把，簸箕七萬四千兩百五十個，牛經線兩千七百五十五條，線香一萬一千兩百斤，粗瓷碗一千九百二十五斤，砂仁一萬一千一百斤，水銀三千一百斤，此外還有胭脂、雄黃、蜂蜜、皮鼓、漆器、沉香、玳瑁、布衣、蛇皮等。如此之多的商品頻繁進口，就是滿足全體琉球國民的購買需求，也綽綽有餘。有人推測琉球從事中國商品的轉口貿易，也是在情理之中。明清兩代，中國官府多數時候都實行嚴格的海禁，不准中國人出海貿易。這就給琉球的中轉貿易提供了極大的便利。海外國家需要

的中國商品，多數是依靠琉球轉販，琉球商船轉販達十餘國，營利極豐。

第二條免稅的貿易管道，是朝貢使團在北京展開的商貿活動。琉球使團在福建購買北方稀少物品，再購買北方特產回南方販賣。這一來一往，沿途由中國政府護送，貨物無憂，不用擔心物流成本。利潤少則數十倍，高過百倍者也不稀奇。外國使團館驛開放之日，「胡人持各色貨物來館中，紛沓如市。該告示榜揭後，門無禁，人皆任意入來故也。」常年以往，京城朝鮮使館周圍，有專門以朝鮮人為貿易對象的商家，稱為「東商」。琉球使團下榻的會同館附近也有專門的貿易場地。琉球使團就曾因為中國商人拖欠貨款，透過外交管道，要求中國官府出面「追債」。

特殊的地理環境造就了中琉之間特殊的「難民貿易」。中琉隔海相望，喜怒無常的大洋對兩國航運造成了巨大的威脅。

雙方常有遇難船隻和百姓漂至對方，逐漸形成中琉間「遭風難民」處理方法。乾隆二年（一七三七）六月規定：「嗣後被風漂泊之船，令督撫等加意撫卹。動用存公銀兩，資給衣糧，修理舟楫，查還貨物，遣歸本國。」遂成定例。琉球難民的待遇稱得上優厚：每人日給米一升，鹽菜銀六釐。回國時再給一個月糧食，並賞給肉食、酒食、布匹、日用雜物等。琉球也積極救護中方的難民和難船，經常派遣專船護送中國難民回國。清政府對之倍加嘉獎。琉球對遭難的清朝冊封船隊更加重視，安置館舍，供給衣食，修理船隻，護送回國，甚至供養中方人員成年累月。中國船隻也會遭遇海難或遭風漂流至琉球，但數量上總體不及對方。

於是就產生了這樣的情況：遇難船隻往往是琉球的商船，船隻壞了，但商品完好無缺，清朝政府只好允許這些商品就地銷售，給予免稅優惠。貨物出售後，琉球難民也會購買中國貨物回國。這其中的利潤，也是相當可觀的。至於琉球國護送中國難民回國的船隊，也有貿易的目的。對琉球的護送船隻，中方也給予免稅貿易待遇。琉球護送船的貿易

額要少於貢船的貿易，但數額和利潤也不可低估。海禁造成中國商品在海外市場的缺乏，也造成海外商品在中國市場的稀少，使得涉華中轉貿易利潤豐厚。對難民貿易，一些學者甚至認為其中存在不少琉球難民「有意漂流」。

朝貢這樁買賣對琉球官民來說，自然是有利可圖。

清代海關稅分「貨鈔」和「船鈔」兩部分。貨鈔即商稅，分進口和出口兩類，根據貨物價格和性質徵收，稅率平均為百分之四左右。往來貨物差值雖不全是獲利，也能反映營利的大概情形。乾隆二十八年（一七六三），琉球貢船報關與回國時應徵關稅的差額，約為七十一兩白銀。按照這一稅率計算，兩船在閩貿易四月，增值白銀一千七百七十五兩。乾隆三十一年（一七六六）琉球接貢船來閩，初來時免稅八十三兩二錢三分六釐八毫，回國時免稅兩百八十九兩七錢二分一釐五毫。其差額顯示該年接貢船一艘便增七千一百六十二兩五錢有餘。乾隆三十二年（一七六七）貢船又至，前後免稅額顯示增值九千四百五十兩銀子。以上還僅僅是使團在閩地一條途徑的收益，如果加上賞賜、同文館貿易利益和歸國倒賣中國貨物的收益，則蔚為可觀。

琉球是朝貢體系中最小的國家，經濟落後。琉球不是一個傳統標準的農業國，由諸多島嶼組成，土地狹小且土壤貧瘠，不能種茶，也種不好山藥、冬瓜、番薯等農作物。琉球市場上主要交易蔬菜、穀、魚、鹽等少數商品。但是處於西太平洋中段的優越位置，發達的海上道路為琉球的海洋貿易提供異常的優勢。交通貿易的發達，使琉球成為東亞貿易樞紐。十四至十六世紀中後期，琉球王國業已形成了以中國為主體對象，幅面及於日本、朝鮮，南至現今菲律賓、越南、泰國、柬埔寨、馬來西亞、新加坡、印尼的交通網，進入了「大交易時代」。

貿易優惠和轉口貿易，使物產稀少的琉球物資相對寬裕，適應了其

國內需求，同時也得利頗豐。琉球一度非常富庶。

　　一六〇九年日本侵入琉球首里城。日將樺山久高單單為了登記掠奪財物，就花費了七、八天時間。而這個侵略行動，有學者認為日本除了覬覦錢財外，還有壟斷琉球對外貿易的企圖。薩摩藩入侵後，琉球照常朝貢。明朝看到琉球國家殘破，讓它從兩年一貢緩解到十年一貢。琉球反而要求兩年一貢。明朝又定為五年一貢，想不到琉球再次堅持兩年一貢。明朝不得不同意。琉球遭到薩摩藩的蹂躪，迫切需要朝貢貿易的巨額利潤，以便恢復國家元氣。明朝卻沒有明白這一點。

　　那麼，中國對朝貢使團大加賞賜，又厚來薄往，看起來損失不小。其實，中國也是朝貢貿易的獲益者。

　　中國最直接的收益就是關稅。乾隆二十八年（一七六三）海關關稅收入達四十一萬一千六百二十三兩，到一七八八至一七九七年，十年間，該海關關稅收入共計一千零二十五萬餘兩白銀，年均一百零二點五萬兩。難怪美國學者費正清說：「朝貢制度的奧妙，是它已成為通商的媒介這一事實。」

　　朝貢貿易還推動了民間貿易的蓬勃發展。朝鮮、琉球、越南等朝廷體系內的藩屬國，可以獲得朝貢貿易的收益。非藩屬國則透過廣州、澳門等少數據點，和中國貿易。中國的商品，主要是絲綢、茶葉、陶瓷等，與其他國家地區的商品有極大的互補性，在各條航線、商路上都大受歡迎，需求漸增。因此其中的貿易額驚人，在十六世紀末期，印度果亞邦每年運往澳門的白銀便達二十萬兩。

　　在清朝以前，繁榮的傳統商業和對外貿易，已經使東南各省發展了不同層次的市場和商路。閩南商人的足跡遍布大江南北，北賈燕，南賈吳，東賈粵，西賈巴蜀，或衝風突浪，爭利於海島絕夷之墟。而嶺南的澳門、廣州是公開的中外貿易區，周圍的河口、島嶼及零丁洋上，延及

南澳和潮、汕一帶，走私貿易盛行。因為貿易的發展，從明朝中葉開始，珠江三角洲地區自給自足的塘魚生產，發展為商品性的塘魚生產，並逐步形成「塘以養魚，堤以樹桑」的桑基魚塘模式。出現這種三角洲低窪地開發的集約方式，是生產經營方式的變化，促進了養蠶植桑的極大發展。

在「絲綢之鄉」江南地區，明朝末期手工業發展到相當的程度。這一方面是貿易促進的成果，同時也為中轉貿易奠定了基礎。葡萄牙人甚至按照特殊需求，在中國訂製貨品，規定絲綢的寬度、長度、花樣、重量，進行製作，以適應歐洲市場的需求。

福州在元朝時還是一座普通城市，實力、地位遠遠落後於同省的泉州。明清選它作為專門對琉球貿易的關口，福州迅速繁華起來。而泉州因為海禁，更因為沒有被選定為朝貢貿易的接待地點，地位最終被福州超越。朝貢貿易的巨大利益是維繫古代東亞國際關係的重要因素。中國也分享到了貿易利潤，卻人為忽視了經濟因素對朝貢體系的重要作用，主要關注政治、思想內容。中國的史書極少紀錄朝貢貿易內容，忽視、或者說不願意正視朝廷幌子下生機勃勃的貿易活動。因為對中國朝廷來說，營造「萬邦來朝」的盛世景象才是目的。

一、對於「朝貢體系」的爭論由來已久。大家達成的共識有：（一）中國在古代東亞的國際體系中，發揮主導的作用。承認與中國的「宗藩關係」並向中國納貢，是與中國來往的前提。（二）朝貢是這一國際體系的重要內容，所以多數學者稱之為「朝貢體系」。（三）從現實角度來說，朝貢體系是當時國際力量對比現實在政治上的反映。中國一家獨大，周邊國家向中國朝貢。（四）朝貢的形成與發展是與農業社會的需求和現實緊密相連的。有學者認為農業社會對穩定的需求深刻反映在朝貢秩序上，農業文明是體系的基礎。（五）儒家學說貫穿了整個朝貢體系。（六）

中國和朝貢國的關係不平等。你認可這些特點嗎？

二、貿易在朝貢體系中作用巨大。中國已故國際法學家王鐵崖認為「朝貢可以說是貿易的託辭，而朝貢關係實際上則成為一種貿易關係」。日本學者濱下武志更明確指出：「朝貢體制的根本點本來就是靠貿易關係在支撐。」你如何看待貿易對朝貢體系的作用？

天朝崩潰：近代中國的開放與沉淪

當西方列強在近代民族國家形式的武裝下，攜帶工業化大生產的豐厚成果，洶湧澎湃地撲向世界其他地區之時，中國人的天下觀念與中華帝國主導的朝貢體系，受到前所未有的衝擊。在一次次的打擊下，中華帝國努力營造的華夷秩序趨於瓦解，終於在八國聯軍侵華戰爭中，徹底崩潰。周邊國家（除了日本）先後被西方國家殖民，中華帝國也頻頻出現邊疆危機，中國人在痛苦中思考自己的世界觀和外交策略。

但是，西方列強顯然沒給中國足夠的時間來慢慢思考，中國沒能調整朝貢體系，更沒能維持既有的國際地位。在兩次鴉片戰爭中，朝廷體系的核心——大清帝國慘遭失敗，意味著建立在中華泱泱大國綜合實力之上的朝貢體系，開始瓦解。西方列強把中國從朝貢體系的頂端拉下來，一次次地踩在腳下，直到二十世紀初，被打入西方主導的國際體系的底層。歷經數千年的朝貢體系壽終正寢，東亞被納入西方體系之中。

朝貢體系的瓦解，是和近代中國的日漸沉淪相互伴隨的。一方面是中國日益貧弱、不斷遭受欺辱；一方面是西方國家逐漸征服東亞地區，原本的朝貢體系灰飛煙滅，整個就是一幅天朝上國崩潰的宏大畫面。

古代東亞的朝貢體系是以儒家思想為基礎的。儒家思想根植於中國傳統的農業社會，自然為這個社會服務。從中國角度來說，要為中國的農業社會和發展提供安定的環境，這是農業生產對環境穩定性的自然追求使然。這種追求的出發點和最終目的都是對內的，反映在朝貢體系中，就是注重道德因素的力量，強調體系內部的凝聚力，帶動各國在中央王朝的領導下，各盡藩守，和睦相伴。如孔子講「一統華夷」，「修文

德服遠人」；孟子講「王道」，認為「仁者無敵」。它忽視對未知地域的探索，輕視與體系外存在的連結；對體系內部，求穩定的心理也要求內部的秩序、規範等，故步自封，少有創新。

在自我設定的圈子裡陶醉久了，居於主導地位的中央王朝開始自大，慢慢滑進對外部事物漠不關心、盲目愚昧的境地。

中國刻意強調朝貢體系的政治和道德色彩，掩蓋其他內容，比如發達的貿易和其中的經濟實力。對琉球等許多藩屬來說，貿易是他們參與朝貢、活躍於東亞的重要內容。但是清朝政府對中琉貿易不加重視，留下的史料基本都集中在政治與禮儀方面。中國統治階級心目中，中國物產豐富，完全可不借助與外人貿易。但因為中國物產為外國「所必需」，也為了對外國「一視無外」，所以允許朝貢背景下的貿易存在。這是一種「恩賜」，是懷柔遠人的方法。這就不難理解清政府為何要堅持各國按例、按時來貢，拒絕計畫外的、頻繁的朝貢，一些事項還專門說明藩屬不必派遣使節「謝恩」。清朝將朝貢更多地視為禮節。「禮」是嚴肅的、規範的，必須循例而行。中國特別關注政治關係，忽視經濟關係。

但是東亞各國內部經貿活動的蓬勃發展，是不可抑制的。尤其到明清時期，各國（尤其是中國）的生產能力和商品經濟已經到達一個相當的程度。白銀成為普遍流通的貨幣，且被東亞各國接受。你買我賣，互通有無，各國形成一定的依賴性。如明朝和日本交惡，對日本實行禁止貿易政策。日本就千方百計地進口中國商品，除了加強從其他貿易夥伴手中，間接獲得中國商品（如日本薩摩藩侵占琉球，控制琉球的中轉貿易）外，還高調吸引中國私人船隊來日貿易。與官方的朝貢貿易相對應，東亞的民間貿易千百年來一直存在（有學者稱之為「帆船貿易」）。商人冒險出海貿易，遠涉沙漠，甚至進行走私活動，屢禁不止。民間的貿易在補充官方貿易的同時，將東亞各國連接成一個經濟體。

　　當然了，作為最大經濟體的中國，對這一幕視而不見。只要藩屬國守規矩、定期來朝貢，中國官府就滿足了。對於掩蓋其下的經貿活動，中國官員不僅忽視，還刁難、謀取私利。比如中國官員私下對藩屬國使團強買強賣商品，牟取暴利。又比如清朝地方使團向琉球使團索賄。清朝初期，琉球使團抵閩，慣例要向福建布政司衙門、閩海關衙門、糧驛道衙門奉送規禮銀，總數達四千兩之多。這筆巨資是琉球的一大負擔，害得中山世子尚質不得不向順治訴苦：「貢船入閩，隨帶土產銀兩，貿易絲絮布帛等物，前明晚季，地棍作奸，倚藉鄉官，設立都牙，評價各色，音語不通，低昂任意，常用絲綿，指為禁貨，效順屬國律以倭奴，胥吏撥弄，留難萬端，以致銀貨空於白抽之手，官司拘禁。」又比如中國對往來禮節的苛求，對使團規格的要求，大大提高了藩屬國朝貢的成本。琉球被薩摩藩攻破後，琉球國小地窮，為了迎接中國冊封使團，往往在幾年前就預先做財政準備。不夠的部分，則或向日本薩摩藩借錢，或在本國民間籌措、接受富戶的捐贈。日本透過借貸，逐漸加強了對琉球的控制。

　　久而久之，朝貢體系中的政治和經貿內容越來越遠。

　　久而久之，中國走上了閉關鎖國的道路，關起門來自得意滿。

　　中國海禁政策的興起，恰恰是在商品經濟高度發達的明朝。表面的理由是防備倭寇。事實上，倭寇的出現起因也是官方的朝貢貿易限制太死，規模有限，不能滿足日本對華貿易的需求。於是，分不到朝貢貿易利潤的流亡武士與商人，乾脆走上武裝劫掠的道路。明朝政府這麼做，是想切斷朝貢貿易之外的其他貿易管道，維護朝貢體系的穩定。在根本上，明朝深信自身能夠自給自足，不需要對外貿易。

　　康熙二十三年（一六八四）臺灣統一後，清朝一度開放了主要防範反清勢力的海禁，但為期不長。康熙不久重新執行海禁，而這次是防範

潛在外國威脅的。如康熙五十六年（一七一七）頒布「禁海令」，嚴禁華人出海，嚴禁販賣船隻糧食等給外人，禁止華人居留外國；對外商來華船隻嚴加防範。海禁政策的實質是盡量防範中外接觸。乾隆二十二年（一七五七），清政府宣布將江、浙、閩海關的西方國家對華貿易事務集中於粵海關，廣州自此成為中國海外貿易的唯一港口。乾隆在諭旨中說：「多一市場，恐積久留居內地者益眾，海濱要地，殊非防微杜漸之道。」同時清政府嚴格限制出口商品的品種和數量。完全禁止出口的包括糧食、銅鐵、硫黃、硝石、書籍等，絲及其製品、茶葉、大黃的出口量受到嚴格限制。乾隆二十四年（一七五九）禁絲出洋：「嚴行查禁，倘有違例出洋，每絲過百斤，照米過一百石之例，發邊衛充軍；不及百斤者，杖一百，徒三年；不及十斤者，枷號一個月，杖一百，為從及船戶知情不首告者，各減一等，船隻貨物俱入官。」

狹隘的朝貢和嚴厲的海禁並行，是明清對外政策的主線。

但是，強硬的海禁並不能打壓蓬勃的東亞貿易，對朝貢體系的保護和規範作用也很有限，反而導致官方與民間、表面與實際「兩張皮」、「兩個面」，相互之間的交集越來越少。

以泱泱大國自居的明清王朝，對此渾然不知。朝貢思想的內向性及其規劃的內容，導致中國在國際體系中行為僵化。這個體系本質上是保守的，清朝沿用明例，雍正朝沿用順治朝舊例，乾隆朝沿用雍正朝故事，「定例」、「依例」等字眼充斥各官方史料。大如請求貢使進京的題本在「繁複遲緩」的內閣中層層處理，小到國子監中琉球生的草鋪拆除，也要各方互相知會。

清光緒五年（一八七九），日本悍然吞併琉球國，引發了中日之間的「球案」。其中有一個討論的焦點，便是清朝是否知道琉球的兩屬狀態（琉球在向中國朝貢的同時，也受薩摩藩控制，向薩摩藩進貢）。有人認

為當時中國盲目閉塞，不知道琉球國情的可能性比較大。並不糊塗的左宗棠於一八八一年上奏就承認：「日本與琉球共處一方，由來已久。琉之為日本屬國與否，中國無從詳知。」在對日本交涉中，清政府官員，甚至是身為外交決策者的李鴻章，也部分迷信了日本關於琉球完全附屬於薩摩藩的「論斷」了。對最頻繁親近的藩屬的國情都如此，可見中國的對外關係，閉塞無知到何種程度。

比無知更可怕的潛在危險是虛弱。站在東亞朝貢體系頂端的中國，內裡其實是虛弱的。清代專制統治大為加強，事無巨細，俱決於皇，在對外來往中，整個官僚機構運作如機械般，暮氣沉沉。乾隆二十七年（一七六二）九月，乾隆下旨整肅江南吏治。乾隆承認官員們以無事為福，上上下下一團和氣，生怕多事，一出事，不是茫然無措就是拚命推卸責任。這樣僵化的朝貢體系，注定是異常脆弱。道光年間，英人數次來犯。清朝統治者既不知己，更不知彼，戰和不定，舉止失措。沿海各省矛盾重重，反應遲緩。因循守舊的清王朝遭受沉重打擊，東亞國際體系也遭受到第一次直接的根本破壞。東亞國際秩序開始從根本上瓦解，其跡象早在乾隆年間便已相當明顯了。

十五、十六世紀，歐洲國家乘著大航海的東風來到了東亞地區。他們赫然發現龐大的朝貢體系已經盤踞東亞數千年。除非歐洲國家接受遊戲規則，成為中國的藩屬，不然就會被排擠在體系之外。

歐洲人很快就發現，在中規中矩、似乎無懈可擊的朝貢體系下，東亞存在蓬勃的貿易王朝。他們完全可以把朝貢和貿易兩項內容剝離。而葡萄牙就是借此成功進入東亞，開始腐蝕朝貢體系的第一個歐洲國家。

葡萄牙不是琉球，它擁有巨大的優勢。首先：葡萄牙作為海外擴張的先驅者與航海大發現的最大受益者之一，有著豐富的貿易經驗與可觀的貿易船隊。更為重要的是，葡萄牙擁有遍布世界的貿易網路。飄揚著

葡萄牙國旗的船隻，游弋於非洲海岸，說葡語的商人，叫賣於歐洲和拉美各市場，葡萄牙的船隊甚至直接穿越太平洋，從美洲向西，前往歐洲。中國為核心的東亞，只是葡萄牙全球市場的一部分，而不是全部。

其次，白銀是東亞國際體系的通用貨幣，而白銀正是葡萄牙過剩的東西。葡萄牙在非洲、美洲的大規模殖民擴張，發現了大量的貴金屬礦產。加上殖民者在海外的掠奪所得，黃金與白銀源源不斷地流向葡萄牙本土。同時歐洲在十六、十七世紀，本身黃金與白銀的開採量激增。英國率先實行貨幣的金本位制，法國、德國等國家跟進。這樣就導致了歐洲白銀的進一步過剩。

這種貴金屬的互補關係，在當時的貿易環境下，有特殊重要的意義。中國是一個經濟極端穩固的國家，人們自給自足。而中國生產的茶葉，卻是西方的生產必需品（這一點在印度沒有試種茶葉成功時，尤為突出），它的絲綢、瓷器等手工業品，在西方的市場也極端強大。歐洲卻無法拿出可以與之競爭的商品來打開中國市場。葡萄牙商人就想到利用中國對香料、木材等非洲和東南亞特產的有限需求，進行純粹的中轉貿易。他們所能依賴的，是大把大把白花花的銀子。

葡萄牙需要的，就是從中國獲得商品。最開始，葡萄牙想嘗試正常的國家關係，結果發現如果不甘做明朝的藩屬，就沒辦法合法地購買中國商品。葡萄牙不願意這麼做，況且正常朝貢體系下，獲取商品非常有限，滿足不了中轉貿易的需求。那怎麼辦？葡萄牙本身國力的落後，不可能對中國採取強硬的態度，完全不具備撼動東亞朝貢體系的能力。好在葡萄牙很快發現官方體系之下，更蓬勃的體系存在。於是，葡萄牙人在與明朝建立正式外交關係的努力失敗後，巧妙地利用朝貢體系的漏洞。他們埋頭做買賣賺錢，迴避對中國朝貢的問題。

因為不是正式藩屬國，葡萄牙不能在中國獲得固定、長期的居留。

商人們只能打一槍、換一個地方。然而偷偷摸摸的、游擊戰式的貿易，並不能滿足葡萄牙的貿易需求。正德十二年（一五一七），有葡萄牙船隊在澳門半島上登陸，藉口船隻擱淺，「借」塊地方晾晒貨物。明朝地方官員同意了。結果，葡萄牙這一借，就是四百多年。澳門成為葡萄牙在遠東的一大貿易據點。起初，葡萄牙的澳門當局，每年向中國地方官行賄，年均幾百兩銀子，當作中國地方官府不驅趕葡萄牙人的代價。後來在一次行賄過程中，有其他官員在場，葡萄牙人塞錢如故。受賄官員急中生智，說是葡萄牙人遞交「租金」。因此，葡萄牙人在沒有任何正式協議，只是每年按照慣例交納數百租金的情況下，霸占澳門。

　　沒有「合法身分」的葡萄牙人，在澳門存在，貿易活躍，侵蝕著朝貢體系。中國中央政府是知道的，幾次想趕走葡萄牙人。康熙五年（一六六六）年底，清朝重申嚴格的海禁，派出五、六千名官兵組成的艦隊，封鎖澳門海域。葡萄牙人甚至產生了撤退的念頭。誰知，第二年年初，兩廣總督盧興祖派遣香山縣知縣姚啟聖多次到澳門，以允許貿易為名，公然索取賄賂。葡萄牙人欣然交納。拿到賄賂的盧興祖，不執行朝廷的遷海令，而且為免遷澳門上疏朝廷。順便說一句，在澳門歷史上，葡萄牙人對「賄賂」一詞，與「貿易」一樣熟悉。他們與中國地方官的來往，賄賂公行，金錢幫他們化解了許多麻煩。

　　兩廣總督盧興祖的行為，展現了廣東地方的利益。與澳門相關的貿易活動，每年能為廣東地方官府帶來超過兩萬兩白銀的稅收，這對廣東的地方官員來說彌足珍貴（尤其是在明朝、清朝高度機械性的稅收收支制度下）。而且澳門向海外中轉的貨物，都是向廣東商民購買的，與廣東鄉紳、手工業者和普通百姓利益密切相關。廣東乃至南方其他省分的商品需要外銷，就不能失去澳門這個窗口。因此，中央的驅趕決定，到廣東就變成了「力保」。

在海禁的大背景下，澳門的處境非常危險。為了防範鄭成功反清勢力，康熙皇帝的海禁力度很大，不僅是澳門有危險、甚至毗鄰的香山縣都在內遷之列。這嚴重威脅澳門這個依賴內地補給和貿易營利的彈丸之地的生存。因此，澳門的葡萄牙人上書請求葡萄牙政府，以國王的名義來請求康熙放鬆對澳門的禁令，重新開放貿易。康熙六年（一六六七），葡萄牙向中國派出正式使團。康熙九年（一六七〇），葡萄牙使團經過反覆交涉後，被護送到北京。沿途，使節煞費苦心地在使團的船隻旗幟上書寫「大西洋國朝賀使臣」，企圖以此區別於「朝貢」。可惜《大清會典事例》仍然將之寫為「大西洋國入貢」。使團對康熙小心翼翼地陳述了澳門的困境，康熙只是簡單地說明自己知道這些情況了。康熙最關心的是「萬邦來朝」的虛榮心滿足，對葡萄牙國王大加賞賜。葡萄牙使節請求免除澳門海禁的請求卻沒有下文。海禁還在繼續，澳門居民只能透過賄賂，進行非法貿易。

兩年後的一六七一年，葡萄牙人掌握了清王朝的心態，投其所好，進貢了一頭獅子，以滿足康熙帝「四方賓服」的心理。雖然貢物只有一隻動物，但是康熙帝異常高興，厚加賞賜，且帶著皇子親臨觀看。朝野大臣也紛紛賦詩作文、歌頌朝廷，以表敬賀。這一次，清王朝網開一面，開放了澳門與廣東的陸路貿易。依賴貿易生存的澳門，終於得到一線生機。

其實，海禁對澳門貿易是有利的。一般情況下，中國加強對官方貿易的重視，實行嚴格的海禁政策，澳門的貿易就得到發展；如果中國放鬆海禁，允許民間貿易的進行，澳門的轉口貿易就面臨嚴重的競爭。海禁的最大受害者，是中國合法的商人。本來應該由合法商人賺取的龐大利潤，落入了葡萄牙商人的口袋。

總體而言，在近代戰爭之前，葡萄牙人態度「恭順」。這一方面是

葡萄牙需要和平的貿易環境，另一方面是澳門貿易的巨額利潤引起西班牙、荷蘭、英國等國覬覦，曾幾次企圖侵占澳門。澳門的實力不足以與列強抗爭，葡萄牙人採取了依靠中國保全居留地的做法，對中國採取了恭順的態度。

葡萄牙人在澳門獲得多大利潤呢？惹得他國覬覦？葡萄牙在澳門站住腳以後，結合其遍布世界的殖民勢力，建立了全新的「海上帝國」。澳門僅僅是其「海上帝國」的一個據點而已。從澳門出發的航線有：澳門──果亞邦──歐洲，澳門──日本，澳門──馬尼拉──美洲，澳門──東南亞。如果管道順暢，源源不斷的商品湧到澳門，再經過葡萄牙人的辛勤勞動，可以輸往世界各地。中國的商品，主要是絲綢、茶葉，在各條航線上都大受歡迎，需求漸增。因此其中的貿易額驚人，在十六世紀末期，僅印度果亞邦，每年運往澳門的白銀便達到二十萬兩。

澳門把東亞地區逐漸融入國際市場。十七世紀一艘典型的葡萄牙商船，從歐洲滿載白銀貨物，從里斯本出發，在非洲和印度等地，將之轉化為當地貨物到達澳門。他們從廣州購入絲綢、茶葉等，再回到歐洲，獲取幾倍、甚至幾十倍的利潤。不僅是商人，就是歐洲人，都不認為東亞仍然是脫離於國際市場之外的。與之相伴，文化、思想的交流，宗教的傳播也漸漸展開。這時，東亞國際體系的政治層面，則在這樣的形勢下，顯得異常尷尬：民間的貿易與交流日益增加，但是東亞各國統治者卻在維持僵化封閉的國際體系。澳門中轉貿易越發展，對政治與經濟的剝離就越嚴重，對朝貢體系的侵蝕也越嚴重。

從十六世紀到十九世紀前期，葡萄牙因為國家弱小和當時中國相對強大，還無法撼動朝貢體系本身。他們默認並主動融入朝貢體系、承認現實，獲取了巨額利益。但是葡萄牙人並不是一個單純的貿易家，也不甘心只當一個貿易家。他們在鴉片戰爭以後，一改恭順的態度，開始赤

裸裸地追求自己的利益。

當歷史安排一個西裝革履的英國人，和一個留著辮子、穿著長袍馬褂的中國人迎頭相遇時，雙方都發現了一個難以置信的新世界。

當中國、乃至整個東亞沉溺在朝貢體系之中時，十七世紀末、十八世紀初的世界，是「西強東弱」已成定局的世界。曾經輝煌燦爛的中華帝國，沿著慣常的道路緩緩前進，彷彿一件製作精美的碩大瓷器，渾圓、高貴、典雅、藝術成就高，實質上卻脆弱得一擊即碎。而歐洲國家迅速崛起，經濟和文化實力飛速發展。在經濟上，葡萄牙、英國等國的商業、貿易和金融都開始發展，且勢頭強勁，但是中國還故步自封在老套子裡。

在西方異常關注的關稅方面，清朝實行的是每年固額徵收制。中央政府每年規定本年度關稅徵收總額，收少了，要求補齊；多收了，也不問。關稅固額在清朝已經維持幾十年的穩定，讓整個海關系統不亦樂乎。在軍事方面，歐洲國家的職業海軍配備船堅炮利，馳騁在四大洋；而中國的軍人混雜在民間，集捕快、徵稅員、消防員和民警於一身，所謂的水師，僅僅是划著小舢板的內河巡航隊。當將火藥應用在採礦和軍事上習以為常的利瑪竇，觀看了南京城的元宵節煙火表演後，惋惜地說：「在一個月裡用掉的硫黃，要比在歐洲連續作戰三年用的還要多。」在文化方面，西方民眾追求自由、平等和人權，努力創新發明，增加財富累積；而中國自上而下都缺乏自我意識，更沒有近代的「國家」、「領土」和「權利」等概念。一群又一群的西方傳教士，滿懷熱忱進入中國，絕大多數在數年後失望透頂地逃離。因為他們發現中國人不僅思想停滯，而且高傲自大、拒絕思想交流。他們將西方人一概視為「朝貢者」，傳教士為「洋僧」，西方器物為「奇技淫巧」。利瑪竇之所以被允許居住在北京，則是因為他向皇帝獻上了兩個自鳴鐘，官府找不到會修理的人，只

好允許利瑪竇留下來。

在世界觀和外交方面，東方的天下觀念與西方的民族主義思想產生了直接衝突。歐洲國家經過戰爭砧板上的一次次敲打，你我敵友，國家疆界，在各自心目中一清二白。儘管歐洲國際關係充滿汙穢骯髒之處，但民族國家主權至上、國家平等的觀念深入人心。而沉浸在天下觀念中的中國，以天朝上國自居，朝貢體系也是以中國的絕對支配地位為前提。其他國家必須接受中國的中心地位，奉中華正朔。

這種巨大的差異，展現為領土意識、國際法意識和外交禮儀等一系列衝突。康熙年間與俄國談判北部邊界問題，清朝在軍事勝利的前提下，出於國內政治考量，反而在領土這個國家最重要的組成要素上，做出了讓步。中俄以額爾古納河為界，將尼布楚及石勒喀河、額爾古納河之間地劃歸俄國。這在西方國家看來是不可思議的舉措。英國殖民軍在侵略緬甸時，在緬甸北部躊躇不前，無可適從。因為傳統上，中緬之間不存在確定的邊界線，英軍擔心挑起與中國的事端，而在侵略緬甸問題上思慮再三。這是中西方在實際測定邊界與以傳統控制線為邊界兩種思想上的差異展現。這個差異，日後引發了一系列的中國邊疆問題。一八七二年，日本「處分」琉球，中國朝野輿論在琉球問題上爭論不休，但國內思想考量的都是中國對琉球的宗主權和琉球王室對琉球的「社稷」，而不是像日本那樣，對琉球的領有權提出要求。中國社會外交觀念落後於國際現實，外交自然處於被動。

十六世紀，西方勢力控制了麻六甲，並逐漸將它建設成東方貿易據點。中國在渾然不覺的情況下，被西方編入世界貿易大網之中。中國的茶葉、絲綢、瓷器、漆器等，源源不斷地進入國際市場。江浙地區的許多瓷器作坊，開始接到生產有把手的茶杯訂單。中國的茶杯是沒有把手的。作坊工人在驚訝之餘，壓根就不知道這是巴黎或倫敦上流社會訂製

的。中國商品的走俏，給西方商人提出了難題：拿什麼和中國人交換？除了金、銀，中國人幾乎不接受其他商品。中國人吃穿住行所需的一切，都可以在國內生產。於是便出現了這樣的場面，歐洲商隊將工業品帶到美洲，交換美洲的金銀，再把金銀拿到東方來，換取中國產品。整條貿易鏈就簡化成歐洲人在替中國人搬運美洲的金銀。

時間過了兩個多世紀，中國產品在歐洲持續熱銷，西方對華貿易逆差越來越大。「搬運工」商人們心急如焚。他們急需扭轉對華貿易困境。而其中最著急的，就是英國人。在一八四〇年前後，英國完成了工業革命，工業產品極為豐富，對中國商品的需求也最大。英國商人成為中國的頭號金銀「搬運工」。

本身正在大規模累積資金的英國人，怎麼能忍受一股腦兒地往外掏錢呢？這些大鼻子、黃頭髮、藍眼睛的外國人，翻來覆去也找不到正當的競爭途徑，那就只能走旁門左道了。於是，鴉片成為英國人的選擇。乾隆四十六年（一七八一），英國東印度公司壟斷了對中國的貿易特權，把印度、孟加拉逐漸變成重要的鴉片產地，急速發展對華鴉片走私。一八二一年輸華的鴉片為五千九百五十九箱，一八三〇年達到一萬九千九百五十六箱，一八三八年達到四萬零兩百箱。鴉片進入中國，逐漸把中國變成世界最大的煙館。

西方商人的最終目的不是賣鴉片賺錢，而是占領整個中國市場。勃興的西方體系也需要把中國納入其中。輸入鴉片無法完成如此重大的任務，西方商人迫切需要在中國獲得通商口岸，持續、大規模地進出中國市場。

口岸是正常貿易的題中之意，可中國奉行海禁政策，只開放廣州一地通商。就是廣州，也不是正常的口岸，外國人不能自由貿易，而要遵守行會貿易制度。康熙二十五年（一六八六），廣州設立「洋貨行」，逐

漸發展為「廣州十三行」。「十三行」的作用起初很簡單，就是由每一行
的行商向粵海關負責，接受進出口報單，並代交貨稅。說白了，就是委
任一些有實力的商人為朝廷辦理外貿事務。乾隆四十三年（一七七八），
清政府又規定，從採買到出口都由領取政府牌照的行商一條龍壟斷經
營，別人不得插手。這就賦予行商更大的權力。行商權力進一步擴大，
外商買賣貨物必須由行商經手；外商只准「寓歇」在行商開辦的「商館」
內；行商對外商有管束權；外商不得直接申述於中國官府，若有事申
述，必須透過行商轉達。十三行在事實上壟斷了對外貿易，且對在華的
外國人擁有管轄權。外國人，甚至連英國使節，都必須透過十三行才能
與中國官府交涉。

　　讓外商更不滿的是，清政府還賦予行商對外商徵稅的權力。外國商
人在華不僅要繳納關稅，還要向「貿易夥伴」──十三行繳稅。經行商
之手的附加稅繁重，超過正規額定關稅數倍，乃至十餘倍。根據英國
東印度公司檔案記載，一八○七年開銷的「行用」總額為白銀十九萬
四千一百六十六兩，其中貢價（「獻」給朝廷的貢品）五萬五千兩，軍需
四萬一千六百六十六兩，河工三萬七千五百兩，剿匪六萬兩。一八一一
年數據為貢價五萬五千兩，軍需四萬一千六百兩，剿匪三萬兩，前山
寨和澳門軍費四萬三千三百兩，外國債務三十九萬八千一百兩，總額
五十六萬八千兩。不遠萬里而來的英法等國商人，對此大為光火，又無
可奈何。

　　如果說廣州十三行是中國大門的看門人，在英國人看來，他們是貪
婪、粗暴、不好說話的看門人。心高氣傲的英國紳士們恨不得把他們踢
得越遠越好，直接與主人對話。

　　限制貿易、行商貪婪、利潤太薄……所有的問題歸結起來，英國人
認為都是口岸太少惹的禍。「開放口岸！」隨著時間的推移，貿易急遽擴

張，英國人的願望日益強烈。

　　英國人剛開始是想用和平方式來打破貿易壁壘。東印度公司發起「北部開港運動」，希望尋求廣州以北的口岸展開貿易。他們根據熱銷的中國商品，尋找產地附近的港口。中國商品出口的第一名是茶葉，第二名是絲綢。中國茶葉的主要產地在哪裡呢？在福建、安徽、江浙等省，特別是離福州很近的崇安等地的武夷茶銷量很大。一七五五年，茶葉從產地運到廣州，平均要走一千兩百公里路，需要花費一到兩個月的時間。這就增加了運輸的成本，產品的品質也受到影響，再加上廣州行上的壟斷，英國商人進貨成本很高。但是如果在就近的福州設立口岸，茶葉從採摘加工到裝船，節省了兩個月的時間和大筆費用，節約時間和成本。第二名的出口產品絲綢，原料是生絲。長江三角洲是「湖絲」的產地。同樣，如果在寧波、上海開設口岸，英國商人就方便多了。同時，印度的棉花主要是江浙和內地省分的織戶使用，廣東省很少有人使用。江浙開埠，可以更大量、更直接地把印度的棉花銷往江浙和內地省分。在江浙閩增設口岸的利益顯而易見，對英商的吸引力就可想而知了。這就有了一八三二年英國選定廈門、上海等四大口岸的航行。可惜，清朝政府一律強硬拒絕。從十八世紀晚期到十九世紀早期，英國政府先後三次派使團來華，要求擴大貿易。清朝官府在使團插上「貢使」的旗子，帶到北京來收下「貢品」，然後態度明確地告訴他們：「有關通商制度的問題，請去找廣州十三行商量。」

　　一八四〇年，中英鴉片戰爭爆發了。英國顯然是罪惡的侵略者。但從西方需求和朝貢體系的衝突來看，鴉片戰爭的爆發是正常的邏輯發展。鴉片是藉口，侵略與反侵略是現象，貿易是關鍵詞，而新舊國際體系之爭是真相。

　　鴉片戰爭的失敗，讓天朝上國一下子愣住了。之後的二十年時間裡

（一八四〇至一八六〇），清朝始終無法接受戰敗的事實，更不知道應該如何與西方列強打交道。簽訂割地賠款的條約，道光皇帝內心痛苦萬分。據記載：「傳聞和局既定……一日夜未嘗暫息。使者但聞太息聲，漏下五鼓，上忽頓足長嘆。」江蘇布政使李星沅看到《南京條約》，頓時胸悶氣短，驚呼：「我朝金甌無缺，忽有此蹉跌，至夷婦與大皇帝並書，且約中如贖城、給煙價、官員平行、漢奸免罪，公然大書特書，千秋萬世何以善後！」蠻夷女子和皇上在一張紙上共署名諱，皇上還要公開承認道歉賠款，怎不讓自居天朝上國的大小臣工義憤填膺呢？在心底，清朝君臣壓根沒轉過彎來，還想恢復朝貢體系。

但是，失敗之後的清朝又沒有能力與列強再起戰端。國內爆發的太平天國運動和捻軍起義等，讓清朝傾注全力去鎮壓。歐洲列強本以為鴉片戰爭的勝利，能讓清朝打開門戶，結果發現事事磕磕絆絆。清朝官府設置了種種障礙，阻礙外國商品進入中國，就連外國人在中國居留，到中國城鎮遊覽，也成為奢望。後來，首任英國駐上海領事巴富爾（George Balfour）以「居住方便」為由，從上海道臺那撥了八百三十畝地作為英國居留地——當時在上海的英國商人和傳教士總共只有二十五人。到一八四八年擴大到兩千八百二十畝，此時上海的英國人雖有增加，但總數還不足一百。此後一八四九年，僅有的兩個法國商人，得到了九百八十六畝的「法租界」。一八六三年，七千八百九十五畝的遼闊地區，成為「美租界」。租界讓中國喪權辱國，但當時的人們並沒有意識到這一點，反而還相當配合。因為當時中國官民也不願意外國人和自己住在一起，很願意在郊區劃一塊地，把外國人「關」起來。於是，各大口岸城市的郊區就出現了一個個「國中之國」——租界。

歷史學家蔣廷黻說：「在鴉片戰爭以前，我們不肯給外國平等待遇；在以後，他們不肯給我們平等待遇。」鴉片戰爭讓西方列強看清中國虛

弱的本質，之後遇到溝通困難或利益難以滿足時，列強不會先想到和平解決，而傾向於訴諸武力。於是，就有了第二次鴉片戰爭、有了火燒圓明園、有了甲午戰爭和八國聯軍侵華。在一次次的慘敗面前，清朝一回回地重複虛弱的本質，直到徹底跌入殖民深淵。既然中國都如此悲慘了，東亞的朝貢體系很自然被西方國際體系所取代。

清王朝無力與列強硬碰硬，而且內憂外患不斷，還需要借助列強的支持來維護統治。比如需要洋人軍官和兵器來「助剿」國內造反者、需要引入西方近代工商業來發展國內經濟。「中外和好」是定局，但清王朝又不甘心無條件的、立刻接受西方的外交遊戲規則，而是磕磕絆絆地走向西方設定的新世界。

開眼看世界較早的恭親王奕訢等人，於一八六一年初上奏「設總理各國事務衙門」，負責對外交涉事宜。朝廷頒諭同意「京師設立總理各國通商事務衙門」，比奕訢等人的奏請多了「通商」二字，可見朝廷還想限制在通商上。奕訢於是再次奏請在鑄造關防時，略去「通商」二字，遂改名為「總理各國事務衙門」。奕訢也好，列強駐華代表也好，都希望總理衙門能成為總攬對外事務的衙門。不料，總理衙門雖然設立了，朝廷還是不願意蠻夷直接與皇上打交道，不願意採納西方外交規則，讓中外平起平坐。

比如中外條約簽訂地，都是天津而不是國都北京，有些國家原派代表到了北京，清政府仍堅持要他們到天津。清政府堅持與各國的交涉只能在國門天津，而不能在國都北京進行。若想進京交涉，必須先在天津等候，由三口通商大臣先向總理衙門呈報，獲得批准後，方可進京，如果不經三口通商大臣同意而直接進京投謁總理衙門大臣，則肯定被拒。三口通商大臣分了總理衙門的權力。這個職務後來改為北洋大臣。

同治九年（一八七〇），裁撤三口通商大臣，所轄洋務劃歸直隸總督

兼管，稱「北洋大臣」。北洋、南洋，本來是中國近海的劃分俗語。以長江入海口為界，中國南北方近海差異明顯，北方稱為北洋，南方稱為南洋。北洋大臣管轄當時山東、天津、遼寧等地的通商和對外交涉；而江蘇及其以南通商和對外交涉事務，則新設南洋大臣負責。這樣，被迫打開國內的清朝，還是把外交降低為「地方事務」。南北洋大臣——尤其是北洋大臣——在事實上代替總理衙門，成為國家外交的總代表。

北洋大臣設置之年，恰好是李鴻章調任直隸總督，此後他占據直隸總督兼北洋大臣職位長達二十八年之久。李鴻章大辦外交，興建北洋海陸軍，並大力創建近代事業，致使北洋大臣地位不斷提高，職權不斷擴大，把南洋大臣遠遠甩到後面。在李的努力經營下，其活動範圍迅速擴大，總理衙門反過來要向北洋大臣通報外交事務，聽取他的意見和建議。許多駐外外交人員，更是經常向他匯報，聽取他的指示，李已儼然成為國家外交全局的主持人。外國人與他打交道越來越多，一位英國外交官說，北洋大臣李鴻章「甚至不想掩蓋他實際上是中國的外交大臣這一事實」，「像現在這樣組成、這樣管理的總理衙門，只不過是李鴻章大學士在天津衙門的一個分支機關」。李鴻章之後，又有袁世凱占據北洋大臣職務，掌握外交實權。

至於在北京的總理衙門，始終不是清朝的正式機構，而是一個臨時的「衙門」。裡面的辦事人員，都是其他部門抽調過來的官員，全部是兼職，每個人都有自己的本職。因為在中國傳統政治體制中，根本就沒有「外交部」。天下都是皇帝的，哪來外交？直到《辛丑條約》，列強要求改總理衙門為外務部，位列各部之首。

外交機構如此，外交禮儀更是如此反覆。外國使節嚷嚷著要常駐北京，清朝拒絕了幾十年，最後沒撐住，只好在第二次鴉片戰爭之後，答應使節入京常駐。使節又要求覲見皇帝，這就引發了天朝尊嚴、覲見禮

節等諸多問題。同治朝，外國使節要求大批大批地進紫禁城、見小皇帝。總理衙門大臣文祥和使節們商議禮節，外交手腕相當「高明」。外國公使要帶很多隨從入覲。文祥就帶著外國人經過很多宮殿，穿過很多門，每經過一道宮門，就安排官員殷勤招待或找些事情。外國使團每經過皇宮一道門，就留下幾個人應付。結果到了紫光閣，公使們發現身邊只剩下翻譯了。

列強鑑於清朝痴迷「天朝上國」的心理，不願平等對各國駐華公使，特地在附件中帶上了「覲見禮節說帖」。說帖規定清朝皇帝要在乾清宮正殿接見諸國使臣；諸國使臣呈遞敕書或國書時，清朝皇帝必須以親王乘轎的規格將使臣迎入大內，禮成後送回，來往都要派兵隊前往使館迎送；外國使臣所遞敕書或國書，皇帝必須親手接收；清朝皇帝宴請諸國使臣，應在大內之殿廷設置，皇帝要在座。上述內容既然是「要求」，就說明在實際來往中沒有實現。清朝一股腦兒地想方設法避免外國公使和皇帝直接見面，不願意中外平等相待。

外國政府從鴉片戰爭前後，就開始爭取平等利益問題，一直到一九〇一年八國聯軍之後和談，各國公使挾戰勝餘威，用條約附件形式固定了下來。原本小事一椿的禮節問題，要拖延半個多世紀才得以解決。

《辛丑條約》規定，總理衙門改為專門的外務部，位列各部之首；各國公使常駐北京，劃東交民巷為「國中之國」；公使可以直見光緒、慈禧，不用跪拜……清王朝最終還是採納了西方外交規則，完全融入西方體系。至於朝貢體系中的藩屬國（除日本外），早就先中國一步被西方列強殖民了。

一、西方列強憑藉強大的軍事力量與政治力量，強迫朝貢體系中的各國接受西方政治思想與實踐，憑藉強大的資本主義工業成果，將各國納入近代殖民主義、資本主義。原始累積的經濟體系，納入了正在形成

的資本主義世界裡。你如何看待這個過程中的主觀目的與客觀結果、對與錯的問題？

　　二、「天下觀念」是古代中國看世界、對外來往的指導思想，也是中國近代外交徬徨反覆、接連遭難的緣由之一。天下觀念至今仍存在一些國人心中。請問如何評價這個觀念？

亂世軍閥：他們謀權勢也謀國是

一個出身貧寒的年輕人，在亂世中做什麼行業最有「前途」？答案就是：當兵！

亂世是對正常社會秩序的破壞，動盪的同時，蘊涵著機會。在穩定的正常社會中，社會流動相對固定，而且緩慢。草根子弟往上爬的道路，很窄，很曲折，還常常會遇到天花板，升到一定的階段後，就升不上去了。所以有美國卡車司機說：「我爸爸是卡車司機，我四歲的時候就知道我也會是一個卡車司機；我的兒子最可能做的，也是開卡車——或許他會開一間雜貨店，但他肯定不會當董事長或州長。」亂世就不同了。以往的社會流動被打亂，遊戲規則也被突破了，甚至沒有固定的規則可言。於是，底層子弟平白有了快速向上躍升，且升至社會最高階層的機會。昨天還是販夫走卒，明天就可能拜將封侯了。這一切都拜亂世所賜。

民國初期又是一個大亂世，也是一個大戰場，幾百個胸前配著勛章、手裡拿著刀槍的軍閥，在殺來殺去、你征我討。後人往往以為他們是一群生活奢侈無度、橫征暴斂、凶殘冷酷、臭名昭著，看見哪個漂亮女子就拉到房間做小老婆的人。這種人有，但是在民國軍閥當中，屬於少數。多數軍閥還是有理想，還是想治理好轄區，也想做出一番事業。民國初年，人們曾經對袁世凱、吳佩孚都寄予過厚望。而段祺瑞、張勳等人的品德修為，也頗有可圈可點的地方。

民國軍閥的存在，是近代中國發展的一個癥結。他們的沉浮起落，也折射出近代歷史若干深層的內涵。

天津人齊英身材瘦小，一隻眼還是斜眼，卻報名北洋速成學堂。體

檢教官看到他的樣子就搖頭。身高不夠！齊英忙敬禮說：「學生身雖小而志如鴻鵠。」體檢教官就讓他通過了。檢查相貌的教官看到他也無可奈何，軍校要求學生相貌端正，齊英明顯不行！齊英又敬禮說：「學生眼雖斜而能識遠。」就這樣，齊英成為該學堂砲兵科二期學員，畢業後更名為齊燮元，日後成為直系大軍閥。

武衛右軍執法營務處小軍官王英楷的妻子患有瘋癲，請人說合娶二房。山東濟南有個窮苦無依的母親，願意把女兒送來做小，但條件是王英楷要供養自己及獨子生活。王英楷官卑家貧，養一大家子很困難，就在小舅子十七歲時，把他送到保定常備軍當兵。這個小舅子就是直系後期的主要軍閥孫傳芳。

黎元洪的女兒黎紹芬回憶：「我父親黎元洪和母親吳氏從小訂親，母親八歲就入住黎家。父親二十二歲時和母親結婚，不久祖父病故，家庭生活困難，全靠父親在北洋水師學堂每月九元的學生補貼過生活。母親就縫製鞋墊出賣，貼補家用。父母兩人相依為命，感情深厚。」黎元洪出身清軍基層軍官家庭，父親早逝，他就讀軍校的目的，除了謀一份工作外，更主要的是拿學生津貼養家。

曹錕，直隸天津人，家境貧寒，兄弟姐妹很多。曹錕排行老三，從小就推著一輛車去賣布，沒有什麼經商頭腦，常常幾天經營下來，賠了不少。而且別人請曹錕幫忙，曹錕總是滿口應承，毫不吝惜力氣地一幫到底，所以周圍的人送給曹錕一個綽號：曹三傻子。據說，曹錕當年賣布，有個算命先生拉住他說：「年輕人，我看你面有貴相，今後貴不可言啊！」曹錕看看自己賣布的車子，又看看算命老頭，認為老頭故意取笑自己，揮起拳頭，就把他打了個四腳朝天。事實證明，那個老頭還真不是一般的江湖術士！曹三傻子渾渾噩噩地混到二十多歲，有人說他是因為破產，又有人說他是因為有一次喝醉無意得罪了一戶有錢有勢的人

家，在家鄉混不下去了，就跑到天津小站去當兵。

後來和曹錕並稱「曹吳」的直系大軍閥吳佩孚，原是山東蓬萊的一個秀才，頗為自負，參加山東鄉試，還沒放榜，就到電報局打聽：「報過去了沒有？有吳佩孚嗎？」電報局職員回答：「不知道。為什麼必須有吳佩孚？」吳佩孚以為必然中舉，不料遭到電報局小職員的奚落，打了他兩個耳光。事情鬧大了，吳佩孚被學官打了二十戒尺，憤而投筆從戎。

西北軍首領馮玉祥的早年經歷，完全稱得上「勵志」。清末，保定某兵營出缺，求情送禮要當兵領餉的人，踏破了門檻。管帶想到部下哨官馮有茂因為傷病被裁掉了，家裡很困難，有心讓他的兒子補缺。可是，管帶不知道馮家兒子叫什麼名字，就隨手在新兵名冊上寫了「馮御香」。馮家兒子身強體壯，很不適合這麼女人味的名字，當兵後就改名「馮玉祥」。當年他十五歲。

參軍後，父親馮有茂傷病臥床，馮玉祥生性孝順，既在家盡心盡力服侍父親，又堅持在軍營操練。每次去野外打靶，父親心疼他太小，總給他幾個銅板買燒餅吃。馮玉祥捨不得花，存下來，等湊足金額，買點豬肉飛奔回家，讓父親能吃點葷食。當父親問出買肉的錢是從哪裡來的時候，不禁老淚縱橫，一句話也說不出口。軍營中喊口令的士兵，薪資高。為了多賺點餉銀供奉父親，馮玉祥苦練喊操，一年到頭地高喊口號，甚至邊走邊喊，惹得人說他是神經病。馮玉祥終生生活簡樸，發達後請客吃飯，用的都是自備的粗瓷碗、粗瓷碟。

統治廣西數十年的舊桂系軍閥首領陸榮廷，咸豐八年（一八五八）出生於社會底層家庭。其父不務正業，淪為小偷，被其族人拘捕入祠堂吊死。其母因貧病交加，不久去世。十四、五歲的陸榮廷成為小流浪漢，流落到南寧，在鴉片煙館及賭場裡向人乞討維生。

廣西龍州有一位法籍傳教士，養了一頭惡犬，十分凶猛，經常咬傷

婦孺百姓。中國官民畏懼教士，長期隱忍不發。一日，法國教士去拜訪龍州州官，把狗繫在衙門大堂的柱上。陸榮廷因事走過，惡犬猙猙相向，陸榮廷一怒之下，用木棍把狗打死了。法國教士就向中國官廳要狗。地方官唯恐得罪洋人，下令緝捕陸榮廷。陸榮廷無處容身，不得已，落草為寇。陸榮廷知道行走江湖，全靠手藝吃飯，強盜的手藝就是槍法。陸榮廷苦練槍法，每天起床後就練射擊，風雨無阻，直至臨死前、拿不動槍為止。不但自己苦練不懈，還要求家人無論男女都要練射擊，每週進行一次家庭射擊比賽，射中靶心的有獎，射不中的罰下廚三天。陸榮廷後來開槍幾乎不用瞄準，全憑感覺，隨手一甩，目標應聲而倒。

民國軍閥，除了袁世凱之外，不是出身普通家庭，就是來自底層家庭，有著悲慘的早年生活。這是古今軍閥的共同特點。軍閥往往是舊秩序的受害者，在秩序更替的混亂時期，憑藉槍桿子躍升而起。南朝開創者劉裕，父親早逝，家境貧苦，幼年淪落到靠賣草鞋維生，還曾因欠款，被人吊起來毒打，明顯是底層的受壓迫者。後梁的開創者朱溫，也是父親早逝，母親不得不領著三個兒子到大戶家去當傭工，也是典型的底層出身。好在他們都趕上亂世，把握了脫離底層、向上躍升的機會。比如劉裕就投身北府兵，開始戎馬生涯；朱溫成人後，勇猛凶悍，二十五歲時投黃巢，加入了唐末的造反大軍。

元末割據蘇南的軍閥張士誠的例子，也能說明問題。張士誠出生於興化一個窮苦鹽民家庭。元朝食鹽由政府專賣，對鹽民的剝削很重，東南沿海鹽民生活無著，還不時遭到颱風侵襲，海水倒灌，生活苦不堪言。為了活路，張士誠十歲就開始和膽大的同鄉一起販賣私鹽，維持生計。不用說，販賣私鹽是拿生命冒險的舉動。身分低微、忍氣吞聲、苟延殘喘的張士誠，和曹錕、陸榮廷等人一樣，是那個時代中可有可無的

螻蟻。這幾乎是一切古今軍閥的「原始面貌」。而成為軍閥的方式，幾乎都是參軍扛槍。在亂世中，槍桿子始終是最強而有力的政治資源。

我們了解軍閥的原始面貌，不是為了激發對他們的同情，甚至認可，而是思考：為什麼他們後來變成了「猙獰的惡魔」？

「幾乎所有人都可能忍受逆境，但如果想測試一個人的品格，就給他權力。」這是美國總統林肯的名言。如果在權力前再加上限定詞「沒有監督」，那麼一個快速從底層躍升而來的人，就很可能迷失自我，被權力的負面因素所誘惑。

民國軍閥的興起，還和當時「軍事救國」的思潮有關。他們的墮落，也顯示出該種救國思路的失敗。

民國軍閥孕育於晚清的新式陸軍之中，而非同軍閥前輩們那樣，是赤手空拳搏殺出來的。北洋系統的各派軍閥自然不必說，就是陸榮廷、張作霖等人，也是被招安的土匪，當上清朝正規軍，滇系、晉系等則脫胎於編練的地方新軍。晚清政府高度重視新軍。中國一再輸給西方船堅炮利的軍隊，開始痛下決心要進行軍事近代化。人們將「軍事救國」作為救亡圖存的良藥。

越到後期，清朝對近代軍事和火器的引進就越多。到末期更是高度重視新式陸軍的編練，對培養新軍軍官的軍校，也關照有加。各省都計劃編練兩鎮新軍，興辦陸軍小學。當時主辦新式事務的一群人，自身素養紮實，又有革新強國之心，把軍校辦得有聲有色。許多軍閥當時都是軍校的年輕學子。

李宗仁就是廣西陸軍小學的學生。他回憶：光緒三十三年（一九〇七）廣西陸軍小學第二期招生，我和十幾位同學到桂林應考，這期取一百二十餘名。陸小因為是新創辦的官費學堂，待遇甚優，學生除供膳食、服裝、靴鞋、書籍、文具外，每月尚有津貼以供零用。加以

將來升學、就業都有保障，所以投考的青年極為踴躍。報名的不下千餘人，而錄取的名額只有一百三、四十人，競爭性極大。

陸軍小學的學生，按照成績優劣，各有月薪。這份薪水，在生活艱難的晚清，對普通人家子弟非常有吸引力。比如前述的黎元洪，就靠這份薪水養家。

廣西陸軍小學修業三年為期，既有軍事訓練，又有文化課的教育。軍校教官、隊長對學生的約束管理很嚴格。廣西青年徐啟明入學時，一百二十多名同學，畢業時淘汰了四十多名，只剩八十名畢業，考核的嚴格可見一斑。學生們讀書訓練也特別用功。根據徐啟明回憶，廣西兵備道莊蘊寬對陸小極關心，常來巡視，拿起學生名冊，親自點名問話。記得第一次點到我鄰座的黎元表同學，黎年輕英俊，氣宇不凡，莊蘊寬忽然問：「你是那一縣的？」黎答：「我是陽朔縣人。」莊蘊寬隨即讚其「果然一表人才」，傳為佳話。

清朝在北京、南京和武昌建立了三所陸軍中學，挑選各省陸軍小學畢業生中的優秀分子入學深造。廣西陸小畢業後，徐啟明轉入武昌的第三陸軍中學繼續學習。據他回憶，陸軍中學普通課程相當於今日大學程度，對普通科學極為重視，軍事課程有基本四大學科——戰術、兵器、築城、地形。「除了數學外，我都毫無困難，代數微積分相當深，學起來有點費力」。徐啟明在武昌參加辛亥革命，民國建立後繼續深造。「一九一二年，我進入清河陸軍預備學校。教官程度很高，教學認真，對學生要求也很高。一般學生對數理科有點吃不消。我們要學解析幾何、三角、微積分、化學、物理等，同學中應付不來而發狂者，有四、五人之多。全校論文比賽第一名是個浙江同學，因數理學科不好，發神經跳水自殺」，「學校管理嚴格，考核嚴格，教育長康宗仁想出一種考試方法，學生編號入座，試卷密封而且鄰座試卷不同，不能依賴他人，一切

要靠自己」。

　　這樣的新式軍事教育，為民國培養出一批軍閥、戰將和軍事家。李宗仁評價說：「清末厲行新政時，朝廷中一部分大員和各省少數封疆大吏，可能是敷衍門面，緩和輿情；可下級辦新政的人物，都是受過新式教育的人，的確生氣勃勃，有一番新氣象。」基層學子的蓬勃生機，就是這番新氣象最生動的表現。

　　還有一大群中國年輕人漂洋過海，直接到外國學習軍事。他們受到了比外國同學更多的磨難，比如在中國留學生密集的日本。日本人學習軍事，只要進軍官學校就可以，可是中國人去學，日本就專門設置了預科學校（比如蔣中正上的振武學校）。絕大多數中國留學生想要進日本的軍官學校，必須先經歷預科學校的學習，平白無故比日本人多花兩、三年的時間成本。即便中國人入了軍官學校，裡面的民族、階級和其他各種壓迫依然存在。而中國留學生能夠咬緊牙關完成軍事學業，心中必定抱有一腔熱血。

　　山東青年孫傳芳留學東京士官學校，嫌軍校生活清苦，星期天外出大吃大喝，一次喝醉，誤了晚點名。區隊長岡村寧次怒氣衝衝地賞了他兩耳光，還抓住他的辮子，大叫豬尾巴。孫傳芳猛地抓回辮子，死命撞向岡村寧次，把他撞了一個四腳朝天。岡村寧次不怒反喜：「孫君，你的膽量太大了！是一條漢子！」兩人成為好朋友。

　　年輕人刻苦勤學、辛苦畢業後，往往發現單純的軍事救國並不能改變中國貧弱的現實。「軍事救國」只是一種探索方案。事實上，軍事離不開教育、經濟、社會等方面的支持。在其他大方面弊端頑固，沒有改善的情況下，純粹的軍事救國，就宛如無源之水、無本之木，甚至連新式陸軍離開了社會基礎，也惡化成爭權奪利的工具。

　　當年的軍校學生，步入民國後，多少掌握了軍權，成為軍閥候選

人。雖然進入了民國，但中國社會的轉型遠遠沒有結束。舊的專制王朝被推翻了，但是新的王朝如何建立、新的秩序如何樹立，沒有人能提出確切的藍圖。那些年輕人心中的救國抱負，也被殘酷的現實擊得粉碎。在理想和現實出現巨大鴻溝時，他們迷茫了，不知該向何處去。而他們恰恰掌握了軍隊，掌握了國家實實在在的權力，歷史需要他們為中國找出前進的道路。身在其位，必須要謀其政！這些在位的軍閥中，不少就是當初的熱血青年、如今的迷茫中年。他們還沒找到中國的道路該向何處去，而軍事鬥爭的殘酷現實，就逼著他們把主要的精力放在鞏固自己的地位和參與軍閥戰爭當中。這些軍閥和絕大部分當時的中國人一樣，不知道路在何方，但是他們需要承擔指揮轉型的責任。可他們身在其位卻不謀善政，必然遭受接踵而來的指責。

近代軍閥的出現，可以說是一代人救國藍圖破滅、全社會迷茫的一個反映，是整個社會找不到轉型方向而迷茫的結果。

說到民國軍閥，不得不提及「北洋」。說北洋是各派軍閥之母，一點都不過分。很多派系和軍閥個人，都是脫胎於北洋。

北洋的興起，是清朝在外交上不願意外國與自己平起平坐的結果。同治初年（一八六二），清政府設總理各國事務衙門，卻讓外國人去和地方官交涉：一個是南京的南洋大臣（兩江總督兼任），一個是天津的「三口通商大臣」。後者負責煙臺、天津、營口三個口岸的洋務事宜；前者負責上述三個口岸之外的其他口岸的洋務事宜。幾年後，清政府裁撤三口通商大臣，所有洋務、海防各事宜，劃歸直隸總督兼管，頒發欽差大臣關防，稱「北洋通商大臣」或「北洋大臣」。當年恰好是李鴻章調任直隸總督，此後他占據直隸總督兼北洋大臣職位長達二十八年之久，他職權及活動範圍不斷擴大，總理衙門和駐外外交人員經常聽取他的指示，李鴻章儼然成為國家外交全局的主持人。

　　李鴻章是清朝內部思想開明的官僚之一，最早萌生學習西方，訓練新式陸軍的想法。距離天津六十餘里，有個小鎮叫新農鎮。李鴻章調自己的淮軍周盛傳所部「盛字營」在鎮上屯墾，鑿川引水，經營了近二十年。甲午戰爭爆發後，盛字營北上作戰潰敗，編制不在，營房還在。新農鎮慢慢荒廢了。大沽至天津的鐵路修通後，新農鎮成為其中的一個小站。在甲午戰爭中，又有一支淮軍開拔來到鎮上，這便是長蘆鹽運使胡燏棻編練的「定武軍」。說也奇怪，新的隊伍入駐後，經鐵路來往的軍事和商貿活動與日俱增，小鎮迅速恢復繁華並壯大，以至於後來人們忘了「新農鎮」的本名，乾脆稱它「小站」。

　　「定武軍」成立不久，胡燏棻改調盧漢鐵路督辦，道員袁世凱接手，並將「定武軍」改名為新建陸軍。袁世凱親歷甲午戰爭，對編練新軍有迫切的了解。他憑藉開明務實的做法、高超的政治手腕，大力引進人才、技術和軍事思想，很快壯大了自己的隊伍。小站新軍的許多做法，為之後的中國新軍樹立了標準。比如，袁世凱能把軍隊訓練成「只知有袁世凱，不知有朝廷」的私家軍隊，其中的奧祕就是後輩軍閥思索和追捧的法寶。

　　袁世凱還掌握了清朝末期的歷次政治機遇，地位水漲船高，繼承李鴻章的北洋大臣兼直隸總督地位，最後還成為清末最大的實權人物。在他掌權期間，編練新軍成為清朝的國策。袁世凱把持了編練新軍的大權。清朝計劃每省編練兩個鎮（師）的新軍，絕大多數省分沒有能力編練這麼多的新軍，練成一個鎮的少，多數只有一個協（旅）。但袁世凱卻以小站新軍為基礎，吸納其他軍隊，在直隸編練了六個鎮的新軍。這批新軍是晚清民初數量最大、戰鬥力最強的軍隊，人稱北洋新軍。徐世昌、王士珍、馮國璋、段祺瑞、靳雲鵬、段芝貴、倪嗣沖、龍濟光、張勳、阮忠樞、李純、傅良佐、吳光新、曲同豐、趙倜、陳宧、王占元、

陸建章、張懷芝、盧永祥、齊燮元、田文烈、曹錕等人，都與北洋新軍有關。

袁世凱死後，無人具有足夠能力統領整個北洋軍隊及政權。北洋軍閥分裂為皖系、直系、奉系三大派系。段祺瑞為首的皖系控制皖、浙、閩、魯、陝等省；直系的馮國璋、曹錕，控制長江中下游的蘇、贛、鄂及直隸等省；奉系的張作霖占據東北三省。直系在直皖戰爭中大敗皖系，勢力勃興，據有直隸、山東、河南三省地盤，其後又陸續擴展到湖北、陝西、江西、熱河、察哈爾、綏遠和福建等省。奉系與直系聯合擊敗皖系，勢力從東三省深入到蒙疆、京津、熱察等地。

有兩個派系是從直系軍閥中分裂出來的。一個是孫傳芳從直系王占元分化出來，進占福建，之後併吞浙江，後擴展到江蘇、安徽、江西三省。孫傳芳自稱「五省聯帥」，雖然名義上屬於直系，但並不真正聽命於直系首領曹錕、吳佩孚，儼然自成體系。另一個是馮玉祥的西北軍。馮玉祥原是曹錕部屬，遭受排擠，後來聯合直系內部不滿曹錕、吳佩孚者，發動「北京政變」，囚禁曹錕，又聯合奉系，大敗吳佩孚。西北軍勢力占據陝甘寧和河南、河北部分地區。而奉系大舉入關，勢力擴展到河北、山東，甚至蘇北、皖北。

另外，山西的晉系軍閥閻錫山，徐州一帶張勳的定武軍，西南的滇系軍閥唐繼堯和桂系軍閥陸榮廷等割據一地，並不屬於北洋軍隊。四川更是軍閥混戰的「法外之地」，大大小小的軍閥難以確數，白天大家還在一起喝茶，晚上就刀兵相見。不過四川軍閥都信奉「肉爛在鍋裡，也不讓外人吃」，自己打得頭破血流，一旦其他省分軍閥覬覦四川，他們立刻聯合起來一致對外。大軍閥集團內部，又分化出小軍閥。那些鎮守使、督軍、巡閱使、聯帥割據一地，有時是幾個縣，甚至只有一個縣。總之，當時中國有多少軍閥，壓根無法統計。

這些軍隊時而合作、時而兵戎相見。一九二六、一九二七年的北伐戰爭，是軍閥演變的分水嶺。廣東國民政府興兵北伐，西北軍的馮玉祥、晉系的閻錫山先後響應，先後殲滅孫傳芳派系、吳佩孚的直系。張作霖被日本人炸死後，其子張學良率領奉軍易幟，聽從命令。其他西南、西北小軍閥也聽命於國民政府。至此，國民政府在形式上消滅了軍閥割據，統一了中國。

但是，國民政府的統一，只是把各派軍閥紛爭、不相上下的局面，轉變成蔣中正一人獨大，其他軍閥尚存的局面。當時除了蔣中正的中央軍，還有馮玉祥的西北軍、李宗仁的桂系、閻錫山的晉系、張學良的奉系，此外還有劉湘、盛世才、馬步芳等小軍閥。他們被稱為「新軍閥」，以區別於之前的「舊軍閥」。

蔣中正花費二十幾年剿滅異己，芟滅雜牌軍。其他派系勢力更加衰落，難以與中央軍抗衡。但直到國民政府覆滅，蔣中正也未能消滅所有異己勢力。

不過，最初的北洋新軍卻走到末路。國民政府成立後，保留下來的北洋新軍主要是奉軍和西北軍。著名的有張學良、楊虎城、韓復榘等部。他們是蔣中正屠刀時刻對準的目標。在之後的國內戰爭、抗日戰爭、解放戰爭等時期，這些雜牌軍被蔣中正當作炮灰，借刀殺人。解放戰爭中，有北洋新軍「基因」的國民黨雜牌部隊或起義、或投降、或被殲滅，最後的殘部在解放上海時，被華東野戰軍殲滅。至此，軍閥混戰永遠告別了中國歷史舞臺。

軍閥們有很多惡行，和老百姓生活關係最直接的，就是橫征暴斂了。在亂世維持軍隊，離不開雄厚的經濟支持。所以，軍閥們無不「斂財有道」。

徵苛捐雜稅是軍閥們的基本做法。軍閥們搶地盤，主要目的就是徵稅籌錢。民國時期苛捐雜稅名目繁多，難以計數，而且年年增加。四川

軍閥楊森看到成都四鄉都有挑糞夫在活躍，於是派兵在成都各個城門口把守，挑糞夫進出時要交稅。這就是「糞稅」的由來。青年郭沫若為此寫了一首歪詩：「自古未聞糞有稅，如今只有屁無捐。」實在編造不出名目了，軍閥們就「預徵」，今年徵收明年的稅款，明年徵收後年、乃至十年後的稅款。反正自己能否盤踞某地十年都說不準，哪能便宜當地十年後的「父母官」？

濫發紙幣票券也是一個斂財之道。印鈔票最快，軍閥們就不顧國家貨幣統一，大力發展「印刷術」，發行各自的鈔票。張作霖在東三省、直隸等省濫發奉票。吳佩孚在湖北加印官票、金庫券、軍需兌換券；在河南發行四百萬有獎庫券，分配各縣，強民購買。惡果是通貨貶值，票券形同廢紙，物價騰踊。多數地方常常流行多種貨幣，還產生一種新的行當：貨幣兌換。

鴉片泛濫是近代中國的頑疾。鴉片從栽種、販賣到吸食，已形成一個產業鏈。軍閥們掌握一地實權，應禁絕鴉片，卻幾乎都無恥地用禁煙之名，行種煙之實。他們把強迫百姓種煙的機關稱為「禁煙局」，把勘察煙土種植的官員稱為「禁煙委員」，在「以罰代禁」的名目下，勒取大量錢財。山西省的煙稅比田賦多三、四倍；湖北煙稅每年兩千萬元，占全年收入的一半。

上海市政府規定每一箱鴉片抽取三百至一千元不等的鴉片稅。而湖南則對鴉片從種植到銷售、吸食的全部環節，收取罰金和煙苗稅、印花稅、護送稅、起運稅、過境稅、落地稅、出售稅、煙燈稅……等。所謂的煙燈稅，指的是每個鴉片吸食場所，每桿煙燈每晚要交納從一兩毛到一兩塊不等的稅金。歷屆上海政府勾結租界及青洪幫對鴉片運輸進行保護，比如在一份一九二三年政府當局與鴉片走私銷售商簽訂的合約中規定，國產鴉片上海市政府每箱抽取四百元，土耳其鴉片每箱抽取一千

元，印度鴉片每箱抽取一千四百元的「保護費」。此外，運送鴉片的船隻還要以登陸費的名義，向上海駐軍繳納保護費，向緝私水警繳納保護費。一九二六年，根據中華民國禁毒會會長唐紹儀的估計，中國每年至少有十億元消耗在鴉片之上，超過一九二九年上海地區的進出口貿易總額。

統治湘西的軍閥、「湘西王」陳渠珍指令各縣農民種植鴉片，拒絕不種鴉片的農民，要徵收所謂的懶稅、懶捐。龍山縣在縣城和農村的一些城鎮設立了土膏站，規定出售煙土的人，要先交印花稅；吸食鴉片的人，要先交煙燈稅；有勞力而不種鴉片的人，要抽取懶稅。

三○年代，「山西王」閻錫山大喊禁煙，成立禁煙考核處，卻祕密從綏遠、內蒙古等地大量購進罌粟，批量製造煙土，並取名為「光明」戒煙癮藥品，還大言不慚地在報紙上宣傳、鼓吹，說研發出新的戒鴉片煙癮特效藥，光明藥品能造成退癮的效用。山西各縣專門設立禁煙委員會，負責坐地推銷閻錫山的這種戒煙癮藥品。實際上，有經驗的煙民一看就知道，所謂的特效藥，本身就是十足的煙品。他們把閻錫山的這種藥品，稱「官土」，區別於鴉片私販銷售的「私土」。抗戰勝利後，閻錫山生產「鎮定片」。所謂的鎮定片，以百分之三十的大煙片作為原料，配製西藥壓製成片。每盒一百片，售價銀元一元，因為批量生產，銷價便宜，在山西境內大受歡迎。不過，當時北平、天津和內蒙古地區，就不承認閻錫山的「鎮定片」。攜帶鎮定片赴北平的人，被北平當局查獲，即以攜帶毒品治罪。

湖南王何鍵在販毒方面頗有天賦，想到用飛機來販運自製的嗎啡。一九三一年五月，何鍵成立湖南航空部，購買了十多架飛機，最主要的是兩架較大的運輸機，其他都是掩人耳目用的教練機。這兩架運輸機的主要功能，就是為何鍵販運毒品和嗎啡。

在鴉片重災區四川，川西北地區青壯年幾乎無人不吸鴉片，一度使該地區軍閥和官僚找不到合適的兵源。貴州、雲南、四川等地的軍閥部隊被稱為「雙槍將」，一桿槍是步槍，另一桿槍是煙槍。行軍打戰時，一手拿著步槍，一手拿著煙槍，場面相當壯觀；打敗後，繳真槍不繳煙槍。有軍閥振振有辭地說，吸食鴉片有助於提升戰鬥力。為什麼呢？首先，官兵在打戰前吸食鴉片，精神亢奮，士氣高漲，衝鋒起來不怕死，勇往直前；其次，為了早點結束戰鬥，能去吸鴉片，他們會更加奮不顧身地向前衝鋒。可萬一犯煙癮時，別人來打你，怎麼辦？

上海是外國鴉片向華傾銷的大本營，後來又成為國產鴉片的集散地。這要拜青洪幫之賜。盤踞在江蘇的直系軍閥齊燮元和浙江的皖系軍閥盧永祥，軍餉和個人財富來源，大多取之於販賣鴉片的贓款。這個地盤初屬盧永祥，齊燮元非爭不可，兩人就在一九二四年爆發了江浙戰爭。因鴉片而起，被戲稱為「第三次鴉片戰爭」。

向洋人借錢，也是軍閥們的斂財之道。不過，此方法的操作難度很高，一般只有大軍閥才能一試。民國前期，段祺瑞的皖系就大借外債——主要是日本。馮國璋責怪段祺瑞大借外債，勸他慎重。借錢是要還的，可別讓外債斷送了未來。段祺瑞說：「我們對日本也就是利用一時，這些外債誰打算還他呀！只要我們國家強大起來，到時候一瞪眼，全拉倒了。」皖系的借款，是與日本寺內內閣私人駐華代表西原龜三交涉談判的。當年寺內內閣在華「投資」的數目很大，約一億四千萬日元左右，其中大部分為西原經手。但這些借款很少有正式契約，連簽字的借條都沒有，所以日方後來吃了「啞巴虧」，也沒有光明正大地向段祺瑞追究，可謂弄巧成拙。不過，軍閥中像段祺瑞這樣，敢「黑吃黑」的，不多。

一、近代軍閥有皖系、直系、奉系、晉系、滇系、桂系、新直系、新桂系、西北軍等派系，各個派系又有不同的代表人物。這些軍閥分合

聚散不定。你能列舉出多少近代派系，能說出各派的代表人物嗎？

　　二、軍閥是近代的「新產物」嗎？中國古代歷史上就有不少軍閥，割據一方。試問：近代軍閥和古代軍閥相比，有什麼異同？

橫豎各一刀,「剖析」中國史!

世族發家史 × 岳飛冤死案 × 河陰大屠殺 × 朝貢制虛實,以朝代為軸、制度為綱,透視中國史的上下數千年!

作　　者:張程

發 行 人:黃振庭

出 版 者:財經錢線文化事業有限公司

發 行 者:財經錢線文化事業有限公司

E-mail:sonbookservice@gmail.com

粉 絲 頁:https://www.facebook.com/sonbookss/

網　　址:https://sonbook.net/

地　　址:台北市中正區重慶南路一段六十一號八樓815
　　　　室

Rm. 815, 8F., No.61, Sec. 1, Chongqing S. Rd., Zhongzheng
Dist., Taipei City 100, Taiwan

電　　話:(02)2370-3310

傳　　真:(02)2388-1990

印　　刷:京峯數位服務有限公司

律師顧問:廣華律師事務所 張珮琦律師

定　　價:399元

發行日期:2024年01月第一版

◎本書以POD印製

國家圖書館出版品預行編目資料

橫豎各一刀,「剖析」中國史!世
族發家史 × 岳飛冤死案 × 河陰大
屠殺 × 朝貢制虛實,以朝代為軸、
制度為綱,透視中國史的上下數千
年! / 張程 著 . -- 第一版 . -- 臺北
市:財經錢線文化事業有限公司,
2024.01
面;　公分
POD版
ISBN 978-957-680-722-0(平裝)
1.CST: 中國史 2.CST: 通俗史話
610.9　　112021629

電子書購買

臉書

爽讀 APP